菱沼　剛　著

知的財産権保護の国際規範

——孤児著作物問題への視座——

〔知的財産研究叢書8〕

編　集

財団法人　知的財産研究所

編集代表

中 山 信 弘

はしがき

　著作権制度は，著作者あるいは著作権者の保護を図ることを趣旨としてきた。しかし，著作物の利用促進は，重要な問題であるとの認識が強まっている。そして，現行著作権制度は，時代の変化，とりわけインターネットの利用拡大という時代の流れに即していないとの見解も支持を増している。そこで，著作権制度のあり方を，各国法レベルで根本的に改めようという動きがある。経済的・文化的，あるいは国内法的な側面が，意識的か否かを問わず，中心になりつつあるようにも見受けられる。

　他方，国際規範との関係は，十分に分析されているとは言い難い。そして，国際規範の第一義的解釈権が各国にあることを強調する見解もある。国際条約の解釈適用について，国益促進を図ることを目的として，各当事国に属することを強調する考え方である。しかし，条約の加盟国である限り，あくまで条文の「解釈」の範囲でしか，各国独自の政策を通すことはできない。国際規範の内容を精査することを怠り，各国が恣意的な解釈に走れば，国家威信の喪失のみならず，ベルヌ条約あるいは TRIPS 協定体制全体そのものの見直しという，パンドラの箱を開ける可能性がある。今日では，知的財産制度を巡る各国の利害対立は，単なる南北問題のみで割り切れない複雑な構図があり，極めて先鋭化している。国際規範の内容を十分に分析することなしに，各国がその目先の利益を追求して無理な解釈を行うことになれば，国際的な著作権制度全体が崩壊し，かえっていずれの国の利益にも合致しないことにもなりかねない。とりわけ，知的財産の保護水準が低い国に対して，国際規範を遵守しない口実を与える，あるいは逆に，知的財産のインターネット上における活用能力が高い国による外国コンテンツの収奪のような事態への懸念も生じている。そして，国際的な情報・コンテンツ交流の創作・流通が阻害されることになれば，日本にも予測できない規模の打撃となるであろう。

　したがって，国際規範の意味を解釈するにあたっては，国際法の準則に従い，条約法に関する一般的な手法に則って行う必要がある。同時に，現代的な要請に応じた動態的な把握も必要である。条約法には，かかる動態的な解

はしがき

釈を受け入れる理論的枠組みがある。過去の文献を見ると，いずれの要請も共に充足する研究に乏しかった。知的財産法が高度化するに伴い，国際法を含む他の法領域との境界にあたる論点・分野の検討が行われ難くなったのも一因であろう。知的財産に関する国際的な枠組みを大切にしながら，現代的問題の解決を図るためには，各国が納得できるよう，条約解釈の一般論に即して歴史的経緯に遡った検証が不可欠である。

わが国では，著作権法改正案が 2009 年中に国会に提出され，フェア・ユース規定が設けられる見通しが出てきた。フェア・ユースの導入によって，より柔軟に著作権の制限・例外が設けられることになろう。ただ，フェア・ユースといえども，その規定や適用にあたり，国際規範であるスリー・ステップ・テストを充足する必要がある。日本法といえど，国際規範から逸脱することはできない。また，無方式主義の規範範囲についても，一切の登録制度廃止を示唆するとする見方から，一部の権利救済制度にあたり登録を要件とすることを認める見方まで幅広いものの，条約解釈の一般原則に基づいた理論的分析は疎かにされてきた。そこで本稿は，孤児著作物問題の解決策を探ることを通じて，国際規範としての無方式主義やスリー・ステップ・テストの射程範囲を考察するものである。したがって，本稿においては，法改正に向けた動向を取り扱わなかった。なお，スリー・ステップ・テストの射程範囲については，WTO パネルによってすでに判断がなされているため，検討の理論的枠組みがあるといってよい。実際に各国においても，十分な検討がなされてきた。したがって，新たな動態的分析の余地は少ない。他方，無方式主義については，最近の WTO パネル報告書においても分析が回避されてしまった。そこで，本稿では，スリー・ステップ・テストについて検討しつつも，無方式主義についてより多くの紙面を割いている。

なお本稿は，かかる日本の動きに間に合うよう，やや出版を急いだところがある。表現振りなどに不正確なところがあるかも知れないが，ご容赦されたい。また，コンテンツの利用促進にとって，著作権のみならず肖像権の権利処理も障害となり得ることが認識されているものの，国際規範との抵触を検討する必要性が乏しい。したがって，本稿では肖像権を考察の対象としていない。保護期間の短縮については，国際規範との関係上日本では課題となりにくいこと，そして古い限られた著作物についてのみ孤児著作物問題を解

決し得るに過ぎないことから，本稿では外国における議論を紹介するにとどめている。そして，実社会の変化に伴い，本稿が扱う問題も新しい角度からの「動態的な」考察が必要になってくるであろう。その意味で，本稿は到達点を探求するものではない。

　本稿の一部は，「知的財産法政策学研究」第12号，14号および15号に掲載された拙稿を加筆・訂正したものである。同誌掲載にあたり谷口安平先生および田村善之先生から貴重なご助力とご助言を賜った。また，その後本稿脱稿に至るまで，故・元永和彦先生をはじめ，斉藤博先生，潮海久雄先生，平嶋竜太先生から貴重なコメントをいただいたほか，とりわけ安藤仁介先生，小寺彰先生から条約法の見地から懇切にご指導いただいた。さらに，国際機関や国際会議において，日本を含む多くの国の専門家や司書の方々から貴重な示唆・助言を得ることができた。出版にあたっては，信山社の渡辺左近氏および木村太紀氏から多大なご支援を賜った。ここに改めて御礼申し上げる。最後に，東京大学での授業・ゼミに始まり，知的財産制度への関心を喚起して下さり，そして公私ともに多大なご示唆とご指導を下さった中山信弘先生に，心よりの感謝を申し上げたい。もちろん，本稿の内容について，文責は筆者のみにあることは言うまでもない。

　なお，本書のうち意見にわたる部分は，いかなる組織の見解を示すものでもない。

平成21年（2009年）5月

菱　沼　　剛

目　次

はしがき

参考文献・引用判例 ………………………………………………………… vii

第1章　序　　論 …………………………………………………………… 1

第2章　無方式主義の静態的分析 ………………………………………… 5

　第1節　意義および歴史的背景 ………………………………………… 5
　　Ⅰ　意　義 ……………………………………………………………… 5
　　Ⅱ　著作権哲学と無方式主義との関係の経緯 ……………………… 7
　　Ⅲ　方式の意義に関する問題意識 …………………………………… 10
　第2節　条約解釈の一般論からみた静態的分析 ……………………… 11
　　Ⅰ　「方式」 ……………………………………………………………… 13
　　Ⅱ　「権利の享受及び行使」 …………………………………………… 22
　　　1　権利の種類 ……………………………………………………… 22
　　　2　権利の享有 ……………………………………………………… 31
　　　3　権利の行使 ……………………………………………………… 33
　第3節　国際規範として確立した無方式主義 ………………………… 42
　　Ⅰ　ベルヌ条約上の規定 ……………………………………………… 42
　　Ⅱ　新条約による国際的規範の変更 ………………………………… 43
　　Ⅲ　国際慣習法 ………………………………………………………… 44

第3章　無方式主義の動態的分析 ………………………………………… 57

　第1節　動態的分析の理論的許容性 …………………………………… 57
　　Ⅰ　無方式主義に関する目的論的解釈 ……………………………… 57
　　　1　条約解釈における目的論的解釈 ……………………………… 57
　　　2　判断要素——条約の制度趣旨への合致 ……………………… 58
　　Ⅱ　著作権制度の趣旨との整合性 …………………………………… 58
　　　1　迅速な権利行使の促進 ………………………………………… 58
　　　2　利用者保護 ……………………………………………………… 59
　第2節　インターネット時代における動態的分析の必要性 ………… 62
　　Ⅰ　困難化した権利帰属の確認 ……………………………………… 62

目　次

　　　Ⅱ　権利帰属の明確化による意義 …………………………………64
　第3節　各国法の現状・限界と動態的分析による可能性 ………66
　　　Ⅰ　権利帰属の認定 ………………………………………………66
　　　　1　権利帰属の決定要素 ……………………………………66
　　　　2　権利行使手続における権利帰属の認定………………71
　　　　3　ISPに対する差止請求における権利帰属の確認 ……85
　　　Ⅱ　権利帰属の公示………………………………………………92
　　　　1　登 録 制 度………………………………………………92
　　　　2　権利者による自発的な登録以外の「方式」…………96
　　　Ⅲ　登録による効果 ……………………………………………107
　　　　1　各国著作権登録による国内的な推定効 ……………107
　　　　2　各国著作権登録による国際的な効果 ………………117
　　　　3　限定的な権利公示機能と無方式主義との関係 ……120
　　　Ⅳ　権利行使が遅延する場面 …………………………………121
　　　Ⅴ　動態的分析による可能性と限界 …………………………122
　　　Ⅵ　権利帰属以外の諸要件との関係 …………………………124
　第4節　国際社会における検討 …………………………………128

第4章　孤児著作物問題と国際規範 ………………………………131
　第1節　孤児著作物問題について ………………………………131
　　　Ⅰ　意義と現状 …………………………………………………131
　　　Ⅱ　発生の背景 …………………………………………………134
　　　Ⅲ　孤児著作物を放置することに伴う問題点 ………………137
　第2節　諸外国における検討 ……………………………………138
　　　Ⅰ　既存の解決方法 ……………………………………………138
　　　Ⅱ　主な論点と各国における検討の状況 ……………………147
　　　　1　米　　　国 ……………………………………………149
　　　　2　欧　　　州 ……………………………………………161
　　　　3　日　　　本 ……………………………………………166
　　　　4　各対応策への評価 ……………………………………166
　第3節　著作権の制限・例外との関係 …………………………168
　　　Ⅰ　体系的位置付けと国際規範 ………………………………168
　　　Ⅱ　スリー・ステップ・テスト ………………………………170

v

　　　　　Ⅲ　国内法化の形態 …………………………………176
　　　　　Ⅳ　対応策への考察 …………………………………177
　　　第4節　無方式主義の動態的分析による解決 ……………180
　　　　　Ⅰ　孤児著作物問題以外の課題解決への意義 ………180
　　　　　Ⅱ　無方式主義との関係 ……………………………180
　　　　　Ⅲ　立法上の手法 ……………………………………181

第5章　日本法への示唆 …………………………………………184
　　　第1節　孤児著作物問題への解決 …………………………184
　　　　　Ⅰ　利用者への示唆 …………………………………184
　　　　　Ⅱ　裁定制度との関係 ………………………………184
　　　　　Ⅲ　権利の制限・例外との関係 ……………………185
　　　　　Ⅳ　登録制度の改善のあり方 ………………………186
　　　第2節　登録制度に伴う問題との関係 ……………………190
　　　　　Ⅰ　事務負担 …………………………………………190
　　　　　Ⅱ　不実登録 …………………………………………190

結　語 ………………………………………………………………192

　事項索引……………………………………………………………194

参考文献・引用判例

＜外国文献・資料＞
資料・論文名の表記に関しては、原典や原著者の記載方法を最大限尊重した。

［外国立法資料］

ALAI, *Bulletin de l'Association littéraire et artistique internationale*, Paris, N.18, Novembre 1883.

Numa Droz, Président, "Procès-Verbal de la Cinquième Séance de la Conférence pour la Protection des Droits D'auteur, 17 septembre 1884", in Actes de la Conférence internationale pour la protection des droits d'auteur réunie à Berne du 8 au 19 Septembre 1884, pp.39-45.

Actes de la Conférence internationale pour la protection des droits d'auteur réunie à Berne du 8 au 19 Septembre 1884, pp.36 and 56.

Numa Droz, Président, "Procès-Verbal de la Quatrième séance de la Conférence pour la protection des œuvres littéraires et artistiques, 8 Septembre 1885", in Actes de la 2me Conférence Internationale pour la Protection des Œuvres Littéraires et Artistiques réunie à Berne du 7 au 18 Septembre 1885, Berne, printed by Imprimerie K.J. Wyss, pp.34-35.

Numa Droz, Président, "Procès-Verbal Final de la Deuxième Conférence Internationale pour la Protection des Œuvre Littéraires et Artistiques", in Actes de la 2me Conférence Internationale pour la Protection des Œuvres Littéraires et Artistiques réunie à Berne du 7 au 18 Septembre 1885, p.74.

Berne Union, "Convention concernant la Création d'une Union Internationale pour la Protection des Œuvre Littéraires et Artistiques", in Berne Union, Actes de la 3me Conférence Internationale pour la Protection des Œuvre Littéraires et Artistiques réunie à Berne du 6 au 9 septembre 1886, printed by Berne Imprimerie K.-J. Wyss, 1886, p.30.

ALAI, *Son Histoire-ses travaux (1878-1889)*, Paris, Biblioteque Chacornac, 1889.

Union Internationale pour la Protection des Œuvre Littéraires et Artistiques, "Acte Additionnel du 4 mai 1896 Modifiant les Articles 2, 3, 5, 7, 12, 20 de la Convention du 9 septembre 1886 et les Numéros 1 et 4 du Protocole de Cloture y Annexé", in Bureau Internationale de l'Union, Actes de la Conférence Paris de 1896, Berne (Imprimé sur papier de fil fabriqué spécialement pour cette édition), 1897, pp.219-220.

"Annexes: Actes Conventionnels de 1886 et 1896", in Bureau Internationale de l'Union Littéraires et Artistique, Convention de Berne Revisée pour la Protection des Œuvres Littéraires et Artistiques du 13 Novembre 1908, 1912, pp.2-3.

BIRPI, "Études générales: L'article 7 de la convention de Berne revisée et la future conférence de Rome", *Le Droit d'Auteur*, Bureau International de l'Union pour la Protection des Œuvres Littéraires et Artistiques, 15 Mai 1926, p.53.

WIPO, *Records of the Intellectual Property Conference of Stockholm (1967)*, Vol. I & II, 1971.

WIPO, *The Berne Convention for the Protection of Literary and Artistic Works from 1886 to 1986*, 1986.

Committee on the Judiciary, *The House Report on the Berne Convention Implementation Act of 1988*, 1988.

WIPO, *Records of the Diplomatic Conference for the Conclusion of a Treaty on the International Registration of Audiovisual Works*, 1990.

Committee of Experts on a Possible Protocol to the Berne Convention, WIPO, *Comparative Table of Proposals and Comments Received by the International Bureau*, WIPO BCP/CE/VI/12, 1996.

Marybeth Peters, Address at Subcommittee on Courts and Intellectual Property, H.R. 2652, 105th Congress, 1st Session, October 23, 1997.

WIPO, *Records of the Diplomatic Conference on Certain Copyright and Neighboring Rights Questions — Geneva 1996*, 1999.

WTO, Accession of The People's Republic of China, decided 10 November 2001, WT/L/432, 2001.

Permanent Bureau of the Hague Conference on Private International Law, Hague Convention of 5 October 1961 Abolishing the Requirement of Legalisation for Foreign Public Documents, Succinct Explanations in Preparation of the Special Commission, 2003.

Hague Conference on Private International Law, *Outline of the Convention*, 2005.

Marybeth Peters, US Copyright Office, Library of Congress, *Orphan Works (Notice of Inquiry)*, Federal Register Vol.70, No.16, 2005, pp.3739-3743.

Marybeth Peters, US Copyright Office, Library of Congress, *Orphan Works (Notice of Public Roundtables)*, Federal Register Vol. 70, No. 129, 2005, p.39342.

Orrin G. Hatch and Patrick Leahy (US Senators), letter of the U.S. Senate, addressed to Marybeth Peters (Register of Copyrights), January 5, 2005.

Commission of the European Communities, Amended Proposal for a Directive of the European Parliament and of the Council on Criminal Measures Aimed at Ensuring the Enforcement of Intellectual Property Rights, COM(2006)168 final, 26 April 2006.

Lamar Smith, Letter of Congress of the U.S., House of Representatives, addressed to Marybeth Peters (Register of Copyrights), January 7, 2005, and Howard L. Berman, same nature of letter addressed to Peters, January 10, 2005.

European Commission, Information Society and Media Directorate-General, Summary Minutes of the 1st meeting of the High Expert Group on Digital Libraries, 2006.

Statement of Jule L. Sigall (Associate Register for Policy & International Affairs before the Subcommittee on Courts), *the Internet and Intellectual Property*, Committee on the Judiciary, US House of Representatives, 109th Congress, 2nd Session, March 8, 2006.

High Level Expert Group on European Digital Libraries —Copyright Subgroup, *Report on Digital Preservation, Orphan Works, and Out-of-Print Works*, Selected Implementation Issues, 2007.

Statement of Marybeth Peters, The Register of Copyrights before the Subcommittee on Courts, *The Internet and Intellectual Property*, Committee on the Judiciary, United States House of Representatives, 110th Congress, 2nd Session, March 13, 2008.

[外国論文・記事]

The Attorney-General's Department, Copyright Law in Australia, A Short Guide, 2005.

Kurt Auer, *The Tools of CISAC's Common Information System (CIS Plan): Theoretical and Practical Presentation of the Interested Parties Information Database (IPI) and the Musical Works Information Database (WID)*, WIPO OMPI/CCM/BKO/02/6, 2002.

Patricia Aufderheide and Peter Jaszi, *Untold Stories: Creative Consequences of the Rights Clearance Culture for Documentary Filmmakers*, Center for Social Media, 2004.

F. Beier, G. Schricker and W. Fikentscher, "German Industrial Property", *Copyright and Antitrust Laws*, Vol.6, VCH, 2nd revised and enlarged ed., 1989, p.154.

Arpad Bogsch, The Law of Copyright under the Universal Convention, 3rd revised ed., Leyden, A.W. Sijthoff, 1968.

Joachim Bornkamm, *Intellectual Property Litigation under the Civil Law Legal System; Experience in Germany*, WIPO/ACE/2/3, 2004.

Pamela Brannon, "Note: Reforming Copyright to Foster Innovation: Providing Access to Orphaned Works," 14 J. Intell. Prop. L. 145, 2006, p.171.

British Screen Advisory Council (BSAC), *Copyright and Orphan Works -A Paper Prepared for the Gowers Review by the British Screen Advisory Council*, 2006.

Jerry Brito and Bridget Dooling,"An Orphan Works Affirmative Defense to Copyright Infringement Actions," 12 Mich. Telecomm. Tech. L. Rev. 75, 2005, pp.84-105.

Timothy D. Casey (Senior VP Technology Law Group, MCI Worldcom), Margot Fröhlinger (Head of Unit, Media, Commercial Communications and Unfair Competition, DG XV, European Commission) and Shira Perlmutter (Consultant, WIPO), Addresses at the WIPO International Conference on Electronic Commerce and Intellectual Property held in Geneva in September 1999.

Antonio Cassese, *International Law*, 2nd ed., Oxford University Press, 2005.

Jean Cavalli, *La genèse de la Convention de Berne pour la protection des œuvres littéraires et artistiques du 9 septembre 1886*, Thèse de licence et de doctorat, Université de Lausanne —Faculté de Droit, 1986.

CISAC, *Statute of CISAC —after modifications adopted by the General Assembly in Santiago* —27th September 2000.

Commission of the European Communities, *The Management of Copyright and Related Rights in the Internal Market*, COM(2004) 261 final, 2004.

Commission of the European Communities, *i2010: Digital Libraries*, Communication Staff Working Document, Annex to the Communication from the Commission Sec(2005) 1194, 2005.

Commission of the European Communities, *i2010: Digital Libraries*, Communication from the Commission to the European Parliament, the Council, the European Economic and Social Committee and the Committee of the Regions, COM (2005) 465 final, 2005.

Comission of The European Communities, *Green Paper —Copyright in the Knowledge Economy*, COM(2008) 466 final, 2008.

Jeffrey P. Cunard, Keith Hill and Chris Barlas, *Current Developments in the Field of Digital Rights Management*, WIPO SCCR/10/2 Rev., 2003.

Henri Desbois, André Françon and André Kerever, *Les Conventions Internationales du Droit d'Auteur et des Droits Voisins*, Dalloz, 1976.

A. Dietz, *Germany*, in Nimmer and Geller(2002).

Peter Drahos, *The Universality of Intellectual Property Rights: Origins and Development*, distributed at Panel Discussion on Intellectual Property and Human Rights, organized by UNHCR and WIPO, Geneva, November 9, 1998.

David Drummond et al, *Google's Response to Notice of Inquiry Regarding Orphan Works*, 2005.

Severine Dusollier,"Some Reflections on Copyright Management Information and Moral Rights," 25 Colum. J.L. & Arts 377, 2003, pp.391-395.

Lilian Edwards and Charlotte Waelde, *Online Intermediaries and Liability for Copyright Infringement*, presentation file at WIPO Seminar on Copyright and Internet Intermediaries, Geneva, April 18, 2005.

European Commission, *Frequently Asked Questions (FAQs) on copyright clearance for online music services*, MEMO/05/369, 2005.

European Digital Library Initiative, High Level Expert Group (HLG) —Copyright Subgroup, *Interim Report*, 2006.

Mihály Ficsor, *Collective Management of Copyright and Related Rights*, Geneva, WIPO Publication No.855(E), 2002.

Mihály Ficsor, *Guide to the Copyright and Related Rights Treaties Administered by WIPO and Glossary of Copyright and Related Rights Terms*, WIPO Publication No. 891(E), 2004.

Bryan A. Garner et al, *Black's Law Dictionary*, 8th ed., Thomson West, 2004.

P.E. Geller, *International Copyright: An Introduction*, in Melville B. Nimmer and Paul Edward Geller, *International Copyright Law and Practice*, Bender, mult pag, since 1988, 2002.

Daniel J. Gervais, *Collective Management of Copyright and Neighbouring Rights in Canada: An International Perspective*, Department of Canadian Heritage, 2001.

Jane C. Ginsburg, "Toward Supranational Copyright Law? The WTO Panel Decision and the 'Three-Step Test' for Copyright Exceptions", *Revue Internationale du Droit d'Auteur*, January 2001, pp.37, 39, 41 and 43.

Paul Goldstein and Jane Ginsburg, *Comments on "Orphan Works*," Inquiry (Federal Register, January 26, 2005), 2005, p.2.

Hague Conference on Private International Law, *Outline of the Convention*, 2005.

David Harriss and Hilary Newiss (general editors), *International Intellectual Property Litigation*, Sweet & Maxwell, 2001.

Nicola Haye and Geoff Prevett, *England and Wales*, in "International Civil Procedure", Kluwer Law International, 2003.

Harry G. Henn, "The Quest for International Copyright Protection", 39 Cornell L.Q., 1953-1954, p.43.

Carla Hesse, *The Rise of Intellectual Property, 700 B.C. — A.D. 2000: an Idea in the Balance*, Dœdalus, Spring 2002.

Olive Huang, "Intellectual Property: Copyright: Note: U.S. Copyright Office Orphan Works Inquiry: Finding Homes for the Orphans," 21 Berkeley Tech. L.J. 265, 2006, pp.268-277.

International Insolvency Institute, "Submission to UNCITRAL Working Group VI," Colloquium on Financing of Intellectual Property, EBL 1-2-7, 2007.

IPEG (Intellectual Property Expert Group), *Summary of the implementation of directive 2004/48 on the enforcement of intellectual property rights (the "Directive") in EU Member States as per October 2006*, 2006.

Japan Copyright Office (JCO), *Copyright System in Japan*, CRIC, 2005.

Muriel Josselin-Gall, *Les Contrats d'Exploitation du Droit de Propriété Littéraire et Artistique: Étude de Droit Comparé et de Droit International Privé*, Joly Editions, Paris, GLN, 1995.

Justice Louis Harms, *The Enforcement of Intellectual Property Rights*, WIPO Publication No. 791E, 2005.

Roger Knights, *Limitations and Exceptions under the 'The Three-step-test' and in National Legislation — Differences between the Analog and Digital Environments*, WIPO/CR/MOW/01/2, 2001.

Theodore R. Kupferman and Mathew Foner, *Universal Copyright Convention Analyzed*, New York, Federal Legal Publications, 1955.

Stephen P. Ladas, *The International Protection of Literary and Artistic Property*, Vol.1, New York, Macmillan, 1938.

William M. Landes and Richard A. Posner, "Indefinitely Renewable Copyright," *U Chicago Law & Economics Olin Working Paper*, No.154, 2002.

Lawrence Lessig et al, Comments of Creative Commons and Save the Music, 2005.

Jukka Liedes et al, *Extended Collective License*, leaflet issued by the Ministry of Education of Finland, 1991.

Yvon Loussouarn, *Explanatory Report on the 1961 Hague Apostille Convention*, Hague Conference on Private International Law, 1961.

A. Lucas et al, *Traité de la Propriété Littéraire & Artistique*, Litec, 1994.

Lucas and Kamina, *France*, in Nimmer and Geller (2002).

E. J. Macgillivray, *A Treatise upon the Law of Copyright in the United Kingdom and the Dominions of the Crown, and in the United States of America*, London, John Murray, 1902.

Claude Masouyé, "The Role of ALAI in the Development of International Copyright Law", *Copyright*, 14th year, 1978, p.122.

Arthur R. Miller and Michael H. Davis, *Intellectual Property —Patents, Trademarks, and Copyright in a Nutshell*, 4th ed., Thomson/West, 2007.

Sean A. Monticello, "The Case For Imposing Liability on Domestic Authorizers of Extraterritorial Copyright Infringements", *Journal of Intellectual Property*, Spring 1999, p.120.

Melville B. Nimmer, "The United States Copyright Law and the Berne Convention: the Implications of the Prospective Revision of Each", *Copyright*, BIRPI, Vol. 2, 1966, p.101.

Henry Olsson, *The Importance of Collective Management of Copyright and Related Rights*, WIPO/CR/KRT/05/4, 2005.

Ralph Oman, "Letter from the United States of America", *Copyright*, Monthly Review of the World Intellectual Property Organization, July-August 1989, ch.s 2 and 5.

William Patry, "Choice of Law and International Copyright", 48 Am. J. Comp. L. 383, Summer 2000, pp.406-407.

Shira Perlmutter, "Freeing Copyright from Formalities", 13 Cardozo Arts & Ent LJ 565, 1993, pp.569 and 575.

Shira Perlmutter, *Liability and On-Line Service Providers Workshop*, in WIPO International Conference on Electronic Commerce and Intellectual Property, WIPO/EC/CONF/99/SPK/15-C, September 1999.

Sam Ricketson, *The Berne Convention for the Protection of Literary and Artistic Works: 1886-1986, London*, Centre for Commercial Law Studies, 1987.

Sam Ricketson, *The Boundaries of Copyright: Its Proper Limitations and Exceptions: International Conventions and Treaties*, Paper delivered at ALAI Study Days, Cambridge (UK), 1998.

Sam Ricketson, *The three-step test, deemed quantities, libraries and closed exceptions*, Strawberry Hills (Australia), Centre for Copyright Studies, 2002.

Sam Ricketson, *WIPO Study on Limitations and Exceptions of Copyright and Related Rights in the Digital Environment*, SCCR/9/7, 2003.

Sam Ricketson and Jane Ginsburg, *International Copyright and Neighbouring Rights*, 2nd ed., Oxford University Press, 2006.

Stanley Rothenberg, *Copyright Law, Basic and Related Materials*, New York, Clark Boardman, 1956.

Valerio De Sanctis, "The Paris Revisions (July 1971) of the Universal Copyright Convention and the Berne Convention", *Copyright*, Vol.8, No.12, 1972, p.257.

Jule Sigall, *Regulatory Perspectives on Intermediary Liability: The United States Experience*, handout at the same Seminar, 2005, WIPO/IIS/05/2.

Ian Sinclair, *The Vienna Convention on the Law of Treaties*, Manchester University Press, 2nd ed., 1984.

Pierre Sirinelli, *Exceptions and Limits to Copyright and Neighboring Rights*, Workshop on Implementation Issues of the WIPO Copyright Treaty (WCT) and the WIPO Performances and Phonograms Treaty (WPPT), WCT-WPPT/IMP/1,

1999.

Christopher Sprigman, "Reform(aliz)ing Copyright," 57 Stan. L. Rev. 485, 2004, p.490.

C. Paul Spurgeon, *License or Limit? On-line Educational Uses: Alternatives for Preserving the Exclusive Rights of Copyright Owners*, Copyright Bulletin of UNESCO, 2003.

Luca Tiberi and Michele Zamboni, *Liability of Internet Service Providers*, C.T.L.R, Issue 2, 2003.

UNCITRAL, *Origin, Mandate and Composition of UNCITRAL*, 2006.

United Nations Conference on Trade and Development (UNCTAD), 3.14 TRIPS, UNCTAD/EDM/Misc.232/Add.18, 2003.

United Nations General Assembly, *Report of Working Group VI (Security Interests) on the work of its eighth session*, A/CN.9/588, 2005.

United Nations General Assembly, *Security Interests, Recommendations of the draft Legislative Guide on Secured Transactions, Note by the Secretariat*, A/CN.9/WG.IV/WP.24, 2005.

United Nations, *The UNCITRAL Guide—Basic facts about the United Nations Commission on International Trade Law*, 2007.

US Copyright Office, Library of Congress, *Report on Orphan Works*, 2006.

Xavier Vahramian and Eric Wallenbrock, France, in *International Civil Procedure*, Kluwer Law International, 2003.

William Wallace, *Guide to the Berne Convention for the Protection of Literary and Artistic Works (Paris Act, 1971)*, WIPO Publication No.615(E), 1978.

L.E. Wallis, "Comment: The Different Art: Choreography and Copyright", 33 UCLA L. Rev. 1442, 1986, p.1457.

WCO, *Recommendation of the Customs Co-operation Council on the Need to Develop More Effective Customs Controls Aimed at the Prevention of International Trade in Goods which Infringe Intellectual Property Rights with Respect to Copyright and Trademarks*, 1994.

WIPO, "Law Survey", *Copyright*, Monthly Review of the World Intellectual Property Organization, 14th year, 1978, pp.213-250, 277-311, 353-384 and 419-452.

WIPO, *WIPO Worldwide Survey of National Copyright Registration Systems*, DJG/MF, 1993.

WIPO, *Implications of the TRIPS Agreement on Treaties Administered by WIPO*, 1996.

WIPO, *Introduction to International Protection of Copyright and Related Rights*, WIPO/ACAD/E/00/3(ii), 2000.

WIPO, *UK Background Paper Submission by the United Kingdom*, WIPO/ACE/2/11, 2004.
WIPO, *Survey of National Legislation on Voluntary Registration Systems for Copyright and Related Rights*, SCCR/13/1, 2005.

＜日本文献・資料＞
［日本立法資料］
文化庁『逐条解説著作権等管理事業法』(2001 年，有斐閣)
情報処理振興事業協会『第三者対抗要件に関する調査研究報告書』(2002 年)
総務省『特定電気通信役務提供者の損害賠償責任の制限及び発信者情報の開示に関する法律―逐条解説―』(2002 年)
財務省関税局「著作（隣接）権に係る輸入差止申立提出書類等、添付書類第 1 号」(2002 年)
文化審議会著作権分科会法制問題小委員会『報告書（案）』(2003 年)
司法制度改革推進本部・知的財産訴訟検討会「第 2 章　侵害行為の立証の容易化のための方策」『知的財産訴訟外国法制研究会報告書（第 8 回配布資料）』(2003 年 5 月 20 日)
文化審議会著作権分科会『文化審議会著作権分科会報告書（案）』(2004 年)
知的財産戦略本部『知的財産推進計画 2004』(2004 年)
「著作権分科会　契約・流通小委員会（第 3 回）議事録」『著作権者不明の場合の裁定申請の手続き見直し等について』(2005 年、文部科学省) 資料 2－1
文化審議会著作権分科会契約・流通小委員会『過去の裁定の実績』(2005 年) 資料 2－2
文化審議会著作権分科会法制問題小委員会契約・利用ワーキングチーム『検討結果報告』(2005 年) 資料 3
文化審議会著作権分科会法制問題小委員会（第 6 回）『資料 3　著作権の譲渡契約の書面化について』(2005 年)
文化審議会著作権分科会法制問題小委員会司法救済ワーキングチーム『検討結果報告』(2006 年)
川内博史衆議院議員の質問趣意書（2006 年 10 月 31 日提出）に対する内閣総理大臣の答弁書、内閣衆質 165 第 127 号（2006 年 11 月 10 日送付）
文化審議会著作権分科会『文化審議会著作権分科会報告書』(2006 年)
文化審議会著作権分科会過去の著作物等の保護と利用に関する小委員会『複数の権利者が存在する場合の利用について』(2007 年)
文化審議会著作権分科会過去の著作物等の保護と利用に関する小委員会『中間整理』(2008 年)
文化審議会著作権分科会過去の著作物等の保護と利用に関する小委員会『第 2 回

資料 2　多数権利者が関わる実演の利用円滑化方策について（共有 WT）』（2008 年）

[日本論文・記事]

相澤英孝・西村あさひ法律事務所『知的財産法概説』（2008 年，第 3 版，弘文堂）
Adobe「画像の著作権を守る「デジタル透かし」とはどのような機能ですか」Adobe ServiceNote 文書番号 1352（2008 年）
飯倉一郎・加藤哲夫編『演習ノート　民事執行法・民事保全法』（2004 年，改訂第 2 版，法学書院）
飯村敏明・設樂隆一編『知的財産関係訴訟』（2008 年，青林書院）
榎戸道也「インターネットと著作権侵害訴訟」著作権研究 30 号（2003 年，著作権法学会）42 頁
加戸守行『著作権法逐条講義』（2006 年，5 訂新版，著作権情報センター）
小池由子「フジテレビ　テレビ局に聞く YouTube への対応」ライトナウ 21 号（2006 年，税務経理協会）47 頁
小寺彰『WTO 体制の法構造』（2000 年，東京大学出版会）
小寺彰・岩沢雄司・森田章夫編『講義国際法』（2004 年，有斐閣）
駒田泰土「インターネット送信と著作権侵害の準拠法問題に関する一考察」東京大学社会情報研究所紀要 63 号（2002 年）91 - 111 頁
斉藤博『著作権法』（2007 年，第 3 版，有斐閣）
斉藤博「著作権の制限又は例外に関する一考察（その 2・完）」知財管理 55 巻 10 号（2005 年）1360 - 1361 頁
作花文雄『詳解著作権法』（2004 年，第 3 版，ぎょうせい）
田畑茂二郎・石本泰雄編『国際法』（1996 年，第 3 版，有信堂高文社）
田中英夫編『英米法辞典』（1991 年，東京大学出版会）
田村善之『著作権法概説』（2001 年，第 2 版，有斐閣）
田村善之『知的財産法』（2006 年，第 4 版，有斐閣）
田村善之「検索サイトをめぐる著作権法の諸問題(1)—寄与侵害、間接侵害、フェア・ユース、引用等—」知的財産法政策学研究 16 号（2007 年）118 - 119 頁
著作権法令研究会編『逐条解説　著作権等管理事業法』（2001 年，有斐閣）
中村彰吾「著作権侵害に対する損害賠償請求における依拠の要件と故意・過失の内容」パテント 55 巻 9 号（2002 年，日本弁理士会）25 - 29 頁
中山信弘『著作権法』（2007 年，有斐閣）
日本貿易振興機構経済分析部知的財産課『インバータ・ソフトウェア著作権侵害事件摘発ドキュメンタリ（特許庁委託事業）』（2005 年）
半田正夫『著作権法概説』（2009 年，第 14 版，法学書院）
Hugenholtz, P. Bernt（渡部俊英訳）「欧州における著作権と P2P」知的財産法政

策学研究 11 号（2006 年）49 頁
松本博之・上野泰男『民事訴訟法』（2008 年，第 5 版，弘文堂）
最上敏樹『国際機構論』（2006 年，第 2 版，東京大学出版会）
山根裕子『知的財産権のグローバル化』（2008 年，岩波書店）
山本草二『国際法』（1994 年，新版，有斐閣）
吉川達夫・森下賢樹・飯田浩司編『ライセンス契約のすべて―ビジネスリスクの法的マネジメント―』（2006 年，レクシスネクシス・ジャパン）
渡辺聡「EU 競争法によるオンライン許諾への影響」コピライト 538 号（2006 年）

＜判例＞
［日本判例］
東京地判昭 53・6・21 判タ 366 号 343 頁
東京地判昭 56・4・20 判時 1007 号 91 頁
東京高判平 6・10・27 知裁集 26 巻 3 号 1151 頁
東京地判平 7・12・18 知裁集 27 巻 4 号 787 頁
大阪地判平 12・10・17（最高裁ウェブサイト）
東京地決平 14・4・11（最高裁ウェブサイト）
大阪地判平 14・4・18（最高裁ウェブサイト）
東京地決平 16・10・7 判タ 1187 号 335 頁
大阪地判平 16・12・27（最高裁ウェブサイト）
知財高判 18・1・19（最高裁ウェブサイト）

［外国判例］
Donaldson v. Beckett, 2 Brown's Parl. Cases 129, 1 Eng. Rep. 837; 4 Burr. 2408, 1774.
Wheaton and Donaldson v. Peters and Grigg, 33 U.S. 591; 8 L. Ed. 1055; 1834 U.S. LEXIS 619, March 19, 1834.
Hole v. Bradbury, 12 Ch D 886, June 17, 1879.
Fred Fisher Music Co.,et al v. M. Witmark & Sons, 318 U.S. 643（1943）, 1943 U.S. LEXIS 1307, April 5, 1943.
Heim v. Universal Pictures Co. et al, 154 F.2d 480; 1946 U.S. App. LEXIS 3890, February 16, 1946.
Diplock American Cyanamid Co. v. Ethicon Limited［1975］AC 396, February 5, 1975.
Novelty Textile Mills, Inc. v. Joan Fabrics Corp., 558 F.2d 1090, 1977 U.S. App. LEXIS 12494, July 12, 1977.
Elanco Products Limited v. Mandops Limited,［1980］RPC 213, decided on July 27,

1978.

Ferguson v. National Broadcasting Company, 584 F.2d 111; 1978 U.S. App. LEXIS 7653, November 17, 1978.

Midway Mfg. Co. v. Bandai-America, Inc., 546 F.Supp. 125, 1982 U.S. Dist. LEXIS 13993, July 22, 1982.

Freedman v. Select Information Systems, Inc. et al, 1983 U.S. Dist. LEXIS 19664, January 30, 1983.

Apple Barrel Productions, Inc. v. Beard, 730 F.2d 384, 1984 U.S. App. LEXIS 23251, April 23, 1984.

Mississippi Power & Light Co. v. United Gas Pipe Line Co., 760 F.2d 618, 1985 U.S. App. LEXIS 29960, May 17, 1985.

Columbia Picture Industries Inc. v. Robinson, [1987] Ch 38, [1986] 3 All ER 338, 19 December 1985.

Donald Frederick Evans & Assocs. Inc. v. Continental Homes, Inc., 785 F.2d 897, 1986 U.S. App. LEXIS 23620, March 31, 1986.

Manitoba (A.G.) v. Metropolitan Stores Ltd. [1987] 1 SCR 110, 1987 CanLll 79 (SCC), decided on March 7, 1987.

Concrete Machinery Co. v. Classic Lawn Ornaments, Inc., 843 F.2d 600, 1988 U.S. App. LEXIS 4171, April 5, 1988.

Allied Marketing Group, Inc., v. CDL Marketing, Inc., 878 F.2d 806, 1989 U.S. App. LEXIS 10964, July 13, 1989.

White v. Carlucci, 862 F.2d 1209, 1989 U.S. App. LEXIS 207, January 12, 1989.

Joan FYK v. The Mccall Pattern Co., 1994 U.S. Dist. LEXIS 4955, April 19, 1994.

RJR-MacDonald Inc. v. Canada (Attorney General) [1994] 1 SCR 311, 1994 CanLll 117 (SCC), decided on September 21, 1995.

WTO, Japan-Taxes on Alcoholic Beverages, Report of the Appellate Body, WT/DS8/AB/R; WT/DS10/AB/R; WT/DS11/AB/R, 1996.

WTO, India-Patent Protection for Pharmaceutical and Agricultural Chemical Products, Report of the Appellate Body, WT/DS50/AB/R, 1997.

WTO, India-Patent Protection for Pharmaceutical and Agricultural Chemical Products, Report of the Panel, WT/DS79/R, 1998.

Brown v. Ames, 201 F.3d 654, 2000 U.S. App. LEXIS 1597, February 7, 2000.

WTO, Canada-Pharmaceutical Patents, Panel Report, WT/DS114/R, 2000.

WTO, United States -Section 110(5) of the US Copyright Act, Report of the Panel, WT/DS160/R, 2000.

Mercedes J. Franklin et al v. Galleon Jewelers, Inc. et al, 2001 U.S. Dist. LEXIS 24737, May 15, 2001.

Cour de Cassation, Chambre civile 1, le 29 mai 2001, N° de pourvoi : 99-15284.

Recording Industry Association of America v. Verizon Internet Services, 240 F. Supp. 2d 24; 2003 U.S. Dist. LEXIS 681, January 21, 2003; 359 U.S. App. D.C. 85; 351 F.3d 1229, 2003 U.S. App. LEXIS 25735, decided on December 19, 2003; 125 S. Ct. 309; 160 L. Ed. 2d 222; 2004 U.S. LEXIS 6700, decided on October 12, 2004.

C-440/05, Commission v. Council, 2007 E.C.R. I-9097, decided on 23 October 2007.

WTO, China-Measures Affecting Trading Rights and Distribution Services for Certain Publications and Audiovisual Entertainment Products, Request for Consultations by the United States, DT/DS363/1, G/L/820, S/L/287, 2007.

WTO, China-Measures Affecting Trading Rights and Distribution Services for Certain Publications and Audiovisual Entertainment Products, Report of the Panel, WT/DS362/R, 2009.

第1章 序　　論

　本稿は，国際規範である無方式主義における「方式」および「権利の享有及び行使」概念に関して，主要国や条約規定における歴史的経緯を踏まえつつ，著作権を巡る現代的状況に即して，両概念の法的な検証を行う。そして，権利者の身元や所在の確認が困難あるいは不可能な著作物，いわゆる孤児著作物問題の解決に対して，いかなる意義や限界を有するか，他の解決策との関係を視野に入れながら考察する。本章においては，問題提起および本稿の構成を示す。

　国際規範としての無方式主義の理論的な分析は，国際的にも日本においても少ない。このため，いわゆる孤児著作物問題への対策やインターネット上における著作物の利用促進をはじめ，無方式主義の見直しを模索する最近の動きは，法学的観点，とりわけ条約規範に関する国際法的見地からは，理論的考察を欠いたきらいがある。諸外国や国際規範を巡る動向を踏まえて，国際規範を構成する基本概念の解明を行い，諸問題解決策と無方式主義との関係を分析する必要がある。しかし，無方式主義の構成要素である「方式」や，とりわけ「権利の享有及び行使」の意義については，明確に分析した学説は極めて少ない。ベルヌ条約の立法経緯および同条約を導入した際の各国法の経緯を見ると，「方式」とは登録を含むことに疑義はないものの，無方式主義上許容され得る「方式」の意義や範囲について詳細に検討した研究は，ほとんどない。「権利の享有及び行使」については，なおさら検討がされていない。また，「方式」あるいは「権利の享有及び行使」の意義について，判例法の形成も見られないようである。

　他方，「方式」および「権利の享有及び行使」の現代的な意義を考察する効用は大きい。著作権制度が保護するのは，権利者のみではなく，利用者や広く一般公益も含むとの理解が，その法的構成はともかく，今日においては強くなっている。著作権の帰属を知ることは，利用者や広く一般公衆にとって有益な場合が多いことから，一定の「権利の享有及び行使」に関わる「方

式」は，著作権制度にとって望ましいこともあり得る。しかしながら，無方式主義に関する理論的考察が乏しかったため，法的な許容性の分析が行われないままに議論がなされている。また，無方式主義は，権利者保護にとって望ましいものであると考えられてきたものの，インターネット時代においては，一定の方式は権利の国際的な行使をかえって容易にする可能性がある。ここに目的論的解釈を可能にする理論的素地がある。そこで本稿は，静態的および動態的分析による，無方式主義の規範の範囲をそれぞれ考察する。

　無方式主義は条約上明文で定められた，また国際的にみて普遍的な規範である。しかし，その内容は明確でない。国際法上の条約解釈の枠組みにより，無方式主義を構成する概念の分析方法としては，単に静態的な規範を追求するのではなく，動態的な検討も許容され，かつ要請される。すなわち，インターネット時代においては，「方式」および「権利の享有及び行使」の意義を固定的に考えることは，国際規範としての無方式主義の実効性を薄めることにもなりかねない。したがって，インターネット時代には，各概念の特徴と外延を探り，国際規範としての射程範囲を明らかにすることが必要である。

　Ricketson-Ginsburg による分析（2006年）は，国際規範としての無方式主義を国際法の枠組みに遡って分析しようとしている点で，画期的ではあるものの，動態的分析への踏み込みがほとんどない。そこで本稿は，次の諸点を踏まえた動態的分析を行う。第一に，「方式」の意義を各国法に即して調査することにより，国際慣習法としてみた意義を具体的に分析する，第二に，「方式」のみならず「権利の享有及び行使」の分析を行う，第三に，著作権制度の現代的保護法益である利用者の利益を踏まえて分析する，そして最後に，著作権の制限・例外，集中処理機関や裁定制度といった他の制度との関係を分析する。無方式主義上許容されるかを検討することは，孤児著作物問題の解決策を探る上で有用である[1]が，無方式主義との抵触が問題にならない他の手段との関係も検討する必要がある。すなわち，無方式主義の現代的把握をすることなしには，そして同時に「方式」に関わる手段単独によっては，問題解決ができないことを，本稿は検証する。本稿は問題解決策を精緻・網羅的に提示するよりも，むしろ問題解決の上で国際規範解釈に関する，あるいは解決策相互の関係についての柔軟な発想の必要性を示すことによって，今後の議論の発展を促すことに主眼がある。

第 1 章 序　論

　以下の章では，かかる観点から，無方式主義の意義を中心とした国際規範の明確化と，孤児著作物問題の解決方法の分析，そして日本法に及ぼす示唆について論じる。

　第 2 章では，国際規範を分析するための枠組みと，その枠組みに基づく無方式主義の静態的分析を行う。条約解釈の一般論に従い，無方式主義上の各概念，すなわち「方式」および「権利の享有及び行使」の意義を，ベルヌ条約への各国加盟の経緯を踏まえて具体的に分析する。また，無方式主義の国際法秩序における位置づけを，国際規範としての同主義の現状を踏まえて検証する。

　第 3 章では，無方式主義の動態的分析を可能にする条約解釈に関する理論的理由とともに，静態的分析では不十分な時代的背景と動態的分析の必要性について説明する。理論的には，無方式主義上の概念に関して，条約規範の目的論的解釈の可能性を探求する。かかる解釈の一環として，インターネットの登場・普及により，動態的分析が必要とされている現状を検討する。次に，権利帰属の認定・公示・公示による法的効果という各段階ごとに，各国法における現状と限界を踏まえて，動態的分析による今後の可能性を具体的に把握する。最後に，国際社会における検討の状況を示す。

　第 4 章では，無方式主義の各概念の動態的分析が，孤児著作物問題の解決にとって有意義であるか，具体的に検討する。諸外国における検討，著作権の制限・例外との関係の分析を通じて，他の解決手法の意義および限界を示す。また，動態的分析による解決を，予想される動態的分析の不要論との関係および無方式主義との関係や立法上の手法の検討を通じて分析する。

　第 5 章（最終章）では，静態的分析・動態的分析を踏まえた無方式主義の動態的分析が，日本法において孤児著作物問題の解決に有益であるか検討する。現行の裁定制度の拡充を図るのが先決だという，予想される懸念に対し

（1）　Ricketson and Ginsburg は，無方式主義による情報不足を補うための各国法の状況として，証拠法上あるいは権利行使上の便宜，集中処理機関における登録，権利管理情報，カナダにおける裁定制度を挙げている。Sam Ricketson and Jane Ginsburg, *International Copyright and Neighbouring Rights*, 2nd ed., Oxford University Press, 2006, pp.328-329. しかし，それぞれの相互関係を分析していない。また，無方式主義との関係も，微妙な（delicate）問題とするのみで，踏み込んだ分析を行っていない。本稿は，かかる関係を分析する。

第1章　序　論

て，裁定制度の分析を踏まえて立論する。また，問題解決に向けた権利の制限・例外との関係を，日本法においても検証する。そして，登録制度の改善のあり方も把握する。最後に，登録制度に伴う問題点，すなわち，権利者や行政庁の事務負担増，あるいは不実登録の危険性をそれぞれ分析する。

第2章　無方式主義の静態的分析

第1節　意義および歴史的背景

I　意　義

　ベルヌ条約[1] 5条2項は，「権利の享有及び行使には，いかなる方式の履行をも要しない」と規定する[2]。同項は，「著作者は，この条約によって保護される著作物に関し，その著作物の本国以外の同盟国において，その国の法令が自国民に現在与えており又は将来与えることがある権利及びこの条約が特に与える権利を享有する」との前項の規定を受けている。したがって，ベルヌ条約によって保護される「権利」については，その「享有及び行使」において，著作物の本国以外の加盟国において，「方式」を要求されることはない。ベルヌ条約加盟国は少なくとも他の加盟国の著作物を保護するには，無方式主義を適用しなければならない[3]。

　無方式主義は，世界のほとんどの国々が採用する，国際的に確立した法規範である。後述するように，1980年代半ばまでベルヌ条約への加盟を躊躇していた，米国によるベルヌ条約加盟後，他の米大陸諸国もこれに追随したことをもって，無方式主義は普遍的な規範になったと，一般に考えられている。同時に，著作権保護に©マークを要件とする，万国著作権条約（UCC）[4]による簡易表示方式は，事実上死文化した。以来，約20年が経過し，この間，著作権登録制度のあり方に関する根本的な検討は，ほとんどなされてこなかったといっても過言ではない[5]。

（1）　Berne Convention for the Protection of Literary and Artistic Works of September 9, 1886, last amended on September 28, 1979, 1161 U.N.T.S. 3.
（2）　（社）著作権情報センター（CRIC）による和訳。
（3）　斉藤博『著作権法』（2007年，第3版，有斐閣）22頁。
（4）　Universal Copyright Convention, signed at Geneva on September 6, 1952, revised at Paris on July 24, 1971, 13444 U.N.T.S. 193.

また，TRIPS協定[6]9条1項の規定により，ベルヌ条約5条2項の各国による遵守の実効性が，制度的に担保された。世界貿易機関（World Trade Organization）を設立するマラケシュ協定（WTO協定）の加盟国は，仮にベルヌ条約に加盟していなくとも，無方式主義を遵守することが求められる。例えば，ラオスはベルヌ条約・TRIPS協定のいずれにも加入していないが（2009年1月1日現在），仮に現在進められているWTO協定加盟交渉が妥結すれば，ラオスは，たとえベルヌ条約に加盟しなくとも，無方式主義を含む同条約上の義務に拘束される。

　さらに，1996年に締結されたWIPOインターネット条約，すなわち著作権に関する世界知的所有権機関条約[7]および実演及びレコードに関する世界知的所有権機関条約[8]の2条約も，無方式主義を踏襲している。WPPT20条は無方式主義を明示しており，この条文はベルヌ条約5条2項と同様の無方式主義を規定したものである[9]。WCTについては独自の規定はないものの，同1条が援用するベルヌ条約20条により，WCTは特別の合意（special agreement）として位置付けられている。そして，「特別の合意」は，ベルヌ条約に反しない限りにおいて，ベルヌ条約よりも範囲が広い権利（more extensive rights）を著作者に付与することができる。したがって，WCTを踏まえた各国法は，ベルヌ条約上の無方式主義に反して，権利者にとってより煩瑣な手続を要求することはできない。

（5）　一般に，無方式主義は「著作物を広く国際的に保護するうえで理想的な制度である」と捉えられている。斉藤・前掲注3，22頁。

（6）　Agreement on Trade-Related Aspects of Intellectual Property Rights (TRIPS Agreement), Annex 1C of the Marrakesh Agreement Establishing the World Trade Organization, signed on 15 April 1994, 33 I.L.M. 81.

（7）　WIPO Copyright Treaty (WCT), adopted on December 20, 1996, 36 I.L.M. 65 (1997). なお，WIPOとはWorld Intellectual Property Organization（世界知的所有権機関）の略である。

（8）　WIPO Performances and Phonograms Treaty (WPPT), adopted on December 20, 1996, 36 I.L.M. 76 (1997).

（9）　Mihály Ficsor, *Guide to the Copyright and Related Rights Treaties Administered by WIPO and Glossary of Copyright and Related Rights Terms*, WIPO Publication No. 891 (E), 2004, p. 257.

II　著作権哲学と無方式主義との関係の経緯

　無方式主義は，後述するように，著作権制度に関する自然権的思想を持つ一部の19世紀の大陸法諸国に萌芽がある。しかし，無方式主義は，著作権の性質に関する哲学から世界に広まったものではない。確かに，財産権的側面と自然権的側面のいずれを重視するかという，著作権制度に関する哲学の違いは，各国の登録制度のあり方に影響を与えていた。しかし，無方式主義を国際的に広めたのは，著作権の性質に関する議論や収束によるのではない。また，著作権法の存在理由である，創作へのインセンティヴと自然権的アプローチから，演繹的に具体的な著作権制度が演繹されるものでもない。具体的な制度自体は，その時代の産物である[10]ことは，無方式主義の経緯にも妥当する。

　後述するように，著作権を法的権利と構成する考え方は，英国のアン法（1709年）に発祥している。そして，国王によって与えられた特権という捉え方から著作権の財産的側面を強調する考え方に移行するに伴い，当時の英国法は著作権登録を権利保護の要件としていた[11]。1886年の時点で，ほとんどの国内法において，寄託（deposit）や登録，あるいは宣言（declaration）といった何らかの方式が要求されていたが，方式を欠いた場合の効果について，各国により大きな違いがあった。パブリック・ドメイン（public domain）とされる国もあれば，著作権者による権利行使が方式具備の時点まで妨げられるに過ぎず，方式具備により権利行使が可能になる国もあった。後者の考え方は，フランス流の「著作者の権利」（*droit d'auteur*）の考え方に親近性を持つように見える。著作権を表すフランス語の「著作者の権利」は，フランス革命に由来する自然権思想に起源を持ち，著作者は創作活動によって自然権を授与され，著作権は著作者に帰属するがゆえに著作物を保護し，著作者はその自然権によって創作物から収益を得ることができる[12]。かかる思想によれば，すでに存在している自然権を，方式は事後的に確認したに過ぎな

（10）　中山信弘『著作権法』（2007年，有斐閣）13-14頁。
（11）　Ricketson and Ginsburg, *supra* note 1, ch.1 p.5.
（12）　Sean A. Monticello, "The Case For Imposing Liability on Domestic Authorizers of Extraterritorial Copyright Infringements", *Journal of Intellectual Property*, Spring 1999, p.120.

い。そして，ドイツ，ベルギー，オランダ，スイスといった大陸法の国々では，無名あるいは変名著作物を含む一部の例外を除き，方式が廃止された。ただ，著作権保護を巡る思想が方式のあり方に論理的に直結するとは限らず，例えば，フランスにおいては方式は廃止されなかった[13]。

著作権の国際的保護が課題になったのは，出版業が拡大した19世紀初頭に遡る[14]。当初は，著作権保護を受けるためには，出版国における方式に従うことを要するのが一般的であった[15]。ただ，そのためには，集中化された方式主義の方が著作者にとって好ましいという考え方もあり得た[16]のであり，無方式主義が必然的に帰結されるわけではない。外国作品に対する著作権制度の取扱いには，3つの制度があった。第一は，内国民の作品のみを保護する制度，第二は，国籍や発行地に着目して判断する制度，最後に，相互主義の下で判断する制度である。第二の制度を有する国においては，外国の権利者は，保護を求める国ごとに，著作権保護に求められる方式をそれぞれ遵守する必要がある。1886年においては，ベルギー，デンマーク，フランス，ギリシャ，ドイツ，ハンガリー，ノルウェー，スウェーデンおよびスイスを除けば，著作者や出版者は，各国における方式の遵守が求められていた[17]。そこで，19世紀においては，各国民間の均衡を図るべく二国間条約が締結され，著作権保護の期間や条件について，相互主義が採られ，また，内国民待遇（national treatment）の考え方が採用された。

無方式主義は，19世紀後半において他の国々には広まらなかった。また，この時代に広まっていた二国間条約においても，無方式主義の考え方はほと

---

(13) 以上の考察は，Ricketson and Ginsburg, *supra* note 1, ch.1, pp.18-19 を参照。

(14) Harry G. Henn, "The Quest for International Copyright Protection", 39 Cornell L.Q., 1953-1954, p.43.

(15) Stephen P. Ladas, *The International Protection of Literary and Artistic Property*, Vol.1, New York, Macmillan, 1938, pp. 30 and 35.

(16) Claude Masouyé, "The Role of ALAI in the Development of International Copyright Law", *Copyright*, 14th year, 1978, p.122.

(17) 調査の対象となった国は，次のとおりである。オーストリア，ベルギー，デンマーク，フランス，ドイツ，英国，ハンガリー，イタリア，ルクセンブルク，オランダ，ノルウェー，ポルトガル，ロシア，スペイン，スウェーデン，スイス（以上，欧州16カ国）およびボリビア，カナダ，チリ，グアテマラ，ハイチ，メキシコ，ペルー，米国（以上，米大陸8カ国）。Ladas, *supra* note 15, pp. 30 and 35.

んど採られなかった。無方式主義を原則としていたドイツでさえ，他の大陸法諸国との間の二国間条約において，著作者の氏名を著作物の冒頭に示すことが要求されていた。そして大多数の二国間条約は，保護国における登録および寄託を要求していた[18]。しかし，こうした二国間条約のネットワークの範囲は限られており，当時海賊版の供給源であった米国が参加していなかったため，実効性に乏しかった。また，ベルヌ条約以前においては，二国間条約の内容がそれぞれ統一性を欠いていたため，外国における著作権保護には限界があった。さらに，内国民待遇は，著作権保護を求める国において要求される様式を遵守する必要があることを変更するものではない。そこで，著作者が海外において保護を図るためには，依然として，保護を必要とする国々すべてにおいて，煩瑣な方式に従わなけれならなかった。多国間条約であるベルヌ条約は，こうした不便性を解消すべく登場した。

　多国間条約へ向けた話し合いにおいては，内国民待遇の導入が主要な課題となった。しかし，内国民待遇は内外国民を同等に扱うことを求めるものの，著作権の保護を受ける上で，各国における方式遵守についても，内国民と同様の条件に服することになる。なお，「内国民待遇」とは，条約加盟国が「知的所有権の保護に関し，自国民に与える待遇よりも不利でない待遇を他の加盟国の国民に与える」ことであると理解されてきた（TRIPS協定3条1項参照）。

　このように内国民待遇と無方式主義とは，密接に関係付けられて外交会議において議論され，それぞれの規範が形成されてきた。議論の詳しい経緯については，「方式」の意義の解釈を巡って，ベルヌ条約5条2項の立法経緯を検証する必要があることから，後述する。経緯をあえて要約すれば，無方式主義は，内国民待遇の原則を巡る外交交渉の結果として，著作権保護を巡る法哲学の違いを超えて世界各国に広まった。確かに，後述するように，ベルヌ条約の形成過程において大きな役割を果たしたのはフランスやドイツといった大陸法諸国である。しかし，ベルヌ条約の立法過程を検討すると，哲学的な議論ではなく，著作権の国際的な保護を如何に図るか，という実務上の議論から無方式主義は生まれたことが分かる。このことは，同項が適用さ

---

(18)　独・ベルギー間条約（1883年），独・仏間条約（1883年），独・伊間条約（1884年）。Ricketson and Ginsburg, *supra* note 1, ch.1, p.38を参照。

れるのは，当該加盟国以外の著作物の保護が問題となる場面であることからも明らかである。すなわち，ベルヌ条約は，著作者の本国以外の国における保護について規定したもので，本国における著作者の権利を規定したものではない。仮に，著作権保護の哲学に根ざしたものであるならば，無方式主義は，国内外の著作物を問わず，等しく適用されるべき原則のはずである。無方式主義が，国際規範の形成前においては，ほとんど採用されていなかったことに鑑みれば，自然権的思想が国際規範としての無方式主義を形成したものではないと言えよう。また，各国における無方式主義を規定した立法は，後述するように，ベルヌ条約の加盟国となった後に同条約を遵守するために形成された国が多いようである。国際規範とは無関係に，あるいは自発的に無方式主義を国内法として取り入れたのは，世界的に見ても一般的ではない。

　他方，無方式主義は，国内法規範としてよりも国際規範として，各国に受け入れられやすい事情があった。後述するように，各国において要求されていた方式の意義は統一されていなかったため，著作物の国際的な公示機能としてみると，著作物に関する方式は中途半端とならざるを得なかった。二国間条約によって外国作品も保護されることが確立しつつあったため，外国の方式への遵守は不要だとして国際的な権利公示の上で方式の果たす機能は高くなかったか，あるいは逆に，外国作品についても各国ごとに煩瑣な方式が要求されるかの，いずれかの事態に帰着せざるを得なかったのである。後者については，いずれの国の権利者にとっても有益ではなかった。そこで，以下，外国方式への遵守に関する制度的経緯を検証する。

Ⅲ　方式の意義に関する問題意識

　インターネット時代以前には，「権利の享有および行使」の意義は比較的自明であった。他方において，無方式主義が登場した当初より，「方式」の内容は必ずしも定かではなかった。無方式主義における「方式」の内容として念頭に置かれてきたのは，後述する無方式主義の立法経緯や各国におけるベルヌ条約加盟への対応を検討すると，主に登録制度であることが分かる。すなわち，無方式主義は，各国における登録義務からの解放を主眼として制定され，世界中に広まった。したがって，権利の享有や行使にあたり登録を

要件とすることは,「方式」に該当し,認められないことは自明であろう。各国に存在する,あるいは存在した,登録制度の設計をいかに行うかが,条約制定・改正時における時代の要請であり,ことさら「方式」の内容を明確化する動きはなかった。したがって,詳細は後述するが,外交交渉の経緯からは,「方式」の内容を明確化することはできない。

　ベルヌ条約体制に各国が加入するに際して,無方式主義の射程範囲を明確にすべきであったはずだが,この点は曖昧なままであった。英国のように,一切の登録制度を廃止した国もあれば,米国のように,登録によって一定の効果を残した国もある。そして,後者のような国に対して,登録制度を廃止した国から異議が唱えられたことはない。また,後述するように,「方式」の意義について若干触れてある文献もあるものの,条約法に関する一般的な手法に即した条約解釈指針となるような分析がなされているとは言えないと思われる。したがって,ある国が無方式主義違反であるとしてWTOあるいは国際司法裁判所に提訴されるケースにおいて,紛争処理手続における解釈基準とはなりにくいであろう。なお,国際司法裁判所の判決に影響を与える補助法源として,学者個人の見解が必ずしも否定されないものの,国際的委員会・学会の決議や条約草案のように,諸見解を包摂した学説であると一般に認識されている[19]。

第2節　条約解釈の一般論からみた静態的分析

　無方式主義は,国際社会において,確固たる法規範である。後述するようにベルヌ条約5条2項は変更される可能性がないといえるだけに,同項による規範が及ぶ範囲を,正確に認識しておくことが重要である。ベルヌ条約も条約規範であり,国際法の一般原則の適用を受ける。条約法に関するウィーン条約[20](以下「ウィーン条約」)は,条約解釈に関する一般的な規範ではあるものの,ベルヌ条約の解釈にあたり,直接的に適用されない。ベルヌ条約の方が,ウィーン条約よりも前に締結されているからである(ウィーン条約

---

(19)　小寺彰・岩沢雄司・森田章夫編『講義国際法』(2006年,有斐閣) 56頁。
(20)　Vienna Convention on the Law of Treaties, adopted on May 22, 1969. 1155 U.N.T.S 331. 日本は,1981年に加入した。条約第16号。

4条参照)。しかし，ベルヌ条約上，同条約の解釈についての一般的なルールがないので，関連する国際慣習法を参照しなければならない。そして，ウィーン条約による条約解釈の考え方は，国際的な慣習法として，ベルヌ条約の解釈にも及ぼされる[21]。また，ベルヌ条約遵守を取り込んでいるTRIPS協定においても，ウィーン条約による条約解釈手法が適用される[22]。

ウィーン条約31条は解釈の一般的ルールを，同32条は補足的な解釈のルールを定めている。31条1項によれば，条約解釈は，用語の通常の意味により客観的に行わなければならない。そして，用語の通常の意味を確定するには，条約の文言に加えて，当該条約を締結した際の当事国の関係合意や，当時国の解釈宣言で他の当事国も認めたものを含む「文脈」を考慮しなければならない（同条2項)[23]。また，用語の意味が不明確な場合は，同条3項により，上記の文脈のほかに，「後からの実行」を考慮して，その解釈を確定することも認められる。「後からの実行」は，条約の解釈・適用について締結後に当事者の間で行われた合意や慣行を含むが，条約加盟国に共通のものでなければならないとして，狭義に解されている。同条に該当しない場合は，32条による解釈が検討される[24]。一部の加盟国についてのみ当てはまる「合意」や「慣行」であれば，32条により，補足的な解釈を構成すると考えられる。その際，条約の準備作業や，結論に至った状況を考慮することになる。条約の準備作業は，結論に至る外交会議の記録を指す。そうした準備作業は，起草段階に参加しなかった当事国に対しても，作業の結果が公表されている限り，解釈の補助手段としての意義を有する[25]。WIPO事務局による意見[26]や，ベルヌ同盟諸会議により示された意見，各国裁判所によ

---

(21) Sam Ricketson, *The Berne Convention for the Protection of Literary and Artistic Works: 1886-1986*, London, Centre for Commercial Law Studies, 1987, pp.130-142.
(22) WTO, India-Patent Protection for Pharmaceutical and Agricultural Chemical Products, Report of the Appellate Body, WT/DS50/AB/R, 1997, p.18.
(23) Ian Sinclair, *The Vienna Convention on the Law of Treaties*, Manchester University Press, 2nd ed., 1984, p.131. また，Antonio Cassese, *International Law*, 2nd ed., Oxford University Press, 2005, p.179 も参照。
(24) Sinclair, *supra* note 23, p.138.
(25) *Ibid.*, p.144.
(26) United Nations Conference on Trade and Development (UNCTAD), 3.14 TRIPS, UNCTAD/EDM/Misc.232/Add.18, 2003, p.38.

る判断も，解釈の補助になる[27]。ただ，無方式主義における「方式」の意義については，それを明確にするための補助手段が乏しい。

I 「方式」

(1) グレー・ゾーンの存在

　文言解釈が条約解釈の基本である。しかし，ベルヌ条約5条2項の「方式」の意味・範囲は，文言上一義的ではない。同項は，「方式」を定義していないし，「方式」という言葉自体の「一般的な意味」も明らかではない。法律事典によると，「たとえ重要ではないと考えられる場合であっても，特定の法的結論を導くために，遵守が通常要求される些細な慣行（small point of practice）」とされる。そして，著作権に関する様式については，「米国著作権の保護を受けるために，かつて必要とされていた手続的要件（procedural requirement）」とされ，著作権の作品上の通知（notice），実際の発行，著作権局における登録，議会図書館への寄託が列挙されている[28]。しかし，その根拠と外延は明確ではない。今日における「方式」の意義，あるいは米国以外において，どのような手続が「方式」に当てはまるのかも，一義的でない。また，UCC 3条1項によると，「方式」の例として，「納入，登録，表示，公証人による証明，手数料の支払又は自国における製造若しくは発行」が挙げられている。UCCはベルヌ条約に劣後して適用されるため，今日では適用される場面がほとんどないものの，ベルヌ条約に矛盾しない限りでは，今日でも有効である。ただ，同条項をみても，「方式」の外延は，やはり一義的ではない。

　そこで，国際慣習法を検討することになるが，条約加盟国に共通して当てはまるものでなければ，あくまで「補足的意味での解釈」となるに過ぎない。「方式」の外延は，条約の成立過程や各国法からも明らかではないが，少なくとも登録や寄託が「方式」に含まれることは，ベルヌ条約5条2項の制定・

---

(27) Ricketson, *supra* note 21, pp.136-137. また，UNCTAD, *supra* note 26, p. 38 も同旨。

(28) Bryan A. Garner et al, *Black's Law Dictionary*, 8th ed., Thomson West, 2004, p.678.

改正過程における外交会議の記録上，常に「登録」や「納入」が議論されていたことから，補足的解釈として根拠がある。後述するように，その他，複製物の提出，手数料支払いや，宣言が含まれることについては，条約交渉においてコンセンサス（ウィーン条約31条2(a)項）があった。

それでは，無方式主義の下，禁止される「方式」の外延はどこまでであろうか。この点，WIPOの出版によるガイドブックによれば，「当該方式を充足しなければ，著作権により保護されない，あるいは保護を失うような，あらゆる条件や手段」とされ，「登録事項が反論可能な推定効しか生じない場合」や「単なる行政上の義務に過ぎない納入」，あるいは「一定の救済手段（例えば訴訟開始）にあたって必要とされる方式」については，無方式主義に反しないとされている[29]。上述したようにWIPOによる解釈は，ベルヌ条約の解釈上，補足的意味としての意義を有することは間違いない。しかし，同ガイドの解釈は，著者であるFicsor博士の個人的なものであって，WIPOによる公式解釈ではないことが，同書の冒頭において明確に示されている。同博士の見解が「諸見解を包摂した学説」であるとは言い難い。なお，後述する中国著作権法に関するWTOパネル報告書において，WIPO出版によるMasouyé博士の見解が示された。その際，WIPOによる公式見解ではないことを理由として，ベルヌ条約の公式解釈ではないと注記されている（同報告書33頁）。したがって，無方式主義によって禁止される「方式」の外延を探るには，条約の成立・改正過程を検証する必要がある。

(2) 成立・改正過程の考察

以下では，ベルヌ条約制定および改正のための外交会議において，無方式主義，とりわけ「方式」の意義に関連して，どのような議論がなされたのか，立法経緯を鳥瞰する。

(i) 1858年ブラッセル会議

同会議においては，著作権の国際的な保護について，5つの決議が示された[30]。

(1) 著作者のために著作権を国際的に保護することは，すべての文明国において立法化されるべきである。

---

(29) Ficsor, *supra* note 9, pp.41-42.
(30) Ladas, *supra* note 15, p.72.

(2) この原則は，相互主義を充足せずとも，すべての国において認められるべきである。

(3) 外国著作者と国内著作者とを等しく扱うことは，絶対的かつ完全であるべきである。

(4) 第一発行国において要求される方式を遵守する場合には，外国著作者はいかなる方式も要求されるべきではない。

(5) 統一化された著作権保護立法をすべての国が有することが望ましい。

　第四の決議について，文芸・芸術作品会議（Congress on Literary and Artistic Property）は，遵守が要求される方式は，第一発行が行われた国であるとの決議が追加された。また，方式は権利の認識のための条件として（as a condition for recognition of rights）課されることがあってはならず，仮に方式が課されるとしても，事務的な要件（administrative or official requirement），あるいは権利を明確化・証明する手段（a means of establishing and proving the right of property）としてのみ認められるべきである，方式遵守を欠くことによって権利の喪失を生じるべきではない，方式は簡素にすべきであるとした[31]。

　こうした経緯に鑑みると，第一発行国における方式さえ遵守すれば，すべての文明国において著作権は保護されるべきであることについて，概ねコンセンサスがあったことが分かる。このコンセンサスは条約化こそされなかったものの，後々の外交交渉の基盤をなした[32]。

(ii) 1883年ベルヌにおけるALAI[33]会議

　内国民待遇や無方式主義の原則に基づいた二国間条約が広がり始め，それを多国間条約化する必要性が参加者の間で認識されていた[34]。そして，フランス代表団によって議論のたたき台として配布されたドラフトには，内国民待遇が明記されていた[35]。また，著作物が存在する，いずれかの1つの

---

(31) Ricketson, *supra* note 21, pp.42-45.

(32) *Ibid*., pp. 42-46.

(33) ALAIとは，国際著作権法学会（Association littéraire et artistique internationale）の略称である。

(34) Masouyé, *supra* note 16, p.121.

(35) ALAI, *Son Histoire-ses travaux*（1878-1889）, Paris, Biblioteque Chacornac, 1889, pp.135-136.

条約締約国における方式にさえ従えばよいとの，緩和された条項を含むドラフト条約が起草された(36)。ただ，同条項によっても，なお外国の方式を参照する場合が多く，国際的な権利保護にとって煩瑣であると考えられた。

(iii) 1884年ベルヌ外交会議

同会議による条約案においても，上記ALAIテキストをベースとして，内国民待遇の遵守が踏襲された。すなわち，著作物の本国（未発行の著作物にあっては，著作者が国籍を有する国）における方式を遵守すべきことを変更するものではないとされた。ただ，ALAIテキストにおいては，著作物の本国をいかにして決定するのか言及していなかった。他方，内国民待遇条項によっても，第一発行国（未発行物にあっては著作者の国籍が存する国）における方式または条件に従うべきことが，最終条約案の中に盛り込まれた(37)。なお，ドイツ代表により，「方式または条件」とは，「著作者の権利を発生させるために要求されるものすべて」と定義され，その中には，登録，納入，複製物の提出，手数料支払い，また宣言といったものが含まれるという見方が示された。この見解は，会議の終わりに，議長によって，会議により敷衍されたと宣言されている(38)。他方，ドイツ代表による定義においては，権利の範囲に関わるものは「方式」から除外されている。例えば，権利の期間や範囲を制限する条項は，権利の発生に関わるものではないため，「方式または条件」には当てはまらない(39)。

なお，ALAIテキストにおいては「方式（formalités）」，他方，同会議における条約案においては「方式および条件（formalités et conditions）」という表現が用いられており，若干表現が異なる。ただ，両者は同義であると会議参加者の間で認識されていたようである。いずれにせよ，登録とそれに付随する手続が「方式」として念頭に置かれていた。

(36) ドラフト1条を参照。ALAI, *Bulletin de l'Association littéraire et artistique internationale*, Paris, N.18, Novembre 1883, pp.10 and 19.

(37) 条文案2条を参照。Numa Droz, Président, "Procès-Verbal de la Cinquième Séance de la Conférence pour la Protection des Droits D'auteur, 17 septembre 1884", in Actes de la Conférence internationale pour la protection des droits d'auteur réunie à Berne du 8 au 19 Septembre 1884, pp.39-45.

(38) Dr. Meyer, Conseiller intime supérieur de Régence au Département de la justice de l'Empire allemand, in *Ibid*.

(39) Ricketson, *supra* note 21, p. 222.

(iv) 1885年ベルヌ外交会議

1884年条約案に対しては，著作権の保護を必要とする国におけるよりも，著作者の本国法を適用する方が，権利者にとって煩瑣な場合もあり得るのではないかと懸念された。そこで，1885年の条約最終案においては，著作者の本国法を参照するのは，方式遵守と権利保護期間の2点についてのみであることが確認された。また，著作者性の推定といった手続上の問題（une question de prodédure）については，権利の実体的な要件に関わるものではないため，最終テキスト2条[40]「条件および方式（conditions et formalités）」（2項）から除外されることが確認された[41]。また，権利保護国における方式や条件を充足する必要はなく，著作物の本国における方式や条件を遵守すれば足りることが，確認されたと考えられている[42]。

(v) 1896年パリ改正外交会議

同会議においては，上記テキスト2条について，概ね変更は加えられなかった[43]。同条の第1パラグラフ中，「加盟国のいずれかにおいて発行されているか否かを問わず，」の後に，「また最初の発行が加盟国においてなされたか否かを問わず」という文言が追加された[44]ものの，方式の意義そのもの

---

(40) Numa Droz, Président, "Procès-Verbal Final de la Deuxième Conférence Internationale pour la Protection des Œuvre Littéraires et Artistiques", in Actes de la 2me Conférence Internationale pour la Protection des Œuvres Littéraires et Artistiques réunie à Berne du 7 au 18 Septembre 1885, Berne, printed by Imprimerie K.J. Wyss, p.74.

　　本条約の加盟国国民である著作者またはその代理人は，加盟国のいずれかにおいて出版されているか否かを問わず，他の加盟国においても，その内国民と同様の権利を与えられる。

　　これらの権利の享有は，当該著作物の本国における条件および方式に従う必要があり，当該第一発行国における保護期間を超えることはできない。

　　著作物の本国とは，当該作品が最初に発行された国，または，仮に当該発行が，複数の本条約加盟国においてなされた場合には，そのうち最も保護期間が短い国を指すものとする。

　　未発行作品については，著作者の属する国を，著作物の本国とみなす。

(41) Numa Droz, Président, "Procès-Verbal de la Quatrième séance de la Conférence pour la protection des œuvres littéraires et artistiques, 8 Septembre 1885", in Actes de la 2me Conférence Internationale pour la Protection des Œuvres Littéraires et Artistiques réunie à Berne du 7 au 18 Septembre 1885, *supra* note 40, pp.34-35.

(42) Ricketson and Ginsburg, *supra* note 1, ch.1, pp.305-306.

は議論されなかった。

(vi) 1908年ベルリン改正外交会議

同会議において，無方式主義が初めて採られた。従前のベルヌ条約2条においては，著作者は，第一発行国において必要な方式を充足していることについて証明責任を負い，裁判官もまた，必ずしも精通しているとはいえない外国法，すなわち第一発行国における法律を参照する必要があった。他方，20世紀初頭には，蓄音機や動画といった新技術が登場し，第一発行国以外の国において侵害が発生する問題が生じていた。著作者は，所定の必要寄託部数を欠くといった，第一発行国における些細な方式違反によって，権利保護を失うおそれが強まっていた。

そこで，同会議においては，「本条約に基づく権利の享有および行使には，いかなる方式も要しない」として，無方式主義が定められた。なお，当時の条文番号は，4条2項であったが，条文の内容は，現行の5条2項と変更がない[45]。同会議においては，無方式主義の考え方は，内国民待遇の進展と密接な関係をもっていた。無方式主義を欠けば，ベルリン会議当時における内国民待遇原則が，著作権の国際的な保護において，台無しになってしまう恐れがあった。すなわち，4条1項による内国民待遇原則は，「ベルヌ条約によって特別に与えられた権利についても」他の加盟国民に付与されること

---

(43) Berne Union, "Convention concernant la Création d'une Union Internationale pour la Protection des Œuvre Littéraires et Artistiques", in Berne Union, Actes de la 3me Conférence Internationale pour la Protection des Œuvre Littéraires et Artistiques réunie à Berne du 6 au 9 septembre 1886, printed by Berne Imprimerie K.-J. Wyss, 1886, p.30. See also Jean Cavalli, *La genèse de la Convention de Berne pour la protection des œuvres littéraires et artistiques du 9 septembre 1886*, Thèse de licence et de doctorat, Université de Lausanne —Faculté de Droit, 1986, p.168.

(44) Union Internationale pour la Protection des Œuvre Littéraires et Artistiques, "Acte Additionnel du 4 mai 1896 Modifiant les Articles 2, 3, 5, 7, 12, 20 de la Convention du 9 septembre 1886 et les Numéros 1 et 4 du Protocole de Cloture y Annexé", in Bureau Internationale de l'Union, Actes de la Conférence Paris de 1896, Berne (Imprimé sur papier de fil fabriqué spécialement pour cette édition), 1897, pp.219-220.

(45) "Annexes: Actes Conventionnels de 1886 et 1896", in Bureau Internationale de l'Union Littéraires et Artistique, Convention de Berne Revisée pour la Protection des Œuvres Littéraires et Artistiques du 13 Novembre 1908, 1912, pp.2-3.

を規定している点で，従前の規定よりも，より国際的保護を進めている。しかし，後述するストックホルム改正以前の内国民待遇は，相互主義を規定しており，したがって，著作権者は本国において要求される方式を調査する必要があった[46]。したがって，仮に本国が無方式主義でなければ，著作権保護を求める国における厳格な方式遵守を求められる可能性があり，内国民待遇による著作権の国際的保護の意義は薄れてしまう。すなわち，相互主義によって，権利者は本国における方式を調査する必要があることになれば，形の上では当該国の内国民と同等の扱いであっても，方式を遵守することに伴う事務的負担を考慮すれば，やはり外国人である権利者は不利な取扱いを受ける。同会議における改正は，かかる不便を除去し，今日の無方式主義を成立させたと言える。

(vii) 1967年ストックホルム改正外交会議と残された課題

その後，1967年のストックホルム改正外交会議に至るまで，1914年の追加議定書の署名（Berne Additional Protocol），1928年のローマ会議，1948年ブラッセル改正外交会議のいずれにおいても，内国民待遇や無方式主義に関する改正はなかった。同会議によって制定された5条1項は，無方式主義に関する変更はなかったものの，内国民待遇について，相互主義を撤廃した。その後，今日に至るまで，5条1項は変更がない。新しい制度の下では，本国で無方式主義を採用していなかったとしても，当該本国の法律を参照して，そこで求められる方式を調査する必要はない。

もちろん，内国民待遇の下でも，各国における著作権保護の範囲は異なるので，ベルヌ条約のすべての加盟国における均一の保護を保障するものではない。内国民待遇の対象は，「各国法がその国民に対して与える権利」のほか，「本条約によって特別に与えられた権利」に限られる。かかる権利とは著作者の権利の基本的な本体（basic corpus）を指し[47]，その均一の保護にあたり，無方式主義が等しく適用される。

ただ，無方式主義の適用が必要となるような，「基本的な本体」は何であ

---

(46) BIRPI, "Études générales: L'article 7 de la convention de Berne revisée et la future conférence de Rome", *Le Droit d'Auteur*, Bureau International de l'Union pour la Protection des Œuvres Littéraires et Artistiques, 15 Mai 1926, p.53.

(47) Ricketson, *supra* note 21, p. 206.

るか，自明ではない。また，無方式主義が適用される「方式」の範囲も自明ではない。歴史的な経緯や既存の文献を見ても，どのようなタイプの登録制度が「方式」に該当するのか，はっきりしない。前述した1884年ベルヌ会議では，権利の発生に関わるものは該当すること，そして1885年ベルヌ会議では，著作者性の推定といった手続上の問題に関わるものは含まれないことが，それぞれ確認された。また，権利の「享有」に関わる方式とは，著作者の権利の獲得に関わる方式を指し，登録，寄託制度のほか，非表示に伴い権利を喪失する制度を含む。そして，権利の「行使」に関わる方式には，侵害行為に対する出訴要件としての寄託を含む[48]。他方，権利保護の存在自体に関わるのではなく，単にその程度や種類を画するに過ぎないもの[49]は，無方式主義が対象とするものでなかった。したがって，権利の範囲や期間を画するに過ぎない方式も，無方式主義の対象外と考えられる。ただ，明確な基準が定立できるわけではなく，グレーゾーンも存在する。例えば，集中処理機関による権利実行を義務づける条項や，著作者以外の権利帰属の推定である[50]。とりわけ，権利帰属の推定が登録国以外において生じる場合には，国際的な権利保護に関する局面となるため，無方式主義との関係をより厳密に吟味する必要があろう。前述した1885年ベルヌ外交会議によるコンセンサスにおいては，登録による国際的な効果については，会議参加者の念頭になかったようである。

　また，後述する，米国において検討された孤児著作物法案は，利用者による免責を防ぐために，権利者に対して登録を事実上強制するものとして，無方式主義に抵触するおそれもあろう。さらに，後述するように，著作権に関する担保権設定に登録を必要とする，国連国際商取引法委員会（United Nations Commission on International Trade Law, UNCITRAL）による検討が各国法において導入されることになれば，知財法の担保法への優位性が規定されているとはいえ，担保権の設定の理論的構成によっては，無方式主義との緊張関係を生じ得る。日本の譲渡担保のように（争いはあるものの），担保権設定を権利移転と構成する場合には，権利移転に登録を要するのと同義になる

---

(48)　Ladas, *supra* note 15, p. 273.

(49)　*Ibid.*, p. 274.

(50)　Ricketson, *supra* note 21, pp. 220-224.

からである。この点，後述するように，権利の移転に契約書面を要求する立法は無方式主義に抵触せず，実際にかかる立法例も多い。ただ，著作財産権の価値実現にとって重要な意義を有する権利移転において，登録が要求されることになれば，権利発生の局面においても権利者は登録を事実上要求されるであろう。よって，無方式主義に抵触するのかグレーである。

他方，著作権の発生あるいは保護を，公的機関による検閲にかからしめることは「方式」に該当する。ベルヌ条約17条によって出版物を検閲する権限を各国政府は留保されているものの，禁制作品を著作権の発生や保護から除外することは，無方式主義に反する。なお，後述するWTOパネル報告書（2009年）を参照。

(3) 著作者性の推定との関係

ベルヌ条約15条1項によると，著作者の名が通常の方法により当該著作物に表示されている場合には，反証のない限り当該著作物の著作者と認められる。いかなる場合が「通常の方法により当該著作物に表示されている」に当てはまるのかは，各国における裁判所の判断に委ねられる。そして，侵害者とされる者が，著作者は現在の著作権者ではないと主張する場合には，それを証明しなければならない[51]。

同条文は，無名作品についても，著作者の身元について疑問を生じることがない場合には，適用される。もちろん，この推定は反証可能であり，著作者は反証を欠く場合のみ推定による利益を享受する。反証可能な推定は，著作権保護のための要件としての方式ではないので，無方式主義と整合的である[52]。

同項の歴史的立法経緯をみても，この解釈は裏付けられる。現行同項は，1884年外交会議において採択された条文を維持している。同条は，国内法による登録制度の下で司法的な推定を代替した，ドイツによって提案された。この推定の目的は，自らの権利を実行することを望む著作者の利益のためであった[53]。仮に，この推定が無方式主義に抵触するのであれば，その後の

---

[51] William Wallace, *Guide to the Berne Convention for the Protection of Literary and Artistic Works（Paris Act, 1971)*, WIPO Publication No.615（E), 1978, p.93.

[52] Ficsor, *supra* note 9, p.92 も同旨。

[53] Actes de la Conférence internationale pour la protection des droits d'auteur réunie à Berne du 8 au 19 Septembre 1884, *supra* note 37, pp. 36 and 56.

ベルヌ条約の改正のための外交会議において，いずれかの参加国から疑問が提起され，同項は生き延びることはなかったであろう。

ただ，同項は著作者の利益を図るものであって，その後権利を譲り受けた者には適用されない。たとえ譲受人の名前が作品上に表示されているとしても，同項によって著作権の帰属についての推定を生じるものではない。したがって，著作者から権利を譲り受けた著作権者については，同項による推定を得ることができない。

II 「権利の享受及び行使」

1 権利の種類

(1) 条約に基づく権利

著作権は，単一の権利ではなく，複数の種類の権利の束（bundle）である。著作権は，著作財産権と著作者人格権とに分けられる。条約に列挙された著作権者の権利は，各国において遵守されなければならない最低限度の内容である。ベルヌ条約によると，著作財産権には，翻訳権（8条），複製権（9条），上演権・演奏権等（11条），放送権等（11条の2），朗読権等（11条の3），翻案権・編曲権等（12条），映画化権・上映権（14条）がある。ベルヌ条約以外の条約によるものとして，譲渡権（WCT 6条），貸与権（TRIPS協定11条，WCT 7条），公衆伝達権（WCT 8条）がある。著作者人格権には，著作物の創作者であることを主張する氏名表示権（right of paternity）のほか，著作物の変更，切除その他の改変または著作物に対するその他の侵害で自己の名誉または声望を害するおそれのあるものに対して異議を申し立てる同一性保持権（right of respect）がある[54]。著作者人格権は，ベルヌ条約上認められたものであるが，著作権法自体によって保護することを各国内法に義務付けているわけではない。一部の国々においては，他の法制度によって，人格

---

(54) ベルヌ条約6条の2第1項参照。なお，"right of paternity"および"right of respect"については，*WIPO, Implications of the TRIPS Agreement on Treaties Administered by WIPO*, 1996, p.13 に記載された用語である。Ralph Oman, "Letter from the United States of America", *Copyright*, Monthly Review of the World Intellectual Property Organization, July-August 1989, ch.5 は"right of respect"の代わりに"right of integrity"という用語を用いている。

的権利を保護し，条約義務を国内法化していることがある[55]。他方，TRIPS 協定 9 条 1 項は，「加盟国は，同［ベルヌ］条約第 6 条の 2 の規定に基づいて与えられる権利又はこれから派生する権利については，この協定に基づく権利又は義務を有しない。」として，人格的権利の保護は加盟国の義務ではないとしている。

　上記の諸権利は，権利を限定的に列挙したものではない。条約には規定されていない権利を，自発的に定める各国法もある。例えば，輸入権は，条約に基づく権利ではないが，欧州連合諸国や米国を含む 65 カ国は，海外で製作された著作物について，権限なき輸入を禁止する条項を有している[56]。しかし，輸入権の条約化は，WCT および WPPT 制定のための外交会議において議論されたが，何らの合意に至らなかった[57]。したがって，輸入権の具体的な内容は，それが導入されている国の間においても，調和されていない。ある国や地域においては，国内あるいは域内における消尽を定めている[58]が，他の国においては消尽を認めていない[59]。

　また，条約に定められた義務的な権利を，より包括的な権利の中に規定することも，各国法は許される。例えば，米国 17 U.S.C.（United States Code）

---

(55) Arthur R. Miller and Michael H. Davis, *Intellectual Property —Patents, Trademarks, and Copyright in a Nutshell*, 4th ed., Thomson/West, 2007, p.432. See also Ficsor, *supra* note 9, ch2, pp.44-45 and p.296.

(56) 文化審議会著作権分科会法制問題小委員会『報告書（案）』（2003 年）12 頁。同書は，（社）日本レコード協会が，国際レコード産業連盟（IFPI）に聴取した結果として，「65 ヶ国において，『みなし侵害』，『国内・域内消尽の頒布権』，『輸入権』など著作権法により何らかの方法で還流を防止することが可能となっている」と指摘している。

(57) 詳細については，Ficsor, *supra* note 9, pp.153-155, pp.184-199 and pp.210-217 を参照。

(58) Article 4(c), the Computer Program Directive（Council Directive 91/250/EEC of 14 May 1991 on the legal protection of computer programs, OJ L 122, 17/05/1991, pp.42-46）および Article 9(2), the Rental and Lending Directive（Council Directive 92/100/EEC of 19 November 1992 on rental right and lending right and on certain rights related to copyright in the field of intellectual property, OJ L 346, 27/11/1992, pp.61-66）. 両規定によると，複製物を最初に販売した段階で，域内における頒布権（right of distribution）が消尽する。

(59) 例えば，米国法 17 U.S.C. § 602(a)。

§106(2)に定められた，著作物に基づいて二次的著作物を創作する権利は，ベルヌ条約上の翻訳権を包摂する。逆に，条約上の権利を細分化して，各国法が保護することもあり得る。したがって，条約上の権利と，各国法における権利とが，逐一対応するわけではない。さらに，法律によって与えられた各権利も，契約によって細分化されることがある。細分化の具体的な要件や態様は，各国契約法に基づく国が多いであろうが，著作権法上の見地よりその可否が吟味される。

条約に基づく権利については，たとえ細分化されていようと，無方式主義の対象となる「権利」であるが，他方，条約に基づかずに各国が自発的に認めた権利については，無方式主義の対象とはならない。このことは，無方式主義が条約に基づく規範であることから導かれる。このように，条約に基づく権利を各国法においてどのように国内法化されているか把握することは，必ずしも容易ではない。そこで，ここでは以下主な制度を鳥瞰する。

(2) 著作権制度の主な流れと，各流れにおける権利の内容

世界各国の著作権制度は，大きく分けて，英米流，フランス流，ドイツ流の3つに大別することができる[60]。その起源は，新しい印刷術が導入された1450年代にある[61]。印刷術は，短い時間内における大量の書物の生産を容易にした。欧州の支配者は，国家による検閲や管理と引換えに，商業的な独占や特権を付与した。例えば，1557年に，英国王室は，Stationers' Companyと呼ばれた印刷業者や出版者のギルドを組織し，印刷や出版についての事実上の独占権を与えた。こうした特権は，思いのままに王がライセンスを延長，制限あるいは剥奪することができた[62]ため，「権利」ではなかった。加えて，著作者の権利は，印刷業者や出版社の権利に対して副次的なものとされていた。印刷業者は，著作者に対して一時的な給付金を与えるのみで，その後は，著作者は書物に対する権利を喪失した[63]ことに現れている。著

---

(60) P.E. Geller, *International Copyright: An Introduction*, in Melville B. Nimmer and Paul Edward Geller, *International Copyright Law and Practice*, Bender, mult pag, since 1988, 2002, INT 26-29.

(61) Carla Hesse, *The Rise of Intellectual Property, 700 B.C.-A.D. 2000: an Idea in the Balance*, Dœdalus, Spring 2002, pp.29-36.

(62) *Ibid.*, p.30.

(63) Oman, *supra* note 54, ch.2.

作者の自然権的な財産権が認識されるようになったのは，18世紀に入ってからである。著作者の要望に応えて，英国国会は，世界初の著作権法となるアン法（Statute of Anne）[64]を1710年に制定した。同法によると，著作者と出版者の有する排他的な複製権および頒布権が，限定的な期間与えられた。アン法制定後，著作権制度は他の国々にも波及した[65]。

英語で「著作権」を表す「Copyright」の定義としては，「文学的あるいは美術的な作品の創作者に対して与えられる権利の法律用語」[66]，あるいは「コピーする権利，すなわち，独創的作品（中略）の著作者性に対する財産権が，有体の表現媒体に固定されたものであって，当該権利者に対して，複製，翻案，頒布，実演，展示する排他的権利を付与するもの」[67]と，一般的に定義されている。かかる定義は普遍性を有するものの，著作権制度の詳細のみならず基本的な哲学は，各国ごとに異なる。それゆえ，「Copyright」という言葉は，著作者の権利を保護する普遍的な制度を表すために，必ずしも適切な用語ではない。

著作権制度の哲学の相違によって生じた，各国における具体的な権利内容の差を通じて，無方式主義の規範の範囲にも違いを生じ得る。そこで，以下，著作権制度の主な3つの流れにおける著作権の権利の内容を概観する。

(i) 英米系の制度

コモン・ロー[68]諸国では，条文上の権利は財産的権利であって人格的権利を含まない。そして，「Copyright」という言葉は，財産的権利を保護する

---

[64] 8 Anne, c.19, 1710.
[65] 例えば，デンマーク（1741年），米国（1790年），フランス（1791年），ドイツ諸国（19世紀半ば），チリ（1834年），ペルー（1849年），アルゼンチン（1869年），メキシコ（1871年）。WIPO, *Introduction to International Protection of Copyright and Related Rights*, WIPO/ACAD/E/00/3(ii), 2000, para.3.
[66] WIPO, *Copyright and Related Rights*, date of creation is unknown, last updated in 2008, *available at* 〈http://www.wipo.org/copyright/en/index.html〉（last visited on June 16, 2008）.
[67] Garner et al, *supra* note 28, p.361.
[68] コモン・ロー（common law）とは，中世以来国王のコモン・ロー裁判所が発展させてきた法分野であり，また，大陸法（civil law）と対比される用法でも用いられる。田中英夫『英米法辞典』（1991年，東京大学出版会）165頁。後者の用法は，制定法によるよりも，判例法の蓄積を通して形成された法全体をさす。Garner et al, *supra* note 28, p.293.

制定法を指すこともあるし，また，著作者の権利の人格権的な側面をも包摂する言葉として用いられることもある。すなわち，「Copyright」が人格権的な意味を含むか否かについては，必ずしも一定していない。伝統的には，著作権の財産的な側面は制定法上の権利,他方，非財産的な側面はコモン・ロー上の権利との仕切りがある[69]。上記アン法による著作権の保護期間は，著作者およびその承継人が有する財産的権利については，第一発行日から14年間であった。その後は著作者が生存中の場合は，さらに14年間著作者に権利が返還された。他方，非財産的著作権の保護期間は無期限であった。著作者は第一発行について許諾権を有するものの，ひとたび著作物が発行されると，かかるコモン・ロー上の権利が剥奪され，著作者は制定法のみによって保護された。また，アン法は，権利が承継された場合について規定しており，著作権の譲渡可能性を前提としていた。その後の判例法により，コモン・ローによる無期限の権利の存在が否定され，著作権は期限付きの権利であるとされた[70]。

英国においては，コモン・ロー著作権と制定法著作権との相違は，19世紀に消滅を始めた。1842年著作権法[71]はアン法を廃止し，著作権の保護期間を，第一発行日から42年間または著作者の死後7年間のうち，遅い方までとした。1911年著作権法[72]は，未発行の著作物に対するコモン・ロー著作権による保護を廃止し，著作権の保護期間を，著作者の死後50年間とした[73]。したがって，第一発行日は，著作権の保護期間の算定にあたり，無関係となった。なお，著作権の譲渡についての制限は設けられていない。

他方，米国は，伝統的なコモン・ロー著作権と制定法著作権との二元的な制度に固執した。今日でも，米国著作権法は，人格的権利を規定していない。1790年法によれば，著作者が有する著作権の期間は14年間であって，その

[69] Geller, *supra* note 60, INT 26.
[70] Donaldson v. Beckett, 2 Brown's Parl. Cases 129, 1 Eng. Rep. 837; 4 Burr. 2408, 1774.
[71] Copyright Act, 1842, 5 & 6 Vic., c.45.
[72] 1 & 2 Geo V, c.46, 1911.
[73] UK Patent Office, *A History of Copyright*, date of creation or update is unknown, available at 〈http://www.ipo.gov.uk/about-history-copy.htm〉, last visited on August 15, 2008. 本期間は，1996年1月1日以降に創作された作品については，後に，死後70年間に延長された。

期間が徒過した際には，著作者は，生存しておりかつ米国市民または米国在住者である場合には，同様の排他的権利が，著作者，その相続人，財産管理人または権利譲受人のために，さらに14年間継続するとされた[74]。さらに，英国1774年法と同様に，米国最高裁は，発行された著作物は，コモン・ローではなく，1790年法によって保護されると判示した[75]。この二元体制は，1976年法[76]まで続いた。

1976年法は，既発行だけでなく未発行の著作物も保護し，コモン・ローによる保護を廃止した。同法302条によれば，ベルヌ条約と同様の保護期間，すなわち，1978年1月1日以降に創作された著作物について，著作者の死後50年間と定められた。しかし，この改正は，ベルヌ条約との整合性を図ろうとしたに過ぎず，人格的権利を認めたものではない。1976年法203条3項は，権利を譲渡してから35年間までに通知を出せば，著作者は権利を取り戻すことができるとしている。これは，著作権の譲渡性に対する大きな制限であるが，同項は人格的権利ではなく，財産的権利を保護することを目的としている。売れない時代の作品が譲渡されたものの，後に名前が売れその作品が価値を持つようになった場合に，著作者の権利を同項は保護する[77]。

その後も，米国は，制定法から人格的権利の保護を排除し続けた。ベルヌ条約6条の2第1項は人格的権利の保護を規定しているものの，ベルヌ条約国内化法[78]によると，ベルヌ条約の諸規定は「コモン・ローを含む，関連する連邦または州法の他の規定によって」国内法化することができる。したがって，コモン・ロー上の原則が人格的権利を保護しているので，ベルヌ条約を国内法化する制定法自体には，ベルヌ条約上の義務を含む必要はない[79]。

---

(74) Act of May 31, 1790, 1 Stat. 124. Fred Fisher Music Co.,et al v. M. Witmark & Sons, 318 U.S. 643（1943），1943 U.S. LEXIS 1307, April 5, 1943 を参照。

(75) Wheaton and Donaldson v. Peters and Grigg, 33 U.S. 591; 8 L. Ed. 1055; 1834 U.S. LEXIS 619, March 19, 1834.

(76) Copyright Act of 1976, Pub. L. No. 94-553, 90 Stat. 2541.

(77) Miller and Davis, *supra* note 55, p.393-394.

(78) Berne Convention Implementation Act of 1988, §3(a)(1), Pub. L. No. 100-568, 102 Stat. 2853.

(79) Miller and Davis, *supra* note 55, pp.431-435. Also WTO, *supra* note 22, pp.22-23.

著作権法ではなく，名誉毀損（defamation），不実表示（misrepresentation），不正競争（unfair competition）や契約法によって，人格権を保護する[80]。また，米国においては，視覚芸術家の権利に関する条項[81]により，人格的権利が創設されてはいるものの，著作者は権利放棄できる。

(ii) フランスの制度

他方，大陸法[82]諸国においては，「著作権」に相当する言葉，例えば，フランスにおける *le droit d'auteur* は，直訳すれば，「著作者の権利」である。「著作者の権利」は，財産権だけではなく，非財産権を含んでいる[83]。どちらか一方の権利を含まずに「著作権」と表現することはない。フランスでは，*droit d'auteur* の概念を，*droit moral*（人格的権利）と *droit économique* あるいは *droit patrimonial*（財産的権利）とに峻別する二元的な制度が採られてきた[84]。人格的権利の歴史は1777年，すなわち著作者の特権は永遠の性質を持つものであるとされた裁判所の判断に遡る[85]。フランス革命後，1791年法[86]は，舞台演技の上演からの無権限保護を定め，1793年法[87]は複製からの無権限保護を定めた。また，1791年法は，著作者の死後5年間を経た著作物

---

(80) Miller and Davis, *supra* note 55, p.432. See also Ficsor, *supra* note 9, pp.44-45 and p.296.

(81) 17 U.S.C. §106A. Visual Artists Rights Act of 1990, title VI of the Judicial Improvements Act of 1990, Pub. L. No. 101-650, 104 Stat. 5089, 5128, enacted in 1990.

(82) 大陸法とは，ローマ法を淵源とし，その影響を強く受けた，ヨーロッパ大陸諸国において行われている法およびそれを継受した法である。田中・前掲注68，147頁。Garner et al, *supra* note 28, p.263 も同旨。

(83) "copyright" と "droit d'auteur" との相違について，次の文献を参照。Muriel Josselin-Gall, *Les Contrats d'Exploitation du Droit de Propriété Littéraire et Artistique: Étude de Droit Comparé et de Droit International Privé*, Joly Editions, Paris, GLN, 1995, pp.1-8.

(84) 現行法111条の1第1項は，「精神の著作物の著作者は，その著作物に関して，自己が創作したという事実のみにより，排他的ですべての者に対抗しうる無形の所有権を享有する」とし，同条2項は，「この権利は，（中略）知的及び人格的特質並びに財産的特質を包含する。」としている。CRICによる和訳。

(85) M. Gabriel de Broglie, *Le droit d'auteur et l'internet, Rapport du groupe de travail de l'Académie des sciences morales et politiques*, 2000, p.12, *available at* 〈http://www.culture.gouv.fr/culture/cspla/rapportbroglie.pdf〉, last visited on 5 February 2008. 同書は，un arrêt du Conseil du Roi daté du 30 août 1777 に言及している。

(86) Décret des 13-19 janvier 1791.

(87) Décret des 19-24 juillet 1793.

は，*la liberté du théâtre*（劇場用の公共財）となることを定め，1793年法は，著作者，その相続人，および契約により原稿を譲り受けた者は，著作者の死後10年間にわたる出版権があると定めた。したがって，両法とも，「著作権」の始期は，著作者の死亡時であると定めていた。そして，1793年法は，「著作権」の自由譲渡性を定めていた[88]。

一見すると，両法は財産的な活用の権利だけを保障しているように見えるが，人格的権利が否定されたわけではない。両法とも，本文は1頁にも満たないものであったので，網羅的な規範とは言い難かった。そこでフランスにおける著作権法形成は，判例により発展した[89]。例えば，人格的権利が19世紀に判例法上行使されるようになった[90]。かかる判例法の蓄積は，後に著作者の権利に関する法律（1957年）として制定法化された[91]。同法が現行の知的財産法に改編された過程において，財産的権利は，人格的権利を定める条文とは別個に規定された[92]。現行法（CPI）[93]121条の1第3項は，著作者人格権が永続し，譲渡できないことを明確に規定している。同123条の1第2項は，財産的権利の保護期間は，著者の死後70年間であるとしている。なお，同131条の2により，財産的権利は，書面契約によって譲渡することができる。このように，財産的権利と人格的権利とは，相互に独立した別個の権利である。著作者の人格的権利の帰属は，財産的権利の譲渡によって，影響を受けない[94]。

(iii) ドイツの制度

19世紀後半に至るまでドイツは分裂状態にあったため，著作権制度の歴

---

(88) Gabriel de Broglie, *supra* note 85, p.15.

(89) Lucas and Kamina, *France*, in Nimmer and Geller, *supra* note 60, FRA 11.

(90) Geller, *supra* note 60, INT 21.

(91) Loi n° 57-298 du 11 mars 1957 sur la propriété littéraire et artistique, Modified by Loi n° 85-660, du 3 juillet 1985 relative aux droits d'auteur et aux droits des artistes-interprètes, des producteurs de phonogrammes et de vidéogrammes et des entreprises de communication audiovisuelle.

(92) Geller, *supra* note 60, INT 27. See chapitre I (droits moraux) and chapitre II (droits patrimoniaux) of titre II (droits des auteurs) of the 1992 Code.

(93) Loi relative au code de la propriété intellectuelle (n° 92-597 du 1er juillet 1992, modifiée en dernier lieu par les lois n°s 94-361 du 10 mai 1994 et 95-4 du 3 janvier 1995).

(94) Lucas and kamina, *supra* note 89, FRA 14.

史は，英米やフランスにおけるよりも短い。ドイツ連邦共和国（旧西ドイツ）は，1965年に一連の著作権関連法を制定し[95]，20世紀初めに制定された著作権関連法[96]を改正した。1965年法は，その後，1990年の東西両ドイツの統合に関する法律[97]に至るまで，幾度かの改正を経ている。1965年法第11編は，制定法が財産的権利だけではなく人格権的権利を認めている点において，フランス法に似ていた。例えば，「著作権」の人格権的な側面を考慮して，「著作権」の期間は著者の死後70年までとされた[98]。

著作者の権利には，財産的権利と非財産的権利の双方を含む点で，フランス法と共通する。しかしフランス法とは異なり，財産的権利および人格権的権利を，ともに共通した考え方に由来する権利であると捉えている（一元論，monistic theory）[99]。すなわち，財産権的側面と人格権的側面とが，一体として著作権の中に組み込まれている。人格権的権利の不可分性によって，一元化された著作権全体の自由譲渡が不可能になっている。すなわち，経済的権利の譲渡のみならず，人格的権利の放棄も認められていない[100]。よって，権利行使は著作者が行うことになる。ただ，譲渡と同等の財産的意義を有する排他的ライセンスの設定は可能であり，権利者ではないものの，被許諾者

---

(95) Law on Copyright and Neighboring Rights (Copyright Law) of September 9, 1965 and Law on the Administration of Copyright and Neighboring Rights (Copyright Administration Law) of September 9, 1965 (BGBl. I S. 1273).

(96) Law Concerning Copyright in Literary and Musical Works of June 19, 1901 (RGBl. S. 217; BGBl. III 441-1) and Law Concerning Copyright on Artistic Works and Photography of January 9, 1907 (RGBl. S. 7; BGBl. III 440-3). See L.E. Wallis, "Comment: The Different Art: Choreography and Copyright", 33 UCLA L. Rev. 1442, 1986, p.1457. なお，ドイツ語条文は，TRANSPATENT にて入手可能である 〈http://transpatent.com/gesetze/〉, last visited on August 15, 2008.

(97) Amendment on March 7, 1990 (BGBl. I, S.422).

(98) Section 64, Copyright Law (1965).

(99) Article 29, German Law on Copyright and Neighboring Rights Copyright (text of 9 September 1965, as last amended by the Law of July 16, 1998).

(100) A. Dietz, *Germany*, in Nimmer and Geller, *supra* note 60, GER 52-53. 次の条文を参照。Section 29 (Conveyance of Copyright): "Copyright may be conveyed pursuant to a testamentary disposition, or to co-heirs pursuant to the settlement of an estate. Otherwise, it may not be conveyed." 英訳は，次の文献にて入手可能。F. Beier, G. Schricker and W. Fikentscher, "German Industrial Property", *Copyright and Antitrust Laws*, Vol.6, VCH, 2nd revised and enlarged ed., 1989, p.154.

が権利行使を行うこともあり得る。
　(iv)　各国制度における権利の内容のまとめ
　以上見たように，財産的権利と人格的権利との関係や，法的性質，あるいは具体的な権利内容について，各国法により違いがある。しかし，財産的権利と人格的権利とが存在することは，普遍的である。
　多国間条約に基づく権利は，各国法による保護の最低限度を画する機能を有する。歴史的にみると，各国法において独自に形成された著作権の内容の最大公約数的な内容が，条約化されることが多かった。すなわち，著作権の国際的保護のために，各国が合意し得るミニマムな限定列挙としての性質を有していた。しかし，後述するように，今日においては，現代的な課題に対応するために，条約によって規範が創設され，それを各国が国内法化することが多い。すなわち，条約が国内規範形成の役割を果たしている。したがって，ベルヌ条約をはじめとする条約規範と，各国法による権利内容との相違が小さくなっている。著作権者が享有するほとんどの権利は，国際規範によって保護され，無方式主義が適用されるといっても過言ではない。したがって，本稿では，各国法による権利について，無方式主義が適用されるものとして検討する。

2　権利の享有

　後述するように，権利の「享有」とは，著作者の権利の獲得に関わることを指す。著作物性の要件を充足するのであれば，無方式主義の下では，何らの方式を経ることなく，著作者は権利を獲得する。したがって，権利の「享有」を認定するにあたっては，著作物であるかがポイントになる。
　著作物性の内容は，国際規範によって一定の枠組みが定められている。すなわち，TRIPS協定9条2項は，「著作権の保護は，表現されたものに及ぶものとし，思想，手続，運用方法又は数学的概念自体には及んではならない」[101]と規定する。ベルヌ条約自体には，こうした定義規定はないものの，TRIPS協定による定義規定は，ベルヌ条約にも及ぼされる[102]。他方，ベルヌ条約前文によると，著作権は「文学的及び美術的著作物に関する著作者の権利」を保護するとしている。そして，同条約2条1項によると，「文学的

---
(101)　経済産業省による和訳。

31

及び美術的著作物」には,「表現の方法又は形式のいかんを問わず,(中略)文芸,学術及び美術の範囲に属するすべての製作物を含む」としており,保護される著作物を非限定的に列挙している。同条3項は,「文学的又は美術的著作物の翻訳,翻案,編曲等による改作物は,その原作物の著作者の権利を害することなく,原著作物として保護される」とする(103)。これらは,ベルヌ条約加盟国に課された最低限度の義務を規定したものである。コンピューター・プログラムや独創的なデータベースについても,「文学的又は美術的著作物」として著作権によって保護されることが,1990年代半ば以降,TRIPS協定やWCTによって明確にされている(104)。

条約に規定のない,その他の種類の作品に関する著作物性については,各国法政策に委ねられる。また,具体的なケースにおける著作物性の認定は,各国裁判所の判断に委ねられる。各国法に委ねられる場合においても,ベルヌ条約上保護される著作物と解釈され,権利の「享有」が問題になるのであれば,やはり無方式主義が適用される。

また,ベルヌ条約による最低保護期間である50年間を超えて,各国法により著作権がより長期に保護される場合が多い。いったん保護された著作物について,長期間経過後に方式を要求することは,事実関係の散逸の可能性を鑑みると,当初の50年間中に事実上方式具備を強いるに等しいとの考え方もあり得るかもしれない。しかし,当該期間経過後は国際規範上保護される権利ではなくなるため,無方式主義における「享有」には該当しないと考えられる。長期間経過後のゆえに,かえって著作物を巡る事実関係や権利関係に関する公示の必要性が高くなるともいえる。

---

(102) 「ベルヌ条約の改正のための様々な外交会議の記録や,同条約の一般的に支持された解釈に鑑みた,同条約の立法経緯を踏まえた解釈である」とされている。WIPO, *supra* note 54, p.15.

(103) いずれもCRICによる和訳。

(104) Article 10 of the TRIPS Agreement; and Articles 4 and 5 of the WCT. また,WCT4条および5条に関する合意宣言は,WCTの下での,コンピューター・プログラムや独創的なデータベースに対する保護範囲は,ベルヌ条約と合一的であることを確認している。

3　権利の行使

　著作権の侵害に対して効果的な権利行使制度がなければ，著作権保護を担保することはできない。確かに，権利行使手続には，時間と費用がかかるため，当事者間の交渉あるいは自発的な裁判外紛争処理手続によって解決されるケースが，実際には大半である。しかし，法的強制力のある公権的な権利行使手続の存在があってこそ，侵害者に対して非公権的な交渉のテーブルにつくインセンティブを与える。権利行使手続の具体的内容は，条約のほか，各国法においても定められている。

　なお，「権利の行使」という用語は，日本法の下では異なる文脈で用いられることがある。すなわち，共有著作権の「権利の行使」には，共有者全員の合意が必要である（著作権法65条2項）。ここにいう「権利の行使」について，「複製・放送等の著作権の利用を指し，侵害に対する差止請求と損害賠償請求と不当利得返還請求は各共有者が単独でなし得る（同117条2項）。他人に利用を許諾する場合に限らず，自ら利用する場合もここにいう行使に該当」するとされる[105]。したがって，差止請求や損害賠償請求といった手段については，混同を避けるため，「エンフォースメント」という言葉が使われることもある。しかし，上記65条は共有という限られた局面に適用される条文であり，一般的な局面での権利行使と混同されるおそれは少ない。そこで，本稿ではあえて「エンフォースメント」という外来語を用いず，差止請求や損害賠償請求といった，権利者自身による権利保護のための手段一般を指す言葉として，「権利行使」という語を用いる。

(1)　国際的規範による制度

　属地主義（territorial principle）の原則の下，著作権法による保護は，当該法律が適用される国においてのみ及ぼされる。すなわち，特定の国においてなされた行為に対して適用される当該国の著作権法によってのみ，著作権者は保護される。同原則は，国際礼譲（international comity）の考え方に基づく[106]。したがって，他国においてなされた侵害行為に対して保護を図るた

---

(105)　中山・前掲注10，193頁。

(106)　Peter Drahos, *The Universality of Intellectual Property Rights: Origins and Development*, distributed at Panel Discussion on Intellectual Property and Human Rights, organized by UNHCR and WIPO, Geneva, November 9, 1998, p.5.

めには，著作権者は当該外国における法律を参照しなければならない。すなわち，各国著作権法の権利行使も，第一義的には，当該国における法制度に基づく。権利行使の具体的な手続については，国際条約に定めのない限り，各国法政策に委ねられる。そして，著作権の権利行使のための手続は，各国政府によって執行される。

ただ，各国において最低限導入すべき制度に関して，いくつかの多国間条約が規定しており，また，その他にも，非拘束型の国際的ソフト・ローも存在する。かかる非拘束型の国際規範は，各国法に対して先鞭的な意義を有する。本節では，ハード・ソフトを問わず国際的な規範により規定された権利行使のための手続を紹介するとともに，主要国における具体的な手続についても説明する。

なお，後述するように，権利行使は無制限に認められるのではなく，公益目的による制限・例外に服することが，各条約においても許容されている。したがって，権利の行使の局面に関わる無方式主義もまた，かかる制約に服する。すなわち，権利の行使が制限あるいは否定される場合には，無方式主義が適用されない。

(i) TRIPS 協定

TRIPS 協定の目的は，第一に，効果的な権利行使の手続を権利者が利用することができるようにすること，第二に，権利行使の手続が貿易の障壁となることを防ぎ，その濫用に対する安全弁を用意することである[107]。具体的には，TRIPS 協定加盟国は，権利行使に関して次の立法義務を負う。すなわち，(a)知的財産の権利行使に関する，効果的な措置のための最低限度の基準（TRIPS 協定 41 条），(b)民事的・行政的救済。これには，証拠に関して司法当局が有する権限（同 43 条），司法当局による差止命令（同 44 条），利益の回復（account of profits）または法定の損害賠償の支払いを含む損害賠償請求（同 45 条），侵害物品の廃棄等の救済手段（同 46 条）が含まれる。(c)水際措置（border measures）を含む暫定措置（provisional measures）（同 50 条），そして(d)刑事上の手続（同 61 条）である。各手続の詳細は後述する。

---

(107) WTO, *Overview: the TRIPS Agreement*, date of creation is unknown, *available at* 〈http://www.wto.org/english/tratop_e/trips_e/intel2b_e.htm〉 (last visited on August 15, 2008).

行政的救済は損害の拡大を抑止するものであり，必ずしも行政機関によって発せられるとは限らない。侵害品の破壊や侵害品製造に用いられた材料の廃棄を命ずる命令として，司法機関によって発せられることもある。侵害行為が継続する危険性があるときは，侵害行為に対して，司法機関は，差止めを命ずることもできる。

　TRIPS 協定上の義務に加盟国が違反すると，WTO 協定上の紛争解決処理手続に付される可能性がある。ただし，TRIPS 協定上の義務により，知財関係紛争を他の紛争よりも特別に優先させること (special priority) を，各国の司法政策に義務付けるものではない (TRIPS 協定 41 条 5 項)。したがって，権利の帰属に関する実体的なルールや認定手続については，各国による司法裁量の幅が大きい。したがって，認定手続が迅速でないことをもって，直ちに TRIPS 協定違反となるわけではない。かかる解釈は，最近の係争事例からも推察される。すなわち，中国における未登録外国作品に対する保護が不十分であることを理由とした，米国による提訴[108]において，米国による当初の主張の根拠条文に TRIPS 協定の条文が含まれず，中国による WTO 協定加盟批准書の一般的な義務条項が挙げられるのみである[109]。このことは，司法裁量への制約が，TRIPS 協定自体の解釈としては難しいことを示唆していると言えよう。

(ii) ベルヌ条約

　ベルヌ条約の加盟国は，ベルヌ条約を適用するために必要な措置を採る義務を有する (36 条 1 項)。加盟国は，権利侵害が行われている場合には，侵害物を差押え (seizure) する義務を有する (16 条 1 項)。さらに，著作物上に著作者の氏名が記載されている場合には，著作者は司法的手続によることができる (15 条 1 項)。ただし，著作者の氏名が正確に作品上に記載されて

---

[108] WTO, China-Measures Affecting Trading Rights and Distribution Services for Certain Publications and Audiovisual Entertainment Products, Request for Consultations by the United States, DT/DS363/1, G/L/820, S/L/287, 2007, p.3. なお，本紛争においては，その後，禁制作品を著作権保護から除外する中国著作権法 4 条が，無方式主義を含む TRIPS 協定に整合的か否かが争点となった。Report of the Panel, WT/DS362/R, 2009.

[109] Paras. 5.1 and 5.2 of Part I, Protocol on The Accession of The People's Republic of China, in WTO, Accession of The People's Republic of China, decided on 10 November 2001, WT/L/432, 2001.

いることは，権利行使のための要件ではない。同項によれば，著作者が誰であるか，どのようにして著作者を特定するかは，各国法による。また，権利の実体的な帰属のみならずその推定についても，各国法に委ねられる。後述するように，米国においては著作権登録証明書に記載された情報によって，それぞれ著作権の帰属が推定される。

なお，ベルヌ条約は，各国における著作権保護の最低限度を画しているが，純粋な国内問題について規定していない。著作物の本国における保護について，著作者が当該国民である場合には，当該国の著作権法が排他的に適用され，ベルヌ条約による保護は及ばない[110]。したがって，例えば，国内作品については無方式主義の適用を排除することも，理論的にはベルヌ条約に抵触しない。

(iii) その他の多国間規範

加盟国を法的に拘束する効力はないものの，国際的あるいは各国の法制度に対して事実上の影響を及ぼす規範が存在する。例えば，世界関税機構（World Customs Organization, WCO）は，水際措置に関わるTRIPS協定を国内法化するためのモデル条文を作成している。WCOは，関税当局者の実効性・効率性を高めるために1952年に設置された国際機関である。WCOによれば，「TRIPS協定に定められた最低限度の措置を超えることによってのみ，各国政府は効果的・効率的な知財権保護および権利行使を国境において図ることができる」[111]。WCOモデル法は，各国の共通した理解を認識し確認するだけでなく，水際措置を効果的ならしめるモデル的なインフラを用意している。例えば，同法15条および16条によれば，誤って商品が通関時において留め置かれた場合の法的帰結が定められている。関税当局の免責および誤った差押えに伴う費用の負担に関するルールがなければ，水際措置は，利害関係者にとってかえって不合理な帰結を生じる可能性があるためである。

---

(110) Wallace, *supra* note 51, p.34. この準拠法に関するルールは，明示的には規定されていないものの，ベルヌ条約5条3項から黙示的に導かれる。WIPO, *Records of the Intellectual Property Conference of Stockholm*（*1967*）, Vol. II, 1971, p.1140.

(111) WCO, *Model Provisions for National Legislation to Implement Fair and Effective Border Measures Consistent with the Agreement on Trade-Related Aspects of Intellectual Property Rights*（*WCO Model Law*）, adopted on February 20, 2003（amended in 2004）を参照。

ただ，同モデル法も，水際措置の根拠となる権利の帰属の決定や認定手続についての定めを欠く。かかる手続の内容については，各国法や各国税関当局が定める規則に委ねられている。後述するように，著作権登録が，水際措置を迅速化させる効果を有する国もある。かかる制度は，登録を有しない場合に未登録を理由として水際措置を否定するのでない限り，無方式主義に反しないと考えられる。

(iv) 地域的規範

欧州連合権利行使指令（2004年）[112]は，知的財産の民事・行政的な権利行使制度の調和を図るため，証拠，証拠保全，差止めや差押えのための手続を規定している。また，「一定の知的財産権を侵害している疑いのある物品に対する税関の行為及び当該権利を侵害すると判断された物品について採られる手段に関する欧州連合理事会規則」[113]は，2つのタイプの手続について規定している。すなわち，第一に，税関当局による行為の請求以前になされる措置として，権利者から通知を受け取った3営業日以内になされるべき，十分な根拠をもとにした侵害の疑いのある物品の差押え。そして第二に，税関当局の行為の請求をもとになされる措置であり，この場合，当該物品に対する権利を証する書面を，権利者は税関当局に提出する必要がある。ただ，いかなる場合に，「十分な根拠」があるか，あるいは，いかなる書面が「権利を有することを証する書面」であるのか，上記規則は明示していない。

他方，刑事的制裁については，加盟国各国の主権が強く残っており，統一性が強い欧州連合でさえ，各国の欧州連合への主権譲渡は容易ではない。実際に，欧州裁判所（Court of Justice of the European Communities）により，刑事罰の種類およびレベル（type and level）のあり方については，欧州連合の所掌の範囲内ではないとされた。この点，知的財産侵害に対する刑事罰指令修正案は，刑事罰の種類（nature）およびレベルについて加盟国の立法政策に枠組みを定めようとしたものの，かかる案の維持は困難かも知れない[114]。

---

(112) Directive 2004/48/EC of The European Parliament and of The Council of 29 April 2004 on the enforcement of intellectual property rights, 30 April 2004 OJL 157, pp.16-25.

(113) Council Regulation (EC) No.1383/2003 of 22 July 2003 concerning customs action against goods suspected of infringing certain intellectual property rights and the measures to be taken against goods found to have infringed such rights.

(2) 国内法上の制度

(i) 水際措置

著作物に関する水際措置とは，著作権侵害物品が国内に流入するのを防ぐために税関当局によって執行される，行政上の措置である。TRIPS 協定 (Section 4, Part Ⅲ) によって加盟国に義務付けられた国境措置であり，国内法により具体的な手続が規定される。TRIPS 協定が発効する前から，すでにほとんどの各国法は，当該著作物の本国を問わず，著作権侵害物品に対する税関当局による輸入差止めを定めていた。ベルヌ条約5条1項上の内国民待遇の原則によって，外国作品も国内作品と同様の保護が求められるからである。具体的な手続や要件は，著作権法ではなく，通関に関する法律や規則によって規定されている国も多い。例えば，米国においては，17 U.S.C. § 509(1)(b)により，通関法 (Title 19 [Customs Duties] of the Code of Federal Regulations, 以下 C.F.R.) によって，差押手続が規定されている。フランスでは CPI 335 条の 10 により委任された「参事院令に定める条件（les conditions prévues par décret en Conseil d'État)」による手続，英国著作権法112条によって委任された関税局長官および物品税局長官が定める規則による手続，日本の関税法[115] 69 条の 12 に基づく税関長による認定手続も同様である。

また，近年は侵害物品の輸入のみならず，著作権侵害物品の輸出も規制される国が多い。例えば，日本では，著作権法改正（平成18年〔2008年〕法律第121号）により，著作者人格権・著作権・出版権の侵害物品の輸出が侵害行為とされた（著作権法113条1項・2項）。このうち，著作権侵害物品については，輸出禁制品とされ（関税法69条の2第1項3号），輸入と同様に差止めが可能になった。

(ii) 行政上の強制手続

欧米諸国や日本では見られない制度であるが，中国においては，著作権行

---

(114) 欧州裁判所の判決は，C-440/05, Commission v. Council, 2007 E.C.R. I-9097, decided on 23 October 2007, para.70 を参照。刑事罰指令修正案は，次の箇所を参照。Commission of the European Communities, Amended Proposal for a Directive of the European Parliament and of the Council on Criminal Measures Aimed at Ensuring the Enforcement of Intellectual Property Rights, COM (2006) 168 final, 26 April 2006, Articles 4 and 5.

(115) 昭和29年（1954年）法律第61号，最終改正平成18年（2006年）法律第73号。

政管理部門は，(a)権利侵害行為の停止命令，(b)違法所得の没収，(c)権利侵害複製品の没収，(d)罰金，(e)権利侵害複製品を製作するために主として用いた材料，道具，設備等の没収を含む行政処罰を行うことができる（著作権行政処罰実施弁法4条)[116]。さらに，当該行政機関は，「法律執行の過程において違法行為が正に行われようとしていることを発見し，事態が緊急を要し立案が間に合わない場合」，違法行為の停止または是正を含む緊急措置をとることができる（同15条）。

なお，当事者が行政処罰に不服がある場合，裁判所に対して行政訴訟を提起することができる（同37条3項）ものの，行政訴訟の提起は，法律で別段の規定がある場合を除き，行政処罰の執行を停止しない（同38条2項）。したがって，著作権侵害行為を停止させる迅速な手段である。

(iii) 司法当局による差止め

司法手続は，最終的な結論に至るまでに時間がかかるのが通常である。米国および仏独を対象にした調査によると，第一審の最終的な判断に至るまでに，出訴から最低1年間はかかる[117]。したがって，最終判断に至るまでに，権利者が回復し難い損害を被ることもあり得る。そこで，差止めの目的は，迅速な公的判断によって，著作権侵害による経済的損害の発生・拡大を防止することにある。しかし，申立人は，当該著作権の自己への帰属について，被申立人から争われた場合には証明しなければならない。以下に説明するように，著作権登録証は，権利帰属を証明する有用な手段となっている国内法もある。

① 米　　国

連邦民事訴訟法（Judiciary and Judicial Procedure）28 U.S.C. § 1498 に定められた条件の下で，著作権侵害を防止しまたは抑制するに合理的と考えられる条件の下で，裁判所は差止命令を発することができる[118]。連邦裁判所に適用される連邦民事訴訟手続規則（Federal Rules of Civil Procedure, FRCP）[119]

---

(116) 国家版権局令第3号，2003年7月16日公布。日本貿易振興機構北京センター知的財産権部による和訳，〈http://www.jetro-pkip.org/upload_file/2007032903981-188.pdf〉（最終参照日 2008年7月16日）。

(117) David Harriss and Hilary Newiss（general editors），*International Intellectual Property Litigation*, Sweet & Maxwell, 2001, FRA/66-70, GER/64 and USA/85.

(118) 17 U.S.C. § 502(a), Copyright Act of 1976.

Rule 65によれば，2つのタイプの差止め，すなわち仮差止命令（preliminary injunction）と，一方的緊急差止命令（temporary restraining order）が認められている。仮差止命令は，本案の審理を行って最終的な判決が出るまで，現状維持（status quo）のため，仮の処分として行為の差止めを命ずる裁判所の命令[120]である。他方，一方的緊急差止命令は，緊要性が高い場合に，証拠調べもせず，被告の言い分を聞かずに発令される。前者の命令におけるのと同様，終局判決に至るまでの現状維持を目的とするが，有効期間が通常10日間と短いため，その期間中に別の手段を追求しないと侵害行為の停止を継続することができない。

② 日　本

民事保全法（平成8年〔1996年〕法律91号）による民事保全は，民事訴訟における本案の権利の実現を保全するために行われる仮処分の総称である（1条）。民事保全の命令（保全命令）は，申立てにより，裁判所が行う（同2条）。保全処分制度の目的は，本案判決に至るまでに生じる，将来の権利の実現を危うくする事態を未然に防止することにある。保全処分は，本案訴訟が終結し，最終的な権利関係の確定に至るまでの暫定的な法形式を図るに過ぎない（仮定性）。

③ 欧　州

欧州連合の他の加盟国の裁判所が当該事項について管轄を有する場合であっても，加盟国における法律に従い，予防的措置を含めた暫定的措置を請求することができる[121]。したがって，知的財産権侵害に関して原告による暫定的救済（interlocutory relief）の申立ては，他の加盟国が管轄を有するかを問うことなく，いかなる加盟国においても認容され得る[122]。ただし，同規則22条により，他の裁判所が排他的管轄権を有する場合には，この原則は適用されない。そして，同条3項によると，公的登録の有効性を対象とする

---

(119) U.S.C. § 2072に基づき，Rules of Civil Procedure（2004）を米国最高裁が下級裁判所向けに制定。

(120) 田中・前掲注68，657頁。

(121) Article 31, Council Regulation (EC) No 44/2001 of 22 December 2000 on jurisdiction and the recognition and enforcement of judgments in civil and commercial matters, OJ L 012, 16/01/2001, pp.1-23.

(122) Harriss and Newiss, *supra* note 117, B/21.

事件については，当該登録を行った加盟国が排他的管轄権を有する。著作権については，かかる排他的管轄権が予定されておらず，他の加盟国における侵害差止めについても，各加盟国における国内法により請求することができる。

英国においては，著作権侵害訴訟の本案審理が係属中の場合に，中間的差止請求（interlocutory injunction）が判例法によって認められ，裁判所は侵害行為を停止することができる。後述するように，かかる差止命令は，本案判決が確定するまでの間に，現状を維持するために出される。また，フランスにおいては，特許権や商標権の侵害については差止命令（demande d'interdiction）の対象となり得る[123]ものの，著作権についてはかかる規定はない。というのは，著作権については，有効な著作権について権利帰属を証明する一見明白な手段が存在しないためである。ただ，略式手続（procédure de référé）においては，執行可能な暫定的決定を下すことが，裁判所に認められている。なお，フランス民事訴訟法（Nouveau Code de Procédure Civile, 1975）が規定する履行命令（injonction de faire）は，契約上の義務について非事業者間においてのみ認められるもので，契約関係に立たない当事者間における知的財産侵害事件においては，利用することができない[124]。

(iv) 民事損害賠償責任・刑事責任上の制裁による威嚇

前述したとおり，著作権侵害者に対する民事損害賠償や刑事罰の整備は，TRIPS協定に規定された加盟国の義務である。かかる制裁は，侵害行為を直接的に防止・停止するものではないが，侵害行為に対する威嚇的・抑止的な作用を有する。損害賠償責任の追及を著作権登録なき場合に一切否定することは，それが権利者による「行使」に関わる場面であることから，無方式主義に反する。他方，刑事責任の追及は，権利者による「行使」ではなく，検察当局による公権力の発動であることから，著作権登録なき場合の取扱いについては，各国法や各国刑事手続実務に委ねられる。すなわち，著作権登録を欠く著作物については，侵害者が刑事責任を追及されなくとも，そのことをもって，無方式主義に反すると断ずることはできない。

---

(123) Articles L.615-3 et L.716-6.
(124) Xavier Vahramian and Eric Wallenbrock, *France*, in *International Civil Procedure*, Kluwer Law International, 2003, pp.228-229.

第3節　国際規範として確立した無方式主義

　ベルヌ条約によって確立された無方式主義は,「方式」の意義が厳密に吟味されることなく,その後の条約にも受け継がれつつ,国際規範として確固たる位置付けを有するに至っている。ベルヌ条約上の規範を分析するにあたり,ベルヌ条約上の条文改正に関する規定,条約法の一般理論からみた規範の位置付け,黙示的な改正の有無,および国際慣習法の動向が理論的枠組みとなる。後述するように,ベルヌ条約の条文を変更することは困難であるし,最近の一連の条約も無方式主義を敷衍している。同主義を変更しようとする動向も,見当たらない。また,条文の規定に関わらず,無方式主義を覆すような国際慣習法が生じているような状況にもない。条文上の規定のみならず,国際的な情勢,各国における規範形成の動向をみても,無方式主義が変更されるとは考えにくい。国際社会および各国とも,無方式主義に従うことについて,疑問を挟む動きはみられない。過去100年以上の年月をかけて国際的に確立した法規範と言ってよい。本節においては,国際規範としての無方式主義の法的意義を検証する。

I　ベルヌ条約上の規定

　ベルヌ条約上の規定といえども,時代の変化に対応して,いったん形成された条文規範を変更する必要が生じることもあろう。しかし,ベルヌ条約の条文を改正することは,手続的に極めて難しい。同条約27条3項によると,ベルヌ条約の改正は,加盟国による総意が必要である。したがって,1カ国でも改正に反対すれば,改正案は否決されることになる。とりわけ,ベルヌ条約の加盟国は20世紀後半に急増し,2008年10月現在164カ国を数える。先進国と発展途上国との間で利害対立が激しいこともあり,1カ国の反対もなく総意を得ることは極めて困難である。実際に,1979年を最後に,以後,ベルヌ条約の改正は1度も行われていない。

　多数国間条約のうち全締約国に関係する改正は,多数決による採択により行われる。そして,かかる改正に対して各締約国がこれを受諾するか拒否す

るかで，2種類の当事国が存在するため，複雑な条約関係を生じる(125)。ベルヌ条約はかかる状況を嫌い，全会一致を求めたもので，こうした特別な規定は，ウィーン条約40条1項が「当該条約に別段の定め」として予定しているところである。

Ⅱ　新条約による国際的規範の変更

　他方，ベルヌ条約そのものを改正しなくとも，別個の新しい条約によって，無方式主義が変更されることもあり得る。国際法の一般理論として，後法は前法を廃するとされる。条約の当事国のすべてが後の条約の当事国になっている場合には，後法優先の原則が妥当し，条約は後の条約と両立する限度でのみ適用され，その限度を超えれば黙示的に廃棄されたことになる(126)。したがって，新条約が新しい規範を作ることは，理論的には，不可能ではない。

　しかし，ベルヌ条約を廃して，連続性のない新条約を創設することは，現行の国際法秩序にそぐわず，本稿では検討しない。TRIPS協定（1条および2条）は既存のベルヌ条約を遵守することを規定しており，ベルヌ条約を否定することは，TRIPS協定，ひいてはWTO協定そのものの見直しにつながることになる。後述するように，今日では，ベルヌ条約を改正するに等しい新条約が多数国によって締結される状況にはない。国際社会における「規範創設」とは国際機構みずからが立法するのではなく，国際機構という場において国々が法を定立することを意味する(127)こと，そして創設された条約を批准しなければ国家はそれに拘束されないことに鑑みれば，無方式主義を変更する規範が改めて「創設」される可能性や，それを前提とした枠組みを検討する意義は乏しい。

　また，明示的な条約改正あるいは新条約締結がなくとも，「後からの実行」により，条約は黙示的にも改正される(128)。なお，前述したように「後からの実行」を条約解釈にあたり考慮するには，条約加盟国に共通のものでなけ

---

(125) 山本草二『国際法』(1994年，新版，有斐閣) 621 - 622頁。
(126) 山本・前掲注125，610頁。
(127) 最上敏樹『国際機構論』(2006年，第2版，東京大学出版会) 270頁。
(128) 山本・前掲注125，622頁。

ればならない。そして，多くの国際法論者によると，「後からの実行」による改正について，黙示的改正を予定しておらず，新たな国際慣習法の成立として構成しているようである(129)。いずれの構成を採るにせよ，ベルヌ条約加盟国を含む各国によって，無方式主義と相容れない国内制度が国際社会において慣習法化したような場合には，ベルヌ条約5条2項は改正されたことになる。

後述する各国制度のサーベイによると，各国とも無方式主義と矛盾する内容を定めていない。確かに，著作権を根拠とする裁判所への出訴について，著作権登録を要件としている米国の制度は，無方式主義と整合的であるのか，グレーである。ただし，後述するように，この制度の適用対象は米国を本国とする著作物，すなわち国内著作物の出訴に限られており，他のベルヌ条約加盟国の著作物については，同要件は適用されないので，ベルヌ条約自体には反しないと考えられる。また，確かに後述するWIPOによる調査（1993年）によれば，リベリアの登録制度が無方式主義に反しないかは不明であった。しかし，同国制度の適否に関わらず，無方式主義に明らかに反する国内法が，すべてのベルヌ条約加盟国はおろか，広範に存在するという状況はない。したがって，「後からの実行」により，無方式主義が変更されているような状況は存在しない。

III 国際慣習法

国際慣習法は，「法として認められた一般慣行の証拠としての国際慣習」をいう(130)。条約法と国際慣習法との間の競合は，その成立の時間的前後（後法は前法を廃する）またはその内容の特定性の有無（特別法は一般法を破る）により，事実上の適用関係の優劣が定められる(131)。

国際慣習法として成立するためには，一般慣行と法的確信の2つについて，諸国家間の一般的承認が確立していることが必要である。一般慣行とは，同

---

(129) Cassese, *supra* note 23, part III, 小寺他・前掲注19, 第3章, および田畑茂二郎・石本泰雄編『国際法』(1996年, 第3版, 有信堂高文社) 第7章。

(130) 山本・前掲注125, 53頁による, 国際司法裁判所規定 (Statute of the International Court of Justice) 38条1項bの和訳。

(131) 山本・前掲注125, 73-74頁。

第3節 国際規範として確立した無方式主義

様の実行が反覆，継続されて当事国だけでなく，ひろく一般に受け入れられるにいたったもの（当該事項に利害関係をもつ国の大多数の実行）であり，他方，法的確信とは，国家その他の国際法主体が当該の実行（作為・不作為）を国際法上必要（義務）または適合するもの（機能）と認識し確信して行うことをいう[132]。

そこで，本節においては，無方式主義という規範について，これに反するような客観的な一般的慣行あるいは主観的な法的確信が存在するのか，法規範の動態を踏まえて検証する。国際的な規範の動向と，各国における国内規範の動向とに分けて検討した上で，国際慣習法の動向をまとめる。

(1) 国際的な規範の動向

前述したように，TRIPS協定やWIPOインターネット条約においても，無方式主義の遵守が求められている。また，著作権保護のために一定の方式を要求するUCCが，米国のベルヌ条約加入（1988年）および他の米大陸諸国の追随[133]により，1980年代以降事実上形骸化した。UCCとベルヌ条約の両条約によって保護されうる著作物については，前者は適用されず，ベルヌ条約が優先的に適用される（UCC17条）からである。UCC体制が後退した歴史を知ることは，方式に関する国際慣行を知る上で有力な手がかりとなる。

UCCは1952年に採択され，1955年に発効した。UCCは，ベルヌ条約加盟国と，方式主義を採る米大陸諸国との間を橋渡しする意味を持っていた[134]。UCC以前においても，ベルヌ条約の発展と並行して，米大陸諸国の間で，6つの著作権関係条約が締結されていた。(1)モンテビデオ条約（1889年）[135]，(2)メキシコ・シティー条約（1902年）[136]，(3)リオデジャネイロ条約（1906年）[137]，(4)ブエノスアイレス条約（1910年）[138]，(5)ハバナ条約[139]

---

(132) 山本・前掲注125，53‐55頁。
(133) 1988年以後にベルヌ条約に加盟した米大陸諸国は以下のとおり。コロンビアおよびペルー（1988年），エクアドル（1991年），パラグアイ（1992年），ボリビア（1993年），エルサルバドル（1994年），ハイチおよびパナマ（1996年），ドミニカ共和国およびグアテマラ（1997年），およびニカラグア（2000年）。
(134) UCC採択時にUNESCOの事務総長であった，James Torres Bodet氏による，1952年8月18日ジュネーブにおける国際会議における会見。Valerio De Sanctis, "The Paris Revisions (July 1971) of the Universal Copyright Convention and the Berne Convention", *Copyright*, Vol.8, No.12, 1972, p.257.

45

(1928年),そして(6)ワシントン条約[140]である。なお,ブラジル(1922年加盟),カナダ(1928年加盟),およびハイチ(1887年から1943年まで加盟。1996年に再加盟)は,比較的古くからのベルヌ条約加盟国であり,上記米大陸諸国諸条約のネットワークから距離をとっていた。

これら米大陸各条約によって要求されていた方式は,UCCが誕生する以前から,次第に簡易化されつつあった。モンテビデオ条約は,方式について触れていないものの,加盟国における著作物の保護にあたっては,第一発行

---

(135) Treaty on Literary and Artistic Property, signed at the First South American Congress on Private International Law, Montevideo, January 11, 1889. 加盟国は,アルゼンチン,ボリビア,ブラジル,チリ,パラグアイ,ペルーおよびウルグアイ。

(136) Convention on Literary and Artistic Copyrights, signed at the Second International Conference of American States, Mexico City, October 22, 1901-January 31, 1902. 加盟国は,アルゼンチン,ボリビア,チリ,コロンビア,コスタリカ,ドミニカ共和国,エクアドル,エルサルバドル,グアテマラ,ハイチ,ホンジュラス,メキシコ,ニカラグア,パラグアイ,ペルー,ウルグアイおよび米国。

(137) Convention on Patents of Invention, Drawings and Industrial Models, Trademarks and Literary and Artistic Property, signed at the Third International Conference of American States, Rio de Janeiro, July 23-August 27, 1906. 加盟国は,アルゼンチン,ボリビア,ブラジル,チリ,コロンビア,コスタリカ,キューバ,ドミニカ共和国,エクアドル,エルサルバドル,グアテマラ,ハイチ,ホンジュラス,メキシコ,ニカラグア,パナマ,パラグアイ,ペルー,ウルグアイおよび米国。

(138) Convention on Literary and Artistic Property, signed at the Fourth International Conference of American States, Buenos Aires, July 12-August 30, 1910.
加盟国は,アルゼンチン,ブラジル,チリ,コロンビア,コスタリカ,キューバ,ドミニカ共和国,エクアドル,エルサルバドル,グアテマラ,ハイチ,ホンジュラス,メキシコ,ニカラグア,パナマ,パラグアイ,ペルー,ウルグアイ,米国およびベネズエラ。

(139) Convention of Buenos Aires on the Protection of Literary and Artistic Copyright as Revised by the Sixth International Conference of American States, signed at the Sixth International Conference of American States, Habana, January 18-February 20, 1928. 本条約は,コスタリカ,エクアドル,グアテマラ,ニカラグアおよびパナマのみによって批准された。Arpad Bogsch, *The Law of Copyright under the Universal Convention*, 3rd revised ed., Leyden, A.W. Sijthoff, 1968, p.131.

(140) Inter-American Convention on the Rights of the Author in Literary, Scientific, and Artistic Works, signed at the Inter-American Conference of Experts on Copyright, Pan American Union, Washington, June 1-22, 1946. 加盟国は,アルゼンチン,ブラジル,チリ,コロンビア,コスタリカ,キューバ,ドミニカ共和国,エクアドル,エルサルバドル,グアテマラ,ハイチ,ホンジュラス,メキシコ,ニカラグア,パナマ,パラグアイ,ペルー,米国,ウルグアイおよびベネズエラ。

国における法律によって与えられた権利を保護されると規定していた[141]。したがって，著作権者は，権利保護を図るためには，第一発行国において要求されるすべての方式を遵守する必要があった。メキシコ・シティ条約4条は，統一化された方式，すなわち嘆願書（petition）を提出すればよいとした。リオデジャネイロ条約は，第10条においてメキシコ・シティ条約を改訂し，国際登録制度を作った[142]。ブエノスアイレス条約3条は，加盟国相互間において，各国における方式を遵守することを定めた。その条件として，「著作権を留保することを示した宣言が著作物上に表示されている」ことが明記されていた。ただ，どのような方式であるかについては，触れていない。「すべての権利は留保されている（All rights reserved）」やその他の類似した宣言がこれに該当することは認識されていたようであるが，UCCにおけるような通知方式で足りるかは不明であった[143]。ハバナ条約は，ブエノスアイレス条約を覆し，第3条において，統一化された方式を作った。すなわち，「権利の留保および留保者の名前」に加えて，「本国（country of origin）または第一発行国（country in which the first publication was made）」の表示が求められた。第二次世界大戦後，ワシントン条約が，既存の米大陸諸条約を覆した（同17条）。そして，著作者が国籍を有する，または居住する加盟国によって保護された著作物について，登録，寄託その他の方式を，他の加盟国は課すことができないとされた（同9条）。各国における方式としては，「Copyright」「Copr.」または「©」，そして保護開始年，著作権者の氏名および住所，および著作物の本国の表示という簡易な推奨方式が定められていた（同10条）が，同方式の採用は加盟国の義務ではなかったため，実効性に乏しかった。この点，UCCによる簡易方式は，加盟国の義務的な規範であり，著作権の国際保護にとって，前進であった。なお，同18条により，米大陸諸条約とUCCとの間で抵触を生じる場合には，新しく締結された条約である後者の規定が優先するとされた。

---

(141) 米大陸諸条約の原文は，次の文献にて入手可能。Theodore R. Kupferman and Mathew Foner, *Universal Copyright Convention Analyzed*, New York, Federal Legal Publications, 1955, pp.614-641.

(142) メキシコ・シティ条約2条。なお，同条は「いずれか1つの加盟国において登録すればよい。」としていた。

(143) Bogsch, *supra* note 139, p.132.

第2章　無方式主義の静態的分析

　UCC 3条によると，著作物の複製物に，©の記号，著作者の氏名および最初の発行年を表示することが，著作権保護のための条件である。従来，米大陸諸国の多くが，著作権保護を受けるために，様々な国内法による様式を満たすことを要求していたため，国際的な保護にとって不便であった。本条は，簡易な方式を要求することにより，こうした不便を軽減することを目的としていた[144]。UCCが登場する以前は，米大陸諸国では，著作権保護を必要とする国すべてにおいて，著作権者は，各国における方式を充足することが必要であった。また，同条約3条2項により，司法的救済を求める者に対して，加盟国は，当該作品の登録を含む手続的な要件を課すことができることとされている。しかし，ベルヌ条約の規範に対するUCCの適用上の劣後性により，無方式主義を定めたベルヌ条約の加盟国が増えるのに伴い，UCCによる簡易様式が適用される場面も減じてきた。

　UCC体制の国際的な退潮を決定づけたのは，米国のベルヌ体制への移行である。そして，米国がベルヌ条約に加盟した理由は，経済的・政治的・実利的な角度から説明される。加盟当時，加盟について様々な角度から賛否両論があった。UCCを所掌する国連教育科学文化機関（United Nations Educational, Scientific and Cultural Organization, UNESCO）の事務局と対立し，1984年には同機構から米国が脱退するにまで至っていたこと，GATTウルグアイ・ラウンド（1986-1994年）の妥結を優先したことがベルヌ条約加盟の要因になったが，他方において，著作権表示に示された情報の有用性を指摘する声も，利用者団体を中心に根強くあった[145]。したがって，米国は，無方式主義を嬉々として受け入れたわけではない。実際に，今日なお，訴訟開始の要件を含む一定の法的効果を米国著作権法は認めており，登録制度に未練を持っている。しかし，こうした米国内の固有の事情は，他の米大陸諸国に見られるものではない。したがって，かかる事情がベルヌ条約の法的解釈に影響を及ぼさないことは，条約法の解釈に関する一般論から導かれる。

(2)　各国における国内規範の動向
(i)　1978年 WIPO 調査

---

[144]　*Ibid.*, p.36.
[145]　Committee on the Judiciary, *The House Report on the Berne Convention Implementation Act of 1988*, 1988, Chapters III to V.

WIPOは71カ国を対象として調査を行い[146]，各国著作権法制について分析を行った。各国専門家の監修を得ることにより，調査内容の正確さを担保している。本調査は著作権制度全般についてカバーし，登録制度に特化しておらず，登録による効果について分析していない。本調査においては，ベルヌ条約の加盟国でありながら著作権登録制度を有する国を，次のように分類している。

第一に，著作権登録を行うことが著作権保護の要件となっていた国として，アルゼンチン，ベルギー，チリ，フィリピン，スペイン，タイおよびウルグアイが列挙されている。アルゼンチン，タイおよびウルグアイにおいては，外国著作物については，権利保護国ではなく本国における保護要件を充足することが必要であった。

第二に，著作権登録が任意的であった国として，オーストリア，ブラジル，カナダ，エジプト，インド，イタリア，日本，メキシコおよびパキスタンが挙げられた。

第三に，著作権登録が，著作権の譲渡にとって要件とされていた国として，アルゼンチン，ブラジル，日本，ポルトガル，スペイン，チュニジアおよびウルグアイがあった。譲渡について登録を有効要件とはしていないものの，第三者に対抗するために譲受人は登録をする必要がある。

(ii) 1993年WIPO調査

その後，WIPOは各国登録制度に特化した調査を行った[147]。本調査は141カ国を対象に，既存の登録制度が無方式主義と整合的であるかについて調査した。1978年から1993年までの間に，タイとチュニジアが登録制度を廃止した[148]。31カ国[149]がベルヌ条約に加盟したが，このうち加盟後も10カ国[150]が何らかの登録制度を維持した。ただ，このうち4カ国[151]は登録

---

(146) WIPO, "Law Survey", *Copyright,* Monthly Review of the World Intellectual Property Organization, 14th year, 1978, pp.213-250, pp.277-311, pp.353-384, and pp.419-452.

(147) WIPO, *WIPO Worldwide Survey of National Copyright Registration Systems*, DJG /MF, 1993.

(148) Copyright Act, B.E. 2521, of December 11, 1978 (Thailand); Law No.66-12 Relating to Literary and Artistic Property of February 14, 1966, as amended to January 4, 1967 (Tunisia).

制度を任意なものに切り替え，登録は権利の一応の推定という効果を有するに過ぎなくなった。他の4カ国(152)においては，ベルヌ条約加盟以前においても，1973年の時点で，元々登録は任意であった。米国の制度については後述する。リベリアの著作権法は，UNESCOおよびWIPOのいずれの各国法令データベースにも収録されておらず，調査できなかった。ただ，本WIPO調査によれば，登録制度を有する48カ国のうち，登録制度が重要な役割を果たしているとされている19カ国の中にリベリアは入っていないため，同国では登録によって大きな法的効果が生じないと考えられる。

フランス，マリ，フィリピンおよびポルトガルにおいては，外国作品についても登録制度が強制されていた。ただ，以下説明するとおり，仔細に検討すると，現在においては無方式主義に反するような登録制度を有するわけではない。なお，イタリアにおいては，レコードに対する隣接権による保護を受けるために登録が必要であったが，同制度は著作権については適用されなかった。

フランスにおいては，映画の著作物について登録制度が適用され，登録は頒布許可書を得るために必要であった。その後，フランスは1993年に視聴覚著作物の国際登録に関する協定(153)に加盟した。フランスの登録制度は，同協定上の無方式主義に抵触しない。なぜなら，同協定4条2項によると，加盟国がベルヌ条約の加盟国である場合には，視聴覚著作物の保護に関する著作物に対して影響を与えないからである。そして，外交交渉において，登録の有無は，権利の存否に対して影響がないことが確認されている(154)。

---

(149) バルバドス，ボリビア，ボスニア・ヘルツェゴビナ，コロンビア，コスタリカ，クロアチア，チェコ共和国，エクアドル，ガンビア，ガーナ，ギニア，ケニア，レソト，リベリア，マラウィ，マレーシア，モーリシャス，ナミビア，ナイジェリア，パラグアイ，ペルー，ルワンダ，セイント・ルシア，セルビア・モンテネグロ，スロバキア，スロベニア，マケドニア，トリニダード・トバゴ，米国，ベネズエラ，ザンビアおよびジンバブエ。

(150) コロンビア，コスタリカ，エクアドル，ガーナ，レソト，リベリア，パラグアイ，ペルー，米国およびベネズエラ。

(151) コロンビア，コスタリカ，パラグアイおよびベネズエラ。

(152) エクアドル，ガーナ，レソトおよびペルー。

(153) Treaty on the International Registration of Audiovisual Works, done at Geneva, on April 20, 1989, 1601 U.N.T.S. 113.

第3節　国際規範として確立した無方式主義

マリ，フィリピンおよびポルトガルは，外国作品についても条文上登録を要求していたようであるが，各国制度を詳細に検討すると，マリおよびポルトガルにおいて，1993年当時も登録は権利保護の要件となっていなかった。マリにおいては，「保護を享有」するために登録が必要とされていたが，ベルヌ条約が適用される作品について同条項は適用されないとされていた。したがって，無方式主義が国内法上の登録義務に優先して適用されることになる。フィリピンにおいては，出版物に関する著作権侵害に対する損害賠償請求については，寄託が要件となる（大統領令[155] 26条）。同規定については，1993年WIPO調査においても，ベルヌ条約との適合性について，WIPO事務局が懸念していたようである。その後，同令は新法[156]によってとって代わられた。同法191条により，損害賠償責任について，強制寄託の対象から外された。後述する2003-4年WIPO調査の結果も参照すると，フィリピンは1997年に登録要件を廃止したようである。ポルトガルにおいては，「権利の帰属とすべての変動について，登録することは義務である（中略）その不遵守によって，第三者に対して対抗することができなくなる（中略）また，著作権保護を受けるためには，未発行作品と定期刊行物の題名は登録しなければならない」とされていた。同時に，「著作権は，登録とは独立して取得される」[157]としており，登録が著作権保護の要件ではないことが明確にさ

(154)　なお，WIPOの事務総長であったAlan Bogsch氏による発言について，フランスを含め，いずれの国からも異論がなかった。WIPO, *Records of the Diplomatic Conference for the Conclusion of a Treaty on the International Registration of Audiovisual Works*, 1990, p.146.

(155)　Presidential Decree No.49 of November 14, 1972, as amended to October 5, 1985.

(156)　Intellectual Property Code of the Philippines, Republic Act No. 8293, 1997. なお，同法の入手先は，次のウェブサイトである。Chan Robles Group, *Intellectual Property Code of the Philippines -Part Four*, in Intellectual Property Brief, date of creation is unknown, last updated in 2004, *available at* 〈http://www.chanrobles.com/legal7copyright.htm〉（last visited on July 21, 2008）. また，新旧両法の関係については，Chan Robles Group, *Intellectual Property Code of the Philippines -An Overview*, date of creation is unknown, last updated in 2004, *available at* 〈http://www.chanrobles.com/legal7code.htm〉（last visited on July 21, 2008）を参照。

(157)　Article 213 of Code No. 45/85 of September 17, 1985, on Copyright and Related Rights. 同条は，その後の1991年改正によって変更されていない。Law No. 114/91 of September 3, 1991.

51

れている。

また，著作権登録制度が存在しない国として65カ国が列挙されており，その他に，不十分なデータに基づくものの，28カ国についても登録制度が存在しないとされている。

(iii) 2003-4年WIPO調査

2003年から14カ国を対象に，WIPOは登録制度に関するアンケート調査を行った。本調査は，すべてのベルヌ条約加盟国を対象にしたものではない。著作権登録制度が一定の役割を果たしている，あるいは著作権登録制度の歴史上重要な役割を果たした国々について，各国著作権局にアンケートを送付し，12カ国から回答が得られ，その結果をまとめたものである。

権利の発生のために登録を要すると回答した国は，いずれの回答にもなかった。ただ，アルゼンチンでは，発行された国内作品の登録は，財産的権利の発生の要件となっている。登録を欠く場合には，財産的権利の行使ができなくなるが，外国作品は登録義務から免除されているため，国際規範である無方式主義との抵触が生じない。米国における訴訟開始要件としての登録についても，外国作品には及ばないことが確認されている。

権利移転の効力発生においても，いずれの国においても，登録は要件とされていない。ただ，コロンビアでは，第三者に対して権利を実行するためには，権利移転契約を登録するべきものとされ，メキシコでは，第三者に対する関係では，財産的権利の移転契約は登録すべきものとされている。また，カナダでは許諾権設定契約や担保権契約を登録することにより権利推定を含むメリットが生じる。米国では登録によりみなし通知があったものとされ，未登録の第三譲受人や非排他的ライセンシーに対して優先的権利が生じる。

他方，登録をすることによって，種々の付随的な法的効果が発生すると回答した国は，アルゼンチン，カナダ，中国，コロンビア，インド，メキシコ，スペインおよび米国である。登録された事項は「一応の証明 (prima facie evidence)」になる。

外国登録による効果については，アルゼンチン，カナダ，中国，ドイツおよび米国においては，証拠に関する一般原則が適用される。他方，日本においては，外国における著作権登録も，日本語への公定翻訳を条件として，証拠として認められる。メキシコにおいても，著作権や隣接権の帰属を証明す

第3節　国際規範として確立した無方式主義

るために得られた外国の書類は，国内登録のための証拠として用いることができる。

　以下では，ベルヌ条約後発加盟国のうち，英国，日本および米国における，同条約の国内法化の過程を鳥瞰する。国内法化の段階において，まさに各国の主観的な「法的確信」が如実に現れるからである。英国のように，ベルヌ条約加盟時に登録制度を全廃した国もあるが，日本，米国や，多くのラテンアメリカ諸国は，無方式主義に反しないよう配慮しながら，登録制度を存続させた。無方式主義によって，あらゆる登録制度が封じられるとは，これら諸国において認識されていなかったようである。

　(iv)　英　　国
　英国は，1908年のベルリン改正を国内法化するにあたり，1911年著作権法によって登録制度を全廃した[158]。この改正の前までは，著作権登録制度が存在していた。すなわち，著作権に基づいて訴訟を提起するためには，印刷出版会館（Stationers Hall）における登録が要件とされていた。しかし，上記改正以来，今日に至るまで，英国は著作権登録制度を有しない。

　(v)　日　　本
　現在の著作権法は，1970年に遡る（法律第48号）。旧著作権法は，日本がベルヌ条約に加盟したのと同じ，1899年に制定された。旧著作権法の改正は，日本が占領下にあった1950年に着手された。米国は，1945年から1952年の占領時代において，日本の立法政策に対して圧倒的な役割を果たしており，米国自身は当時ベルヌ条約の加盟国ではなかったにも関わらず，日本政府に対して，ベルヌ条約ブラッセル改正（1948年）を遵守するように指導した。その後，現行著作権法は，ベルヌ条約ストックホルム改正（1967年）を踏まえるべく，制定された[159]。

　同法においては，ベルヌ条約による無方式主義を遵守するべく，著作権保護のために登録は要件となっていない。しかし，文化庁が著作権登録制度を

---

(158)　Copyright Act 1911 の仏語条文は，次の文献で入手可能。Loi de 1911 sur le droit d'auteur（1re et 2em année Georges V, chap.46）, in "Législation intérieure - Grande-Bretagne", *Le Droit d'Auteur*, Bureau International de l'Union pour la Protection des Œuvres Littéraires et Artistiques, 15 Février 1912, pp.17-26.

(159)　現行著作権法の制定過程については，作花文雄『詳解著作権法』（2004年，第3版，ぎょうせい）62-68頁を参照。

所掌し，登録に伴い一定の付随的な法的効果を生じている。ただ，著作権法5条において，国内法に対する条約法の優先適用を確認していることもあり，現行登録制度は，無方式主義と相容れるものであることを前提としている。現行登録制度が無方式主義に合致するかについて争われた裁判例は，存在しないようである。

具体的には，実名の登録による，無名・変名著作物に関する著作者性の推定（著作権法75条）および公表時から50年間の保護期間（同52条1項），第一発行年月日又は第一公表年月日の登録による最初の発行又は最初の公表があった年月日の推定（同76条），コンピューター・プログラムの創作年月日の登録による創作年月日の推定（同76条の2）がある。また，著作権の移転または処分の制限，著作権を目的とする質権の設定・移転・変更若しくは消滅または処分の制限については，登録しなければ，第三者に対抗することができない（同77条）。出版権の登録についても，同様の規定がおかれている（同88条）。

(vi) 米　　国

1988年に，米国は第80番目のベルヌ条約加盟国となった。同条約を国内法化するまでは，登録，著作権表示，寄託を含む，著作権保護にあたり様々な方式を課していた。所定の方式に従わないと，著作権の喪失を生じていた[160]。ただ，方式違反による著作権喪失は，旧法の下においても，外国作品には適用されなかった[161]。したがって，旧法についても，ベルヌ条約上の無方式主義と矛盾したわけではなかった。にもかかわらず，1976年法は，著作権の有効条件としての登録制度 (condition to the validity of a copyright) を国内著作物についても廃止した。

米国は，ベルヌ条約加盟に際して，「最少アプローチ (minimalist approach)」を採り，ベルヌ条約上明白に必要となる改正のみ行った[162]。すなわち，米

---

(160) Article 10 of Act of July 30, 1947 (61 Stat. 652). 詳しくは，Stanley Rothenberg, *Copyright Law, Basic and Related Materials*, New York, Clark Boardman, 1956, pp.1 and 9 参照。なお，同10条は，UCCを国内法化した Public Law 143 によって改正されていない。Kupferman et al, *supra* note 141, pp. 407-11.

(161) Heim v. Universal Pictures Co. et al, 154 F.2d 480; 1946 U.S. App. LEXIS 3890, February 16, 1946.

(162) Oman, *supra* note 54, p.250.

国以外のベルヌ条約加盟国を本国とする作品についてのみ、ベルヌ条約上の保護さえ与えれば、無方式主義を含むベルヌ条約上の義務は履行されると考えられた[163]。無方式主義に関してはかかるアプローチは採られず、国内外の著作物を問わず、著作権表示を欠く場合にも、パブリック・ドメイン扱いされなくなった。

第一に、登録証明書は、著作権の有効性の「一応の証明（prima facie evidence）」となった（17 U.S.C. §410(c)）。また、法定損害賠償および弁護士報酬の回復について、はじめて、訴訟開始の条件として登録が要求された[164]。これら特別賠償の要件としての方式については、実際に生じた損害の賠償についての方式ではないため、ベルヌ条約には反しないと考えられた[165]。

第二に、ベルヌ加盟諸国である外国を本国とする著作物について、著作権侵害訴訟提起のために、登録を要求しない（17 U.S.C. §411(a)）。他方で、国内著作物に関する訴訟提起について、登録が要件とされている。手続的なものであって著作権の喪失につながるものではないとして、「方式」ではないというのが、立法者の意思である[166]。もっとも、立法者の意思とは別に、権利の効果的な執行にとって訴訟提起は重要であり、登録要件は権利の「享有」に課された「方式」に他ならないとの見解もある[167]。いずれの見解にせよ、国内著作物のみを対象とするので、無方式主義に反しない。

第三に、矛盾する権利譲受人間の優先関係を決するための移転登録制度（17 U.S.C. §205(d)）が維持された。同制度は著作権の享受・行使を制限するのでなく、権利承継人の優劣を決するに過ぎないとの見方に対して、劣後権

---

(163) William Patry, "Choice of Law and International Copyright", 48 Am. J. Comp. L. 383, Summer 2000, pp.406-7.

(164) 17 U.S.C. §412. Shira Perlmutter, "Freeing Copyright from Formalities", 13 Cardozo Arts & Ent LJ 565, 1993, p.569.

(165) Melville B. Nimmer, "The United States Copyright Law and the Berne Convention: the Implications of the Prospective Revision of Each", *Copyright*, BIRPI, Vol. 2, 1966, p. 101.

(166) Committee on the Judiciary, *supra* note 145, ch. V.

(167) Perlmutter (1993), *supra* note 164, p.575, referring to "Copyright Reform Act of 1993: Hearing on H.R. 897 Before the Subcomm on Intellectual Property and Judicial Administration of the House of the Representatives Comm. on the Judiciary", 103d Cong., 1st Session 129, 1993, pp.276-281. また、Ficsor, *supra* note 9, p.42 を参照。

利譲受人の権利を否定することは無方式主義に反するとの見方もあった[168]。未登録は権利の喪失を帰結せず，訴訟提起者を決するに過ぎないとの理解により，立法者はベルヌ条約に反しないとした[169]。

最後に，連邦議会図書館への強制寄託制度は，寄託義務の不履行により著作権保護喪失につながるものではないため，ベルヌ条約に反しない[170]。したがって，外国作品も対象とし得るはずであるが，国内作品についてのみ同制度は適用される[171]。

以上，米国においては，訴権の付与といった，強い法的効果を有する「方式」があるものの，国内作品のみを対象としている。したがって，無方式主義に抵触し得る国内法は存在しなくなったと考えられている。

---

(168) Nimmer, *supra* note 165, p.101.
(169) Committee on the Judiciary, *supra* note 145, ch. V.
(170) 17 U.S.C. §407(d).
(171) Committee on the Judiciary, *supra* note 145, ch. V.

第3章　無方式主義の動態的分析

第1節　動態的分析の理論的許容性

I　無方式主義に関する目的論的解釈

1　条約解釈における目的論的解釈

　前述したように，無方式主義の規範範囲は，必ずしも明確ではない。条文の文言の客観的な解釈や，立法経緯に着目した立法者意思の分析によっても，基本概念の意義が確定しないからである。そこで，前述したように，禁止される「方式」に該当するのかといった，グレー・ゾーンも存在する。

　条約の解釈とは，規定の文言だけでは必ずしも意味が明白ではないという前提に立って，その具体的な適用の条件を確定するための方法である[1]。条約解釈については，従来から学説および国家実行上も，客観的解釈，主観的解釈，そして目的論的解釈（実効性の規則）の3つの方法がある。条文中の用語の自然または通常内容により条約当事国の意思を求めるのが客観的解釈，合意の一般的な文脈を勘案して総合的に解釈するのが主観的解釈であり，そして目的論的解釈は，条約規定の趣旨・目的に照らして妥当な解釈を導こうとするものである。客観的解釈が基本であるが，その範囲内で，ウィーン条約は他の方法を使用する（「文脈によりかつその趣旨及び目的に照らして」同条約31条2項）。条約上の文言に関するこのような解釈手法は，ウィーン条約の適用に関する国際的な慣習に沿うものである。少なくとも，条約文の文言の意味が不明確な場合には，目的論的解釈が解釈基準として用いられる。これらの立場は必ずしも相互に排他的ではなく，他のアプローチも併用するのが一般的である。先に見たように，「方式」の意義については，客観的解釈および主観的解釈ともに，単独では明確に示されるものではないため，目

---

(1) 以下，条約解釈の一般論について，山本・前掲2章注125，612-614頁および小寺他・前掲2章注19，88頁を参照。

的論的解釈が考慮される。なお，TRIPS協定について，特許権に関する事例ではあるが，WTOパネルが目的論的解釈を是認したケースがある[2]。したがって，知的財産権に関する条約について目的論的解釈を用いることは，条約解釈の手法として違和感がないといえる。

2 判断要素——条約の制度趣旨への合致

国際法である条約の役割は，国家相互の権限の調整および共通利益の実現にある[3]。他方，著作権保護の制度趣旨に関する哲学は，未だに各国間に違いがある。とりわけ，前述したように，コモン・ローの伝統を受け継ぐ国々と大陸法系の国々とで違いがある。また，同じ立法系統に属する国々にあっても，各国法政策において，それぞれ異なる制度趣旨を有する。著作権条約は国際的保護のための制度を定めるものの，制度趣旨に関する見方の相違を統一するものではない。また，異なる基本的哲学が，近い将来，国際的なコンセンサスに収束する見込みもない。したがって，ベルヌ条約5条2項は，著作権制度に関する哲学に基づくものとは考えられない。

とすれば，著作権条約による共通利益である，ベルヌ条約の目的実現，すなわち著作権国際保護にとって好ましいと考えられたがゆえに，同項は生まれたと考えられる。かかる考察は，前述した同項の成立・改正過程からも裏付けられる。そして，「共通利益」である著作権の国際保護を追求するために，条約規範の枠内で各国法が規定されているのが，著作権制度の現状である。

II 著作権制度の趣旨との整合性

1 迅速な権利行使の促進

インターネット上の著作権侵害に対しては，侵害行為の迅速な停止が損害拡大の防止にとって不可欠である。そして，とりわけ国際的な侵害事例においては，迅速な権利行使にとって，権利帰属の明確化が不可欠である。しか

（2） WTO, Canada-Pharmaceutical Patents, Panel Report, WT/DS114/R, 2000, pp. 153-154.

（3） 山本・前掲2章注125，15-16頁。

し，権利行使手続の前提要件である，申立人への権利帰属を証明することは，必ずしも容易でない。とりわけ，未登録著作物の場合は，権利帰属が争われた場合にその証明に時間がかかることがある。前述したように，国際規範としての無方式主義の規範範囲が明らかではないこともあり，無方式主義を過度に厳格視する国，例えば，あらゆる方式が廃止された英国のような国もある。その結果，登録制度を廃止した国においては，権利帰属に関して一応の推定を生じる選択肢を欠く。権利帰属が不明確となり，あるいは権利帰属の証明手段が限定されたために，本来は権利行使の容易化を図るはずの無方式主義が，かえって権利者にとって足枷となる場合がある。権利の迅速な保護に資するならば，客観的解釈・主観的解釈に反しない限りで，無方式主義の内容を目的論的に解釈することは，ウィーン条約により許される。

　すなわち，無方式主義は，著作権者の国際的な権利保護を確保することにあった。とすれば，自己への権利帰属の証明を容易にするために，権利者が一定の「方式」を自発的に遵守し，それによって権利の推定が生ずる場合には，「方式」に該当しないとする立法も，目的論的解釈に照らせば理論的にあり得る。無方式主義は権利の国際的行使の便宜のために創設されたという，立法趣旨から考察すれば，「方式」の意義が明確化されよう。

　目的論的解釈によれば，「方式」を遵守するコスト・手間と，一定の方式を遵守することに伴う権利者のメリットとを比較衡量することにより，他の法的利益との関係に留意しつつ，「方式」の意義を実質的に判断することになる。ただ，今のところ，無方式主義の解釈について，目的論的解釈手法を用いた議論は，ほとんどなされていない。そして，「方式」の意義の外延についてはグレー・ゾーンが存在するにも関わらず，インターネット時代に合わせた新たな理論構成は乏しい。

2　利用者保護
(1)　伝統的著作権制度における利用者の法的地位

　いずれの国においても，利用者の保護が著作権制度の趣旨としては認識されてこなかった。前述したように，著作権制度は，英国のアン法制定以後，権利者側の権利として捉えられてきた。例えば，ベルヌ条約1条は，ベルヌ同盟が「著作者の権利のため」のものであると明記している。確かに，著作

権制度は，著作者の権利のみならず，作品への公正なアクセスや利用に反映された公益を保護し，両者のバランスを図ってきた。例えば，著作権の制限・例外は，広く公益一般の保護を目的としている。しかし，制限・例外は個々の利用者に対して権利付与をしたものではない。後述するように，日本を含む大陸法諸国においては，制限・例外は限定列挙であり，列挙事由に該当しない場合に，著作権者の利益を損なうような拡張解釈は認められていない。したがって，制定法上の制限・例外によって，利用者に権利が与えられるものではない[4]。この点，コモン・ロー諸国においては，フェア・ユースのような一般条項により，権利の範囲を制限することが可能である。しかし，一般条項は著作権の制限・例外を幅広く認めたり，利用者の権利を認知するものでない。いずれの法制度においても，利用者の法的権利が認識されてこなかったことは，国際条約・各国法のいずれも利用者の有する支分権が定められていないこと，また，利用者が有するとした場合の著作権を請求原因とする損害賠償請求の例が見られないことにも現れている。したがって，制限・例外の制度は，権利者による請求に対する抗弁として，利用者の利益に資する効果を有するものの，著作権法上の権利を利用者に対して直接的に付与するのではない。

(2) 利用者の法的地位の現代的位置付け

しかし今日では，利用者は他人の著作物へのアクセスについて，一定の法的権利を有する見方が有力になりつつある。利用者の利益保護を図るための法的構成として，著作権制度による保護に加えて，以下の一般的な制度が提唱されることもある。

(i) 利用者の人権保護

国際的な人権法は，著作物の利用者も「権利」を有することを前提としている。世界人権宣言[5] 27条1項は，自由に社会の文化生活に参加し，芸術

---

[4] Pierre Sirinelli, *Exceptions and Limits to Copyright and Neighboring Rights*, Workshop on Implementation Issues of the WIPO Copyright Treaty (WCT) and the WIPO Performances and Phonograms Treaty (WPPT), WCT-WPPT/IMP/1, 1999, p.17.

[5] Universal Declaration of Human Rights, Adopted and proclaimed by General Assembly of the United Nations, resolution 217 A(Ⅲ) of 10 December 1948. 外務省による和訳。

を鑑賞する権利（right freely to participate in the cultural life of the community [and] to enjoy the arts）をすべての人に認めている。したがって，著作物へのアクセスは国際法上認められた利用者の人権である。ただ，同条項による権利は抽象的な一般原則であり，利用者に対して個別の著作物に対する具体的なアクセス権を認めたものではない。

　他方，利用者が著作物へアクセスするにあたり，自己に関する情報の開示が求められる場合には，利用者のプライバシー権が具体的に侵害されている可能性がある。例えば，インターネット上，情報に対するアクセスへの代償として，クッキー制限やファイアー・ウォールといった利用者側のプライバシー保護手段の解除を，権利者側が求めることがある。著作権法は利用者の権利を法的に保護していないので，こうした権利者の行動を著作権法自体が規制することはできない可能性がある。そこで，利用者の権利保護は，著作権制度以外の他の法制度によって図る必要がある。

　(ii)　取引前に取引関係情報を知る権利

　契約締結のための判断材料として，利用者は取引関係情報を必要とする。そして，著作物の販売者による自発的な提供がなされない場合において，法的根拠がなければ，取引関係情報を利用者が契約前に入手できないおそれがある。そして，利用行為にあたって，権利帰属を確認することは，利用者が侵害による責任を免れる上で不可欠である。現行法の下においては，権利帰属が不明の場合においても，権利の許諾を得なければ，非権利者は当該著作物を利用できないのが大原則である。そこで，例えば，コンテンツの権利者と称する者から，実際には権利者の許諾なきコピーをダウンロードしたところ，後に権利者から当該コンテンツの利用をやめるように請求される例も考えられる。かかる場合には，故意または過失がなくとも差止請求を免れることはできず，利用者は投下資本の喪失を通じて予期せぬ損害を被る危険がある。オンライン取引においては，従来型の対面取引にもまして，利用者に判断材料が乏しい。したがって，利用者は消費者保護制度によって，法的な保護を受け得る可能性がある。

　(iii)　無方式主義との関係

　無方式主義は，前述したように，権利者の便宜のために形成された国際規範であり，権利者の権利行使に関連した方式が念頭におかれている。また，

著作権法上の概念であるため，著作権以外の法的権利をカバーするものではない。したがって，利用者の権利が著作権法制度以外の一般的法制度によって保護されると構成された場合に，無方式主義が適用されるものではない。すなわち，利用者の権利は何らの方式なく保護されるとは限らない。例えば後述するように，米国においては，権利者の許諾なく孤児著作物を利用する場合には，合理的調査の実施や利用意図についての，利用者の側の登録を義務付けるべきとの少数意見もある。かかる見解の是非はともかく，利用者側の登録義務は，著作権法制度上の無方式主義に反しない。

ただ，利用者の法的な権利を認めることは，無方式主義の範囲を明確にするにあたり，利用者への配慮をすべきではないかとの判断要素として意義を有する。すなわち，前述したように，無方式主義は，権利者による国際的な権利行使を容易にすることが，立法の経緯である。本来の立法趣旨においては，利用者の権利を視野に入れていなかった。かかる規範範囲の明確化を図るにあたり，利用者の利益を考慮することは，前述した法の一般原則から，理論的に許容される余地があろう。

第2節　インターネット時代における動態的分析の必要性

I　困難化した権利帰属の確認

(1)　紛争当事者の性質の変化

デジタル著作物を創作するのに，必ずしも大きな資本や技術を要せず，一般個人が創作者となる機会が増えている。またインターネットによって，かかる著作物への遠隔地からのアクセスが，容易かつ低廉になされる。職業的でない一般利用者が，インターネット上で，他人の著作物を利用する機会も増えている。そこで，既存の関係を持たない当事者間において著作物が交換されることが容易かつ一般的になった。したがって，従前では著作権侵害訴訟の当事者として現れなかった普通の人が原告あるいは被告となっている[6]。

そして，インターネット上では，海外における創作者・権利譲受人の身元

---

(6)　榎戸道也「インターネットと著作権侵害訴訟」著作権研究30号（2003年，著作権法学会）42頁。

や権利関係の解明が必要となり，著作権の帰属が一義的でないことも多い。原著作者が有する権利を除いては，権利帰属について推定を生じない国が多いため，権利の帰属について争いが生ずる場合において紛争解決機関が認定するのに時間がかかる。とりわけ，国際的な民事紛争においては，権利の発生および移転について，裁判管轄地における証拠法や準拠法に基づいた実体関係の確認が必要となる。そして，証拠手続や準拠法の決定は，短期間でなし得ないのが通常である。

　この点，登録著作物については，利用者の側に権利者を探索するツールが存在する。いずれかの国において登録がなされている場合には，利用者は権利者を探索して，その許諾を求め得る。確かに，世界各国の登録すべてを探索することは手間・費用がかかるものの，今日ではインターネット上での検索が可能な国も多いため，かかる負担は低減傾向にある。他方，未登録著作物については，権利者探索のツールが乏しい。とりわけ，インターネット上で一般人が創作活動を行う機会が増えたことから，権利者の所在が知れない未登録著作物が増えた。また，無方式主義の下では，登録なき著作物の存在は不可避である。

(2)　「通常の方法による著作物上の表示」の変容

　たとえ権利の譲渡が行われていない，権利帰属関係が単純な事例であっても，インターネット上を流通する著作物にあっては，「（著作者の名が）通常の方法により当該著作物に表示されていること」（ベルヌ条約15条1項）が何を意味するのかは，伝統的な有体物である著作物におけるよりも，明白ではない。すなわち，同項による著作者の推定は，著作者の利益を図るものであって，その後権利を譲り受けた者には適用されない。たとえ譲受人の名前が作品上に表示されているとしても，同項によって著作権が帰属するとの推定を生じない。したがって，権利帰属の証明を求められる可能性がある。

　インターネット登場前からも，媒体の性質上，権利者の身元確認が困難なタイプの著作物があった。例えば，写真著作物については，誰が当該写真を撮ったかすら，確認する術がないのが通常である。未発行あるいは匿名の原稿・手紙といった言語著作物，自家製ビデオや説明用映画といった視聴覚著作物，さらに，インターネット上に掲載された画像といった美術・視覚芸術著作物，絵葉書・パンフレットといった一時的著作物（ephemera）について

も然りである。

そして，インターネット時代においても，権利帰属の確認が容易になったとは限らない。確かに，当該著作物のサムネールの横といった画面上に，権利者を表示することが可能である。著作者番号や電子的身元確認システムも利用されている。しかし，電子著作物の複製は容易であるため，単なる氏名のような情報の表示のみによって，著作者としての推定が生じるか疑問がある。前述したベルヌ条約上による著作者性の推定は，インターネット上における著作者の表示を本来予定したものではない。著作者番号や電子的身元確認システムといった，他のデータベースの参照によってのみ著作者の身元を確認することができる場合には，著作者推定が生じないと考えられる[7]。

II 権利帰属の明確化による意義

著作権者の保護および利用者の利益保護の双方にとって，権利帰属の確認が重要である。動態的分析の実体的必要性は，両者の立場から説明することができる。

(1) 権利者の立場

権利の帰属関係を明確化することは，迅速な権利行使にとって不可欠である。権利帰属が不明確なことは，権利者にとって，迅速な権利行使，とりわけ海外における差止請求を阻害するおそれがある。権利の帰属を不明にしておくことも，権利者にとって法的に認められる選択肢であるが，同時に，権利の公示機能を活用することが権利行使にとって有益な場合もある。現行制度は，自発的な公示によって迅速な権利行使手段の確保を望む権利者の要請に応えることができず，権利者に対して選択の機会を与えていない場合がある。したがって，任意的な権利公示制度の充実は，権利者にとって，有益なものとなる可能性がある。

また，自発的な登録をすることにより，自己の著作物が孤児著作物として扱われるのを，多くの国において防ぐことができると思われる。なぜなら，登録著作物については，利用者の側に権利者を探索するツールが存在する。

---

[7] Severine Dusollier, "Some Reflections on Copyright Management Information and Moral Rights", 25 Colum. J.L. & Arts 377, 2003, pp.391-395.

いずれかの国において登録がなされている場合には，利用者は権利者を探索して，その許諾を求め得る。確かに，世界各国の登録すべてを探索することは手間・費用がかかるものの，今日ではインターネット上での検索が可能な国も多いため，かかる負担は低減傾向にある。国内登録に国際的な公示機能を持たせることも，無理ではなくなりつつある。

登録が権利者によって自発的になされるならば，無方式主義に反しない。そして，登録が自発的になされるためには，権利行使機関における認定手続が登録に伴い迅速化する，あるいは権利帰属に関する推定が生じるといった権利者側のメリット，あるいはインセンティブが必要である。詳細は，各国法や実務を踏まえて，次節において検討する。

(2) 利用者の立場

今日においては，前述したように，利用者も著作権制度に関する法的地位を有するステーク・ホルダーである。そして，権利の帰属を明確にすることは，インターネット時代においては，権利者のみならず利用者にとっても有意義である。権利帰属が不明であれば，無用の紛争に巻き込まれる危険があり，利用行為の促進に対して萎縮効果がある。

しかるにインターネット時代においては，利用者にとって，権利の帰属が明らかではない著作物が多い。かかる著作物については，権利者の許諾を得ることは利用者にとって困難である。しかるに，コンピューター・プログラムをはじめとする電子的著作物について，権利の帰属が不明な著作物の二次的利用の必要性が高まっている。また，ウェブサイト上においては，音楽著作物と実演，美術著作物が融合した複合映像コンテンツの創作も増加しており，利用できない著作物の存在は創作活動にとってボトルネックになっている。そのため，孤児著作物問題について後述するように様々な方途が提案されている。

もちろん，先行著作物に実際に依拠したのであれば，著作者が不明であってもやはり先行著作者の権利を尊重する必要があるとの指摘もあり得る。他方において，著作物の二次利用による文化的創作活動の促進は，権利の制限・例外の範囲とも考え得る。いずれの考え方も，現行法制度の枠内で採り得るため，一義的に回答がある問題でない。「方式」の意義と権利の制限・例外との関係，あるいは棲み分けについては後述する。

第3節　各国法の現状・限界と動態的分析による可能性

I　権利帰属の認定

1　権利帰属の決定要素

　著作権が承継されない限り，著作権の権利者は，原始的権利者である創作者である。かかる創作者は，当該著作物の創作活動に寄与する行為を行う必要がある[8]。しかし，実際には，著作者に原始的にすら権利が帰属しない場合や，著作者以外の者を含む複数人に権利が帰属する場合もある。また，創作後に権利が承継されれば，現時点において著作者に権利が帰属しない。なお，本節は権利帰属の決定要素が，当該事案によっては複雑多岐にわたり得ることを局面ごとに指摘するもので，各国法の網羅的な説明や解決策を示すことを目的としない。権利帰属に関わる実体法上あるいは国際私法上の諸問題は，知財法のみならず契約法や国際私法をはじめ多岐にわたり，また一義的・明確な回答が用意されていないことが多い。したがって，権利帰属について争いが生ずれば，その最終的な終局的認定までに時間がかかる可能性が高い。

(1)　権利帰属に複数人が関わる場合

　職務著作に関する各国法の扱いにより，実際に創作活動を行う自然人たる被雇用者ではなく，その使用者が著作者となり得る[9]。かかる場合に，権利を「享有」するのは，被雇用者ではなく使用者である。国際的な事案において権利の原始的帰属を決するにあたって，準拠法を明らかにした上で当該国の法を参照する必要がある[10]。

---

(8)　作花・前掲2章注159，146頁。
(9)　例えば，日本の著作権法15条1項。
(10)　Ricketson and Ginsburg は，職務著作における権利の原始的帰属に影響を与える法として，次の法を列挙する。実際の創作者や使用者の属性（住所，国籍，居所，法人使用人にあっては主たる事業活動地）を定める法，労働契約を規律する法，本国（第一発行国）の法，芸術または建築物にあっては当該不動産が存在する国の法，当事者が選択した法。Ricketson and Ginsburg, *supra* note1, ch.1, p.1318. 準拠法の決定は，各国法に委ねられるが，上記の要素は多くの国において判断要素となろう。

第3節　各国法の現状・限界と動態的分析による可能性

　複数人への権利の帰属が生じるのは，権利の発生と移転の両局面においてである(11)。すなわち，(a)第一に，共同著作物の場合といった，1つの権利が複数の者の共有に係る場合，(b)第二に，1つの著作物に，原著作物の権利と二次的創作を行った者の権利とが並存している場合，(c)最後に，複数の著作物によってコンテンツが構成されている場合。第一の場合(a)は，複数人に権利が原始的に帰属する場合(12)と，著作物創作時には単独帰属であり，その後著作権が複数人に承継され後発的に帰属するに至った場合とに，さらに二分される。著作権分科会資料には触れられていないものの，著作権が発生した後，権利の一部が承継されて，当該著作物に対して複数人が権利を有する場合もある。他方，後二者(b)および(c)の場合は，当該二次的著作物あるいは，複数著作物からなる複合コンテンツについては，それぞれ原始的に権利が複数人に帰属している。そして，複数人へ権利が帰属する場合には，権利行使時点での確認に時間がかかる可能性が高い。

　例えば，映画著作物の製作には，脚本家，映画監督，実演家，主題歌の作詞家・作曲家やその演奏家を含む，多数の者が関与している。しかも，各製作者の関与の度合いも大小様々である。そして，映画著作物の権利享有主体は，各国法の他，各国法の下における当事者間における契約によって規律される。

　権利者が複数存在する場合には，各権利者による権利行使が制限される立法が多い。例えば，日本，英国，フランス，ドイツにおいては，共有著作物にかかる権利行使については，権利者全員の同意が必要である(13)。かかる国において，権利帰属が不明確な場合には，一部の権利者による権利行使が妨げられる。利用者にとっても，すべての権利者から許諾を得る必要があるため，権利帰属が不明確であれば許諾を得るべき対象者の確認に時間・手間がかかり，利用が妨げられる。

---

(11)　文化審議会著作権分科会過去の著作物等の保護と利用に関する小委員会『複数の権利者が存在する場合の利用について』(2007年)，資料5。

(12)　例えば，共同著作物，すなわち，複数人が共同して創作した著作物であって，その各人の寄与を分離して個別的に利用することができないものについては，日本においては各著作者が共同著作者として扱われる（著作権法2条1項12号）。

(13)　詳しくは，文化審議会著作権分科会過去の著作物等の保護と利用に関する小委員会・前掲注11を参照。

(2) 権利移転の局面

　権利の発生や行使と異なり，著作権の移転に関わる要件・効果を規律するのは，著作権法とは限らず，むしろ民法あるいは契約法である国が多い。ベルヌ条約をはじめとする著作権法制において，権利の移転についての要件・効果を定めていないことも一因である。すなわち，ベルヌ条約をはじめとする条約規範は，著作権の帰属を決する実体法や国際私法に関する規範を設けていない[14]。確かに，前述したとおり，著作権を著作財産権と著作者人格権とに分け，前者について権利の移転可能性を認める大多数の立法と，あらゆる権利譲渡を認めないドイツのような立法とがある。しかし，ひとたび権利が著作権法上で譲渡可能とされれば，譲渡の要件や効果を定めるのは，民法といった私人間の法律関係を規律する実体法とされる国が多く，必ずしも著作権法とは限らない。

（i）実体法上の問題

　著作権者が「権利を有する」といえるためには，権利が有効に発生し，そして権利者が著作者ではなく権利の承継人である場合には，権利が有効に承継されたこと，さらに当該権利が消滅していない，あるいは権利の制限・例外に該当しないことが必要である。

　著作権発生の局面において，職務著作のように著作者が誰であるのか争いが生じ得る論点もある。また，権利が譲渡されていなくとも，排他的許諾が付与されている場合には，後述するように，被許諾者は著作権者と同様の権利行使を行い得る場合がある。そして，許諾契約の成立や効力を巡り，実体法上の争いが生じ得る。

　権利が譲渡されている場合には，譲渡契約の成立・有効性が問われる。著作権の譲渡がされた場合，その法的効果を測る上で，当事者間における移転の有効性，第三者との関係における移転の有効性・対抗力，そして，同一権利に対して矛盾する権利を有する第三者相互間における優先関係の，3つの問題に分けて検討する必要がある。また，権利が相続や会社の合併・買収によって承継されている場合には，各承継に関わる法的要件・効果を各国法に基づき検討しなければならない。そして，かかる権利移転上の実体関係については，著作権法が規律する問題ではないのが一般的である。

---

　(14)　Ricketson and Ginsburg, *supra* note1, ch.1, p.1315.

さらに，権利が消滅している，あるいは，当該権利は制限・例外に該当するとして，権利行使が否定されることもあり得る。すなわち，権利が消滅していない，あるいは制限・例外に該当しないことも，権利行使手続の要件となり得る[15]。

こうした実体法上の諸問題について，要件となる事実関係の認定や，法律上の解釈を巡り，権利行使手続において争いが生じることもある。無方式主義においては，著作権は著作物を創作した時点で発生し，その享有および行使には，登録，著作物の寄託，著作権の表示といった方式は不要である。他方，かかる方式は，権利の発生を一義的に確定する意義を有する。したがって，権利発生のための方式がない著作権について，いったん当事者間において争いが起これば，権利の帰属を巡り，様々な実体法上の論点が提起され得る。すなわち無方式主義により，権利帰属に関する実体関係が不明確になる可能性がある。

(ii) 国際私法上の問題

上記の実体法上の争点の他に，国際的な著作権侵害が争われるケースにおいては，国際民事訴訟法を含む国際私法上の問題が提起され得る。実体法上の問題が提起される場合において，それが有効な裁判管轄を有する裁判所によって，準拠法となる法律に基づいて判断されるのでなければ，権利の帰属を決定付けることにならない。

著作権の帰属に関する国際的な準拠法は，未だ確立したルールがない。確かに，属地主義は広く支持されているため，著作権法による保護は当該国内においてのみ及ぶ[16]。そして，国内法による著作権保護は，当該国における侵害行為に対してのみ及ぶ。したがって，海外において著作権保護を受けるには，権利者は保護国における著作権法に基づき権利行使をする必要がある。しかし，権利帰属を決する，著作権の譲渡や許諾契約が国境を超えて行われ，契約を巡る紛争が生じた場合には，国際裁判管轄や準拠法の重複あるいは空白，さらに外国判決の執行といった国際私法上の問題が提起され得る。

---

(15) 田村善之『著作権法概説』(2001年，第2版，有斐閣) 第2章第Ⅲ編も，著作権の制限および保護期間を，「著作権侵害との主張に対する防御方法」として位置付けている。

(16) WIPO, *supra* note 65, ch.2, para.4.

そして，著作権保護は属地主義によるとしても，著作権の帰属については国際私法的な処理を検討せざるを得ない[17]。

著作権に関する国際私法上の規範については，確固とした国際的規範がなく，各国内法に拠る。ハーグ国際私法会議（Hague Conference on Private International Law，以下ハーグ会議）は1893年に設立された長い歴史のある国際機関であるものの，その加盟国は先進諸国を中心とした69カ国（2008年7月18日現在）と，比較的少ない。さらに，著作物の国際取引を規律する規範[18]が存在するものの，準拠法について規定せず，また，加盟国は極めて少数である[19]。したがって，国際民事訴訟法を含む国際私法をめぐる問題は，国際規範に制限されることなく，依然として各国法や各国判例法に委ねられている。

地域レベルでは，国際私法上について，より統合が進んだ条約が存在する。ブラッセル条約[20]は，欧州における裁判管轄および外国判決執行を規律するため1968年に締結された。ブラッセル条約は，1988年に締結された，同内容のルガノ条約[21]によって欧州自由貿易連合（European Free Trade Association, EFTA）諸国にも拡充されている。その後，ブラッセル規則[22]によって，ブラッセル条約は取って代わられた。すなわち，不法行為訴訟における特別裁判管轄について，ブラッセル条約5条3項が規定する実際の発生

---

(17) 著作権法についての，属地主義と国際私法的な考え方との関係については，駒田泰土「インターネット送信と著作権侵害の準拠法問題に関する一考察」東京大学社会情報研究所紀要63号（2002年）91-111頁に詳しく説明されている。

(18) Convention of 25 November 1965 on the Choice of Court and Convention of 1 February 1971 on the Recognition and Enforcement of Foreign Judgments in Civil and Commercial Matters.

(19) ハーグ条約加盟国では，キプロス，オランダおよびポルトガルの3カ国，同条約非加盟国ではクウェートのみ。

(20) 1968 Brussels Convention on jurisdiction and the enforcement of judgments in civil and commercial matters, OJ C 027, 26 January 1998, pp.1-27.

(21) Convention on jurisdiction and the enforcement of judgments in civil and commercial matters – Done at Lugano on 16 September 1988, OJ L 319, 25 November 1988, pp.9-48.

(22) Council Regulation（EC）No 44/2001 of 22 December 2000 on jurisdiction and the recognition and enforcement of judgments in civil and commercial matters, OJ L 012, 16 January 2001, pp.1-23.

地だけではなく，欧州連合規則5条3項は損害がおこるかも知れない（"may occur"）国にも認めている。さらに，同規則31条により，実体請求について裁判管轄を有する加盟国以外の国においても，暫定的救済手段を請求し得る。知的財産権が関わるケースも排除していない。すなわち同規則22条4項により，産業財産権の登録・有効性に関わるケースにおいて，登録・寄託がなされた加盟国に排他的裁判管轄が存在する。ただ，著作権関係訴訟に関するルールは，明確ではない。

　国際私法上の問題の解決は，本稿の及ぶ範囲ではないことは前述したとおりである。ただ，後述する，各国著作権登録による国際的な推定的効力が認められれば，国際私法上の実体的な問題を終局的に解決する前に，権利帰属に関する推定が暫定的にせよ生じる。したがって，少なくとも差止手続については迅速化され得る。

2　権利行使手続における権利帰属の認定

　権利を「享有および行使」するためには，申立人に権利が帰属することが前提である。権利の帰属は，権利行使手続の開始または認容要件，あるいは明示的な要件ではなくとも前提条件の1つである。権利の帰属について推定が生ずれば，被請求者において争われるのでない限り，申立人への権利帰属を前提に手続が進められ得る。他方，かかる推定が生じないにも関わらず権利帰属について争われた場合には，権利帰属を証明する必要がある。権利の公示は権利帰属の証明となり得る。しかし，無方式主義の下で，著作権登録を権利行使の要件とする立法は極めて例外的である。国際規範としての無方式主義が規律しない，国内作品の保護についても然りである。したがって，権利の実体法上の帰属を検証するにあたり，著作権登録原簿を参照することは，必ずしも必要ではない。そして，著作権登録制度が存在する国においてすら，著作権登録による実体的な効果が定められていない場合が多い。他の証拠によって，権利の帰属を認定することも可能であり，また，国内登録制度が存在しない国においては，そうした方途を採らざるを得ない。

　なお，産業財産権については，無方式主義が採られていないため，登録は権利行使において効力発生要件とする国もある。かかる場合は登録によって実体法上の帰属を検討することになる[23]。しかるに，産業財産権について

も，権利譲渡のために登録を効力発生要件としない国もある。かかる国においては，登録以外の証拠を参照する必要が生じる。したがって，無方式主義を採るか否かは，権利帰属の認定のあり方を一義的に決するものでない。すなわち方式主義の下においても，無方式主義におけるのと同様，登録以外の証拠によって，権利帰属を認定することもあり得ることに留意する必要がある。

権利帰属を巡る論点が，権利行使の各手続上どのように認定・判断されるかは，当該手続の容易・迅速さを左右する。そこで，権利行使手続ごとに，かかる認定・判断プロセスを検討する。

(1) 水際措置

著作物が電子化され，利用者に向けてオンライン上で伝送される形態においては，税関による検査が行われないのが通常である。送信者から他の国における受信者に至るまでに，観念的には国境を通過しているものの，電子化された著作物の数量は膨大であり，税関行政上，その流通を監視することは，技術的・実務的に極めて困難である。しかし，インターネットを利用した取引であっても，著作物を収納したCDやDVDといった有形媒体が国境を越えて配送される場合には，当該有形媒体が著作権を侵害する物品であるかについて，税関当局は通関管理をすることができる。

TRIPS協定加盟国においては，著作権の「権利者が，これらの物品の自由な流通への解放を税関当局が停止するよう，行政上又は司法上の権限のある当局に対し書面により申立てを提出することができる手続」[24]が採られる。また，権利者が上記の手続を開始する場合には，「当該権利者の知的所有権の侵害の事実があることを権限のある当局が一応確認するに足りる適切な証拠を提出し，及び税関当局が容易に識別することができるよう物品に関する十分詳細な記述を提出することが要求される。」(TRIPS協定52条)。「書面により」「適切な証拠」「十分詳細な記述」の具体的な内容は，TRIPS協定

---

(23) 例えば，日本はこのような法制を採る。そこで，「願書には発明者の氏名等が記載され，必要に応じて譲渡証書等の証明文書が特許庁に提出されているのであるから，特許出願が発明者又は発明者から特許を受ける権利を承継した者によりされたことを確認するのに格別の困難はないはずである」と判断されることになる。知財高判平18・1・19（最高裁ウェブサイト）。

(24) 特許庁によるTRIPS協定51条の和訳。

に規定がなく，各国法に委ねられる。

　WCO勧告[25] 3条1(c)項によると，「知的財産権を侵害する物品に関する請求は，書面によらなければならず，適切な場合には，次のものを提示されなければならない。(中略) c．有効な知的財産権の存在と権利帰属についての十分な証拠」。そして，第3条に関する注記は，「十分な証拠」(adequate evidence)とは，「登録証明書の写し」(copy of the registration certificate)としている。ただ，同注記は，限定列挙ではなく，他の形態の証拠を排除していない。ここでの「登録証明書の写し」は，登録制度を有する国において用いられる，「十分な証拠」の1つの例に過ぎない。

　税関当局による水際措置が，無方式主義が適用される「権利の行使」であるかについて，ベルヌ条約外交会議の記録を含め，見解を示した公的な文献は見当たらない。すなわち，税関当局による水際措置が無方式主義に拘束されるのか，国際的なコンセンサスがないといえる。そこで，著作権侵害に係る物品について，登録を必要とせずに水際措置を行い得る国が存在する一方，手続の前提として著作権登録を要件とする国も存在する。後述するように，登録を要件とする米国は，無方式主義は水際措置に適用されないことを前提としていると言える。他方，欧州連合や日本は，無方式主義が適用される救済措置の中に，水際措置が含まれることを前提としているとも考えられる[26]。

　すなわち，米国においては，輸入を差し止めるための手続として，裁判所による侵害品の差押えおよび処分（Impounding and disposition of infringing articles, 17 U.S.C. §503）と，税関当局による差押え（17 U.S.C. §509(1)(b) & 602による委任）がある。前者には，後述する差止請求と同様の要件の充足が必要であるものの，登録は要件でない。しかし後者について，C.F.R.は「第17編により登録され，有効かつ執行可能な米国著作権」を侵害する輸入・

---

(25)　WCO, *Recommendation of the Customs Co-operation Council on the Need to Develop More Effective Customs Controls Aimed at the Prevention of International Trade in Goods which Infringe Intellectual Property Rights with Respect to Copyright and Trademarks*, 1994.
(26)　なお，日本においては，民事的・刑事的救済あるいは他の暫定的救済と同様に，水際措置は「侵害に対する措置（measures against infringement）」であるとされている。Japan Copyright Office (JCO), *Copyright System in Japan*, CRIC, 2008, ch.V.

販売は，違法な行為であるとしている[27]。したがって，未登録著作権は，差押えのための法的根拠とはならない。税関当局による差押えの手続として，次の2つの手続がある。

　第一に，税関当局は，C.F.R. 第1章によって，水際措置に関する権限を有する。そして，米国著作権局によって発行された著作権登録の証明書が，税関当局による水際措置を求める上で必要となる[28]。第二に，米国国際貿易委員会（U.S. International Trade Commission, ITC）は，特定の輸入が「違法な活動（unlawful activities）」であると認定した場合には，当該物品の米国への搬入を排除するよう命ずることができる[29]。そして，米国連邦政府に登録された著作権のみが，当該手続の対象である[30]。

　他方，欧州連合においては，著作権登録は輸入差止手続の要件でない。欧州連合の加盟国は，知的財産権を侵害する物品が域内に流入するのを阻止する義務を負う[31]。そして，権利者による請求に際して，当該物品について知的財産権を有する証拠の提出が求められる[32]。かかる証拠は，著作権登録に限らない[33]。英国のような，著作権登録制度を欠く国を考慮したもの

---

(27)　19 U.S.C. § 1337(a)(1)(B)(i), Tariff Act of 1930, ch 497, Title III, Part II, § 337, 46 Stat. 703, 1930, as last amended in 2004, P.L. 108-429, Title II, Subtitle A, § 2004(d)(5), 118 Stat. 2592.

(28)　19 C.F.R. § 133.32, T.D. 87-40, 52 FR 9474, 1987, as last amended by T.D. 99-27, 64 FR 13673, 13675, 1999; and 19 C.F.R. § 133.33, T.D. 72-266, 37 FR 20678, Oct. 3, 1972, as last amended by T.D. 99-24, 64 FR 11376, 1999. また，次の文献を参照。US Customs and Border Protection, *Intellectual Property Rights e-Recordation (IPRR) Online System, available at* 〈https://apps.cbp.gov/e-recordations/〉, date of creation is unknown, last visited on November 2, 2008.

(29)　19 U.S.C. § 1337(e)(1), Tariff Act of 1930, *supra*.

(30)　19 C.F.R. § 210.12(a)(6)(i)&(f), 53 FR 33055, 1988, as last corrected at 59 FR 64286, 1994.

(31)　Article 16, Council Regulation (EC) No 1383/2003 of 22 July 2003 concerning customs action against goods suspected of infringing certain intellectual property rights and the measures to be taken against goods found to have infringed such rights, OJ L 196, 02/08/2003, pp.7-14.

(32)　Article 5(5), *ibid*.

(33)　"'[G]oods infringing an intellectual property right' means … (b) 'pirated goods', namely goods which are or contain copies made without the consent of the holder of a copyright …, regardless of whether it is registered in national law", Article 2, *ibid*.

である。

　日本の制度は，欧州連合型に近い。著作権登録の証明書は，権利者が権利帰属を証明する１つの手段であるが，それに限定されるわけではない。税関長は，輸入されようとする著作権法違反の物品を没収して廃棄し，または当該貨物を輸入しようとする者にその積戻しを命ずることができる[34]。この場合，著作権法違反の有無を判断するに際し，税関長は両当事者に対して，認定手続および反証する機会がある旨の通知をしなければならない[35]。権利者は，税関長に対し，侵害事実を疎明するために必要な証拠，すなわち「自己の（中略）著作権（中略）の内容」[36]を提出しなければならない[37]。添付書類として「権利の発生を証すべき資料等」の提出が求められており，当該「資料等」とは，「文化庁に登録されている場合は登録書」であり，「登録のない場合はその著作物が掲載された出版物など」である[38]。

(2)　行政上の強制手続

　前述したように，中国においては，著作権行政管理部門は，権利侵害行為の停止命令を含む行政上の強制手続を，職権または申立てに基づき行うことができる。行政訴訟が提起されても，原則として行政上の強制手続を停止させないので，著作権者からみると，迅速な救済が可能な点で意義が大きい。ただ，申立てが著作権の登録証を伴わない場合には，権利帰属の証明に手間がかかり，迅速な解決を図ることができない。他方，被申立人にとっては，陳述の機会があるものの（著作権行政処罰実施弁法27条），具体的な手続規定が明記されていないため，十分な反論をすることなく，差止命令が下される可能性もある。すなわち，著作権登録の有無が，強制手続の有無にとって決定的な役割を果たす。

　ただ，行政上の判断は，国際的な効果を持たないのが通常である。この点，司法判断が下された場合には，司法共助に基づき海外において当該判断が執

---

(34) 関税定率法（明治43年〔1910年〕法律第54号，最終改正平成17年〔2005年〕法律第87号）21条1項9号および同条2項。

(35) 同法21条4項。

(36) 関税定率法施行令（昭和29年〔1954年〕政令第155号）61条の4第1号。

(37) 同法21の2第1項。

(38) 財務省関税局「著作（隣接）権に係る輸入差止申立提出書類等，添付書類第1号」（2002年）。

行されることもあり得る。しかし他方，行政上の判断については，外国政府が自発的に承認して執行されることは，理論的には排除されないものの，法的な効果として執行されることは，条約上の根拠もなく通常はあり得ないであろう。したがって，国境を超えた侵害行為が常態となっているインターネット上では，コンテンツが利用可能前に差し止められるのでない限り，行政手続は十分な効果を挙げない場合も多いと考えられる。

　本手続においては，違法行為について行政機関が自ら立案，調査，処理を決定することができるほか，権利者や利害関係人も手続を開始することができる（著作権行政処罰実施弁法11条2項）。後者の申立てには，権利を証明する書面の提出が求められる。著作権登録がなくとも権利者による申立ては可能であるものの，著作権登録によらずに権利帰属を証明する場合，当該著作物を誰がいつ作り更新を行ったかといった，膨大な資料の提出が必要となる[39]。すなわち，行政機関に対して，申請書，権利侵害された作品（または製品）およびその他の証拠のほか，権利を証明する書類の提出が求められる（同12条1項）。権利を証明する書類としては，「当事者が提出する著作権に関係する原稿，原本，合法出版物，著作権登記証書，認証機構が発行した証明，権利を取得した契約」（同19条）がある。したがって，著作権登録は，行政機関による権利行使を求めるために，実務上不可欠な要件である。

(3) 司法当局による差止請求

　国際的事例において権利帰属を終局的に認定するには，実体法や国際裁判管轄を含む国際私法上の論点の解決が必要である。終局的な認定に至るまで権利行使手続が進まず，侵害行為の停止ができないとすれば，最終的に侵害行為と損害賠償請求が認定されても，回復し難い損害が生じるおそれがある。他方，前述したように，実体法あるいは国際私法上の諸問題は多様である。かかる問題が提起され，審理される場合には，結論に至るまでに長い時間を要する。そこで，終局的な認定の前に，権利帰属についての一応の推定によって，暫定的にでも差止請求を認める必要がある。確かに，権利帰属についての一応の推定についても，その推定がいかなる法を根拠として行われるか

---

(39) 安川電気の例について。日本貿易振興機構経済分析部知的財産課『インバータ・ソフトウェア著作権侵害事件摘発ドキュメンタリ（特許庁委託事業）』（2005年）17-18頁。

第3節　各国法の現状・限界と動態的分析による可能性

という局面で，理論的には国際私法上の問題は生じ得る。しかし，暫定的な差止請求の認否判断においては，終局的な認定におけるのとは異なり柔軟な取扱いが可能であり，迅速な手続遂行の妨げになりにくいと思われる。

　差止命令は，一定の要件を裁判所が認定した場合に発せられる。申立人への権利帰属について疑義が提起されれば，その解明がなされるまで差止命令が発せられず，手続が遅延する。したがって，インターネットを利用した侵害行為の迅速な停止のために，必ずしも十分な効果を発揮しない場合もある。また，差止命令が及ぶ範囲は，当該裁判所の国内に限定される場合が多い。したがって，ひとたび違法コンテンツがインターネットを通じて海外に流出してしまうと，差止命令の効力は及ばない。したがって，差止命令は，行政上の強制手続におけるのと同様，国際的な侵害事例において実効性に乏しい。

　差止請求の要件は，各国法に委ねられている。米国法律協会（American Law Institute, ALI）および私法統一国際会議（Institut international pour l'unification du droit priveé, UNIDROIT）により，国際的な事件に関する民事訴訟の原則が策定され，差止請求手続についても請求人による主要な事実の開示義務を含む一般原則が定められている[40]。しかし，同原則は，具体的な要件の内容を定めていないし，また，あくまでソフト・ローであって，「後からの実行」に支えられない限り各国に対して拘束力を有しない。そして，権利の帰属自体は独立した差止請求の要件でない国が多いようである。しかし，いずれの国においても，無権利者に対して差止めを認めるのではないため，申立人への権利帰属が，差止請求認容のための前提である。

　また，TRIPS協定50条1項により，知財侵害の発生を防止するため，あるいは証拠を保全するため，司法当局は暫定措置を命じる権限を有する。司法当局は，申立人への権利帰属を確認するため，申立人に対し「合理的に入手可能な証拠」を提出するよう要求することができる（同条3項）。ただ，具体的な内容は各国法に委ねられる。以下，主要国における制度を検討する。

① 米　　国

　コモン・ロー裁判所による損害賠償命令のみでは不十分な場合に，衡平法裁判所が差止命令を発したという歴史的経緯があるため，差止命令は裁判所の裁量判断を蓄積した判例法に基づく[41]。仮差止めを認容あるいは否定し

---

(40)　Article 8, ALI/UNIDROIT, *Principles of Transnational Civil Procedure*, 2004.

た裁判所の命令は，当該裁判所が裁量権を濫用した場合にのみ覆される[42]。判例法による著作権侵害に対する仮差止命令の要件[43]ごとに，以下検討する。

 (1) 実体上，認められる見込みが大きいこと

  著作権侵害訴訟の基本的な要件，すなわち，有効な著作権者であること，および被告により複製がなされたことについての証拠を含む[44]。著作権侵害訴訟においては，有効な著作権の帰属について，原告が第一義的に証明責任を負う。そして，原告は，著作権登録証を提示することにより，反駁可能な推定による利益を受けることができる。すなわち，著作権登録証は，著作権の有効性および権利帰属について，原告にとって有利な形で一応の証明（prima facie evidence）となる[45]。

 (2) 差止めを認めないことにより，回復し難い損害が生じる深刻なおそれがあること

  上記 Midway Mfg. v. Bandai-America（1982）判決によれば，「実体上，認められる見込みが大きいこと」が証明されると，「差止めを認めないことにより，回復し難い損害が生じる深刻なおそれがあること」についても，裁判所は推定する傾向がある。経済的損害の算定がとりわけ困難な場合には，損害が回復し難いことを証明すれば十分である[46]。

 (3) 生じ得る損害が，相手方当事者に対して差止めにより与える損害を

---

(41) Apple Barrel Productions, Inc. v. Beard, 730 F.2d 384, 1984 U.S. App. LEXIS 23251, April 23, 1984.

(42) White v. Carlucci, 862 F.2d 1209, 1989 U.S. App. LEXIS 207, January 12, 1989.

(43) Allied Marketing Group, Inc. v. CDL Marketing, Inc., 878 F.2d 806, 1989 U.S. App. LEXIS 10964, July 13, 1989. See also Midway Mfg. Co. v. Bandai-America, Inc., 546 F.Supp. 125, 1982 U.S. Dist. LEXIS 13993, July 22, 1982.

(44) Apple Barrel Productions, Inc. (1984), *supra* note 41 and Allied Marketing Group, Inc. (1989), *supra* note 43.

(45) Donald Frederick Evans & Assocs. Inc. v. Continental Homes, Inc., 785 F.2d 897, 1986 U.S. App. LEXIS 23620, March 31, 1986 and Novelty Textile Mills, Inc. v. Joan Fabrics Corp., 558 F.2d 1090, 1977 U.S. App. LEXIS 12494, July 12, 1977.

(46) Mississippi Power & Light Co. v. United Gas Pipe Line Co., 760 F.2d 618, 1985 U.S. App. LEXIS 29960, May 17, 1985 and Allied Marketing Group, Inc. (1989), *supra* note 43.

第3節　各国法の現状・限界と動態的分析による可能性

超えること

　　被告が被る損害が，起こりそうな侵害行為によって生じる失われた利益のみである場合には，被告の反論が認められる見込みは少ない[47]。

(4)　差止めにより，公益が害されないこと

　　競争促進という公益よりも，著作権法によって保護された権利を守るという公益の方が，より優先される[48]。そして，著作権を保護すること自体が，公益に資すると考えられている。

　また，一方的緊急差止命令については，次の2つの条件を満たす場合に，被告に対する通知なしに発することができる（Rule 65, FRCP）。

(1)　宣誓供述書または確認された不服申立てにより，差し迫った（immediate），かつ回復不可能な損害が，被告が反論を述べるよりも前に申立人において生じることが，具体的な事実によって明白であること，

(2)　被告に対して通知をしようとした場合にはその事実について，そして通知が必要とされない理由を，申立人の弁護士が書面によって，裁判所に申し立てていること。

　判例法によれば，一方的緊急差止命令についても，仮差止命令に必要な上記4要件の充足が必要である[49]。したがって，著作権登録証は，一方的緊急差止命令を請求するに際しても，権利帰属を証明する上で有用な手段となる。

②　日　本

　民事保全法は，保全命令の申立てのための要件として，「（中略）その趣旨並びに保全すべき権利又は権利関係及び保全の必要性を明らかにして，これをしなければならない」としている[50]。保全命令の1つの形態として，仮処分命令があり，「係争物に関する仮処分命令は，その現状の変更により，

---

(47)　Concrete Machinery Co. v. Classic Lawn Ornaments, Inc., 843 F.2d 600, 1988 U.S. App. LEXIS 4171, April 5, 1988.

(48)　Allied Marketing Group, Inc.（1989），*supra* note 43.

(49)　Mercedes J. Franklin et al v. Galleon Jewelers, Inc. et al, 2001 U.S. Dist. LEXIS 24737, May 15, 2001; Joan FYK v. The Mccall Pattern Co., 1994 U.S. Dist. LEXIS 4955, April 19, 1994; and Freedman v. Select Information Systems, Inc. et al, 1983 U.S. Dist. LEXIS 19664, January 30, 1983.

(50)　13条1項。

債権者が権利を実行することができなくなるおそれがあるとき，又は権利を実行するのに著しい困難を生ずるおそれがあるときに発することができる」（同23条1項）。「仮処分命令は，争いがある権利関係について債権者に生ずる著しい損害又は急迫の危険を避けるためこれを必要とするときに発することができる」（同23条2項）。仮処分は，本案判決が確定するまでの間の暫定的なものであるとはいえ，差止請求について勝訴判決を得たのと同様の状態を現出する，いわゆる満足的仮処分であり，しかも，いったん仮処分命令が発せられると，その執行停止が認められることは容易でない。したがって，慎重な要件が課されたものである[51]。

さらに，「保全すべき権利又は権利関係及び保全の必要性は，疎明しなければならない」（同13条2項）とされており，著作権も仮処分命令の根拠となる「権利」の1つである。有効な著作権の権利帰属については，争われたことはないようである。アクセスの頻度や，違法な流通を阻止するために必要な予防措置といった，実際の侵害行為の実態に鑑みて「必要性」を充たすかが争われてきた[52]。

なお，緊急性のゆえに，民事保全手続上の立証は疎明で足りる（同13条2項）。疎明には民事訴訟法の規定が準用されるので（同7条），即時に取り調べることのできる証拠によらなければならない（民事訴訟法188条）[53]。

③ 欧　　州

欧州連合権利行使指令 Recital 22 により，侵害の即時停止を認容する暫定的措置（provisional measures）が，次の要件の下で認められる。(1)暫定的措置の比例性（proportionality）が，当該ケースの特徴にふさわしいこと，(2)不当な要求がなされた場合に被告が受ける費用および損害を塡補する補償制度があること，(3)暫定的措置が遅延した場合に，回復し難い損害が権利者の側に生じること。さらに，同指令9条3項により，請求人が権利者であること，請求人の権利が侵害されていること，または侵害が急迫なものであることについて，十分な確実性（sufficient degree of certainty）をもった合理的に入手

---

[51] 飯村敏明・設樂隆一編『知的財産関係訴訟』（2008年，青林書院）58-59頁。
[52] 東京地決平14・4・11（最高裁ウェブサイト），東京地決平16・10・7判タ1187号335頁。
[53] 飯倉一郎・加藤哲夫編『演習ノート 民事執行法・民事保全法』（2004年，改訂第2版，法学書院）128-131頁。

可能な証拠（any reasonably available evidence）を提出するよう，裁判所は，請求人に対して求めることができる。同指令が加盟国において国内法化されるまでは，各国法によって規律される。なお，同指令に対しては各国内において抵抗が強く，国内法化が遅れているようである[54]。

　英国において，中間的差止請求が認容されるための要件は，次のとおりである[55]。(1)重大な問題が審理されていること（serious question to be tried），(2)被告人の損害賠償能力を含め，請求人に対する十分な救済があること，(3)反対請求においては，被告人の損害に対して十分な救済があること，(4)利便性の均衡，すなわち，反対の結論によって生じる損害賠償によっては填補されることができないような損害を被ること，そして(5)いずれの当事者にとっても回復不能な損害を生じないことである。第一の「重大な問題の審理」基準は，伝統的な判例法による，一応の証明がなされている事案であること（prima facie case）との基準を緩和したものである。この緩和は，中間的差止請求は，本案において審理を尽くす前に現状を維持する（preserve status quo）に過ぎないことを考慮したものである[56]。

　なお，産業財産権については，本案審理において特許権，登録意匠権・商標権について請求が認められると，権利の有効性について証明書が発給される。そこで，当該請求人は，当該権利に関する後の訴訟において証明に要する費用を節約できる[57]。他方，著作権登録制度が存在しないため，著作権法自体は，かかる証明書について規定しない。

　英国が著作権登録制度を有していた19世紀においては，後述するように，

---

(54)　2006年10月の時点で，EU25カ国中，仏独を含む13カ国が国内法化していない。IPEG (Intellectual Property Expert Group), *Summary of the implementation of directive 2004/48 on the enforcement of intellectual property rights (the "Directive") in EU Member States as per October 2006*, 2006.

(55)　Diplock American Cyanamid Co. v. Ethicon Limited [1975] AC 396, February 5, 1975; and Elanco Products Limited v. Mandops Limited, [1980] RPC 213, decided on July 27, 1978.

(56)　カナダにおける，コモン・ローによる次の判例を参照。Manitoba (A.G.) v. Metropolitan Stores Ltd. [1987] 1 SCR 110, 1987 CanLll 79 (SCC), decided on March 7, 1987.

(57)　Section 65, Patents Act 1977, July 29, 1977; Section 25, The Registered Designs Act 1949, as last amended by the Copyright, Designs and Patents Act 1988, November 15, 1988; and Section 73, Trade Marks Act 1994, July 21, 1994.

印刷出版会館における登録は，判例法により，著作権の一応の証明を生じた。そして，Diplock American Cyanamid Co. v. Ethicon Limited 判決以前の伝統的な判例法によると，一応の証明がなされた事案であることが，中間的差止請求を認容する要件とされている。ベルヌ条約加盟時において英国は登録制度を廃止したので，原告は，当初の著作権者に始まって，その後の譲渡や担保権設定に至るまで，当該権利に関わる処分について，証明しなければならない(58)。確かに，上記判決により，「一応の証明」基準は「重大な問題の審理」基準に緩和されたため，権利の証明書が存在しなくとも同基準を充足することは可能である。しかし証明書によって請求が不真面目なものでないことが明らかになるので，暫定的差止めが容易かつ迅速に認められやすくなることに変わりはない(59)。

　フランスにおいては，差止請求について現行法（CPI）は規定しない。裁判例においては，差止請求は著作権の物権的性格から導かれている。そして，物権的請求は，不法行為責任を基礎としないため，帰責性（faute）および悪意（mauvaise foi）はいずれも不要である(60)。フランスにおける暫定的決定の要件は次のとおりである。(1)原告の請求が緊急性を有すること，(2)原告の請求について，根拠のある重大な抗弁がないこと，(3)差し迫った損害を防止する，または，明白に違法な妨害行為をやめさせる，緊急の必要性があることを，原告が立証すること(61)。著作権登録は差止請求の要件ではない。

　ドイツにおいては，著作権法に規定されている絶対権の侵害があることを要件として，侵害のおそれがあるときは停止請求（injunctive relief requiring the wrongdoer to cease and desist，ドイツ著作権法97条1項(62)）を，また明文の規定はないが，具体的に差し迫った侵害のおそれがある場合には予防請求

---

(58) Columbia Picture Industries Inc. v. Robinson,〔1987〕Ch 38,〔1986〕3 All ER 338, 19 December 1985..

(59) なお，同じコモン・ロー国であるカナダにおける判例によれば，請求が不真面目なものではないことが確認されれば，裁判官は第2および第3の基準を満たしているか判断する。RJR-MacDonald Inc. v. Canada（Attorney General）〔1994〕1 SCR 311, 1994 CanLll 117（SCC), decided on September 21, 1995.

(60) Cour de Cassation, Chambre civile 1, le 29 mai 2001, N° de pourvoi: 99-15284. なお，著作権侵害訴訟の法的性格について，文化審議会著作権分科会法制問題小委員会司法救済ワーキングチーム『検討結果報告』(2006年) 22 - 27頁を参照。

(61) Vahramian and Wallenbrock, *supra* note 124, ch.2, p.229.

が認められる[63]。やはり，著作権登録は要件とされていない。

ただ，フランスやドイツにおいても，権利帰属が争われれば，証拠に関する一般原則によって認定される。前述したWIPO調査によれば，国内・外国を問わず登録によって権利帰属が証明されるのではないようである。

(4) 損害賠償請求

独立の要件とされていない国が多いものの，他の権利行使手続と同様，権利帰属は損害賠償請求の前提条件である。争いが生ずれば裁判所による認定が必要になる。とりわけ，著作物の本国ではない国において権利帰属を確認することは，権利の発生に加え移転についても，実体法や国際私法上の判断が必要になるため，前述したように，短期間ではなし得ない。ただ，損害賠償請求は事案の終局的な解決手続であり緊急性が低いため，差止請求よりもより簡易な認定手続は存在しないと考えられる。相手方当事者に対して，権利帰属に対する疑義を事実上薄らげる効果しか，著作権登録は有しないであろう。

なお，権利者による侵害者の民事責任追及を補助する目的で，裁判所による手続として，情報収集を容易にするための開示命令やいわゆるAnton Piller Order[64]といった証拠収集手続，あるいは被告の一般財産を保全するためのマレヴァ型差止命令（Mareva Injunction）[65]のような制度が設けられ

---

(62) Law dealing with Copyright and Related Rights, September 9, 1965. WIPOおよびドイツ政府による英訳を参照。

(63) 文化審議会著作権分科会法制問題小委員会司法救済ワーキングチーム・前掲注60，15‐16頁。

(64) 同命令は英国独自の制度で，被告所有の土地または建物の立入りを許可するもの。概要については，「第2章侵害行為の立証の容易化のための方策」司法制度改革推進本部・知的財産訴訟検討会『知的財産訴訟外国法制研究会報告書（第8回配布資料）』（2003年5月20日）128‐129頁参照。また，同命令制度の歴史・目的・内容・要件・被告の救済については，Justice Louis Harms, *The Enforcement of Intellectual Property Rights*, WIPO Publication No. 791E, 2005, pp.343-354 に詳しい。

(65) 「裁判所の管轄内に被告の財産があり，訴訟の結果，原告が勝訴して金銭による給付判決を得る可能性が高く，かつ被告が財産を管轄外に持ち出すおそれがある場合に認められる仮差止命令で，被告に当該財産の処分や持ち出しを禁止するもの」田中・前掲2章注68，541頁。本案判決による民事的救済を，実効あらしめるために発せられる。欧米各国における要件の概要については，Harms, *supra* note 64, pp.354-363を参照。

ている国がある。こうした制度も，知的財産権の権利行使を容易にするものの，国際的な取決めはなく，各国が独自に制度を設けている。知的財産権に限らず，広く民事責任追求を容易にし，その威嚇効果を通じて著作権侵害行為を間接的に予防する効果を有するものの，著作権侵害行為を予防・停止する効果を，それ自体では直接的に有するものではない。とりわけ，国際的な侵害事例については，国境を超えた司法共助が必要となるため，通常用いることができない。

　国際的な著作権保護を図る上で，損害賠償責任を背景とした侵害行為の抑止効果には，限界がある。第一に，損害賠償額の多寡は，各国ごとに調和していない。具体的な損害賠償額の内容は，各国法に委ねられているため，威嚇効果も各国ごとにまちまちである。

　第二に，外国判決の執行に関する国際ルールが未整備である。ハーグ会議による条約のカバーする事項も限定されており，その地理的範囲についても，加盟国の少なさのため，限定的である。したがって，損害賠償責任による威嚇効果は，判決が下された国における被差押資産を有しない侵害者に対しては，極めて実効性が低い。

　第三に，権利侵害や過失・故意の認定が必要であり，迅速な解決が期待しにくい。損害賠償責任の実体的要件や認定手続は，各国法や各国裁判所に委ねられている。そして，差止請求手続よりも，損害賠償請求の方がより迅速な結論が得られる国は，存在しないと考えられる。

(5) 権利帰属の認定が権利行使手続において争われたケース

　差止請求事件や損害賠償事件において，著作権の帰属が争われたケースは，日本やフランスではあまり見当たらないようであるが，英国や米国では民事訴訟においては，前述したように散見される。全体の件数が少ないのは，伝統的な著作権紛争における当事者の性質による。すなわち，著作権に関する紛争の多くが，事業会社または著作者の権利を代理する集中処理機関によって提起されてきた。また，被申立側も，著作権侵害をするだけの資本と技術を擁する事業会社のケースが多かった。つまり，従来の著作権紛争においては，事業者間の紛争が多く，権利者が誰であるか比較的自明のケースであったと思われる。また，集中処理機関に対する公的な関与が強い国においては，集中処理機関が法的な独占的地位を持っているため，著作権の帰属について

争われなかったのではないか，と推察される。

また，集中処理機関が裁判所の判断を仰ぐ場合に，権利帰属の証明が，法律上，実務上あるいは事実上軽減されてきたことも，争点として浮上しにくかった背景と考えられる。後述する「拡張的集中ライセンス」や「義務的集中管理」が採られている北欧諸国ではもちろん，「黙示的ライセンス」や「法律的推定」といった規定が存在する国においては，集中処理機関による管理権限の証明が手続の前提条件とされることはない。また，こうした規定が存在しない大多数の国においても，集中処理機関は，権利者と個人的な関係に基づかずに，その権利行使を代行する，ある程度の社会的認知を受けた団体である国が多い。したがって，裁判所の実務において，集中処理機関の管理権限に対して，被告や裁判所が疑義を感じることは少なかったのであろう。かかる伝統的な著作権紛争のあり方は，インターネット時代以前における事情によるところが大きい。すなわち，著作物の本国が比較的明らかであり，また，集中処理機関を通した権利行使が，外国作品の一般的な，あるいは事実上唯一の権利行使の形態であった。そして，かかる事情はインターネット時代においては該当しなくなっている。

3　ISPに対する差止請求における権利帰属の確認

著作権を侵害するコンテンツがインターネット上において送信される場合や，アクセスが可能な状態に置かれる場合には，インターネット・サービス・プロバイダー（ISP）は著作権者に対して法的責任を負う可能性がある。すなわち，ユーザーが運営する著作権侵害サイトを停止する，技術的かつ実際上の能力をISPは有している。このため，後述するように，ユーザーの行為を停止・防止する法的責任を，ISPは著作権者に対して負うと構成される。同時に，ISPはユーザーへの契約上の義務を負っているため，権利者による正当なコンテンツ差止請求には応じると同時に，不当な請求は拒否しなければならない。何が「正当」あるいは「不当」であるかは一義的ではないことも多く，そのためのISPにおける認定手続が，ノーティス・アンド・テークダウン手続である。申立人が権利者であるか否かも，かかる手続において審理され得る。

なお，本論点は，司法判断なしに自発的にISPが当該コンテンツを差し

止めるよう，権利者がISPに対して請求する場面を念頭においている。著作権の間接侵害あるいは寄与（contributory）・代位（vicarious）責任を根拠とした，権利者のISPに対する司法手続上の差止請求とは別の場面である[66]。

(1) 著作権侵害に対してISPが負う責任

ISPは，自らが著作権侵害を行ったのでなくとも，ユーザーによる行為を可能にした，または寄与したとして，間接的な責任を問われ得る。確かに，ユーザーの侵害行為について，ISPは認識していないのが通常である。ISPが単なる導管（conduit）である場合には，WCT 8条に関する合意宣言によると，ISPは著作権侵害に対する直接的な責任から免責される。同宣言は，WCT加盟国に対して拘束力を有する。しかし，同宣言は，寄与または代位責任を否定するものではない[67]。寄与・代位責任は，直接的な侵害行為がなくとも，他人の不法行為について法的責任を構成する。責任を負うか否かは，侵害行為に対する関与や認識の程度による国が多いであろう[68]。寄与・代位責任が認められる場合には，ISPは著作権者に対して，著作権侵害による損害賠償責任を負う。

---

(66) 間接侵害を根拠としたISPに対する司法差止請求は，日本の著作権法には規定がない。中山・前掲2章注10，475-476頁は，「不法行為の教唆・幇助として損害賠償請求されることは別論として，一般論としては，条文上の根拠なくして差止めという強力な効果をもつ著作権侵害を認めることは妥当でない」としている。

(67) なお，寄与責任は，侵害の事実を知り（knowledge），重要な関与行為（material contribution）があった場合に認められる。他方，代位責任は，監督する権利と能力があり（right and ability to control），侵害行為に対して直接的または間接的な関係があり（direct or indirect relation to the infringing conduct），経済的な利益（financial benefit）を得ている場合に認められる。Lilian Edwards and Charlotte Waelde, *Online Intermediaries and Liability for Copyright Infringement*, presentation file at WIPO Seminar on Copyright and Internet Intermediaries, Geneva, April 18, 2005. Jule Sigall, *Regulatory Perspectives on Intermediary Liability: The United States Experience*, handout at the same WIPO Seminar, 2005, WIPO/IIS/05/2.

(68) DMCAや欧州連合電子商取引指令を含む，様々なアプローチについての詳細は，次の文献を参照。Timothy D. Casey (Senior VP Technology Law Group, MCI Worldcom), Margot Fröhlinger (Head of Unit, Media, Commercial Communications and Unfair Competition, DG XV, European Commission) and Shira Perlmutter (Consultant, WIPO), Addresses at the WIPO International Conference on Electronic Commerce and Intellectual Property held in Geneva in September 1999.

(2) ユーザー情報の開示とISPの責任

権利行使手続において，被申立人である侵害者の身元を把握することが不可欠である。そして，侵害者の身元はISPでなければ分からないことが多い。そこで，著作権者はISPに対して，当該ユーザーの個人情報を開示請求する必要がある。かかる個人情報の開示は，ユーザーのプライバシー権や，ISPが負う契約上の守秘義務と抵触する。もし，ユーザーの同意や法的根拠なく開示が行われれば，プライバシーに関する各国憲法や他の法令[69]に抵触する可能性がある。また，ユーザーに対して，不法行為や契約違反による損害賠償責任を負う可能性がある。とりわけ，請求者が真の権利者であるかは，一義的ではないため，無権利者によって請求がなされた場合，請求を容れるか拒否するかを問わず，ISPはリスクを負うことになる。

米国におけるRIAA対Verizon事件判決[70]においては，全米レコード協会（RIAA）は，Verizonのユーザーが，peer-to-peerネットワーク上で著作権侵害に係る作品を違法に送信しているとして，米国17 U.S.C. §512(h)[71]により，罰則付召喚令状（subpoena）を得て，Verizonに対してユーザーに関する情報を開示するよう要求した。連邦地方裁判所は，同条項によってユーザーのプライバシー権や言論の自由が侵害される可能性があると示唆したものの，憲法判断を避けた。さらに，裁判所は，著作権侵害に対しては憲法上の保護は及ばないとして，インターネット上で音楽ファイルをダウンロードすることは，「インターネットのユーザーが，言論の自由やプライバシー保護を享有する匿名性が保障される場合」には該当しないとした。第一審の判断を覆して，連邦巡回控訴裁判所はVerizonがユーザーの身元の開示を拒否することに同意した[72]。このように，憲法問題上の判断は微妙であり，裁判所の結論の事前予測は困難である。

---

(69) 例えば，Directive 2002/58/EC of the European Parliament and of the Council of 12 July 2002 concerning the processing of personal data and the protection of privacy in the electronic communications sector, OJ L 201, 31/07/2002, pp.37-47.

(70) Recording Industry Association of America v. Verizon Internet Services, 240 F. Supp. 2d 24; 2003 U.S. Dist. LEXIS 681, January 21, 2003.

(71) Online Copyright Infringement Liability Limitation Act, title II of the Digital Millennium Copyright Act, Pub. L. No. 105-304, 112 Stat. 2860, 2877（amending 17 U.S.C., to add a new §512), enacted in 1998.

オランダにおいても，P2P ファイル共有による著作権侵害について，ISP に対して，IP アドレスしか特定されていない被疑侵害者の氏名・住所の開示を一般論として認めたケースもある。ただ，提出された IP アドレスが実際に侵害を行ったユーザーのものであるかどうか疑わしいとして，開示命令請求が棄却されている[73]。

さらに，上記のような法的責任に加えて，ISP が違法なコンテンツをサーバー上に残しておいたり，あるいは逆に，ユーザーに対するサービス提供を不当な掲載停止請求に安易に応じて中断した場合には，行政上の制裁，商業上の評判や営業上の利益に対する損害といった社会的不利益を負う可能性がある。例えば，行政当局によって営業許可が取り消される，ユーザーを失う，あるいは営業広告収入を失うといった不利益である。

(3) ノーティス・アンド・テークダウン手続

ISP の責任の有無を明確にするため，ノーティス・アンド・テークダウン手続を定める国が多い。申立人は，違法なコンテンツが掲載されていると ISP に通知（notice）し，そうしたコンテンツを除去する（takedown）よう請求する。同手続においては，侵害行為に関わる事実や状況を ISP が認識していた場合に加え，ISP が上記通知を得た場合にのみ，寄与・代位責任が認められる[74]。ユーザーにとっても，上記手続は不当な請求に対する反論の機会となる。各国法によって定められたノーティス・アンド・テークダウン手続には，制定法によって具体的な手続が定められる米国法と，そうした手続規定を非制定法上の規範設定に委ねる欧州連合法や日本法とがある。

① 米　国

インターネット上の著作権侵害コンテンツの除去か，あるいは外部からのアクセス遮断を，著作権者は ISP に対して請求することができる（17 U.S.C.

---

(72) 359 U.S. App. D.C. 85; 351 F.3d 1229, 2003 U.S. App. LEXIS 25735, decided on December 19, 2003. なお，上告審判決は 125 S. Ct. 309; 160 L. Ed. 2d 222; 2004 U.S. LEXIS 6700, decided on October 12, 2004.

(73) P. Bernt Hugenholtz（渡部俊英訳）「欧州における著作権と P2P」知的財産法政策学研究 11 号（2006 年）49 頁。BREIN. v. UPC, District Court of Utrecht, 12 July 2005 を引用。

(74) Shira Perlmutter, *Liability and On-Line Service Providers Workshop,* in WIPO International Conference on Electronic Commerce and Intellectual Property, WIPO/EC/CONF/99/SPK/15-C, September 1999, p.8.

§512)。さらに，著作権者はISPに対して，当該ユーザーの身元を明かすよう罰則付召喚令状を請求することができる。著作権登録制度を有する米国においても，申立人が真実の権利者であるか確認するために，ISPが登録証の提示を求めることは，条文上求められていないし，実務上も一般的でない[75]。申立人に対して権利の証明を要求する代わりに，民事上の賠償責任を背景とした宣誓を，申立書に記入させる（同条c（3A）(v)項およびf項）。これは，テイクダウンに至るまでに，被申立人に対する反対通知（counter-notice）手続において，被申立人が反論する機会があることが前提になっている。被申立人の側で，申立人が無権限であることを主張した場合に，いずれの当事者が権利帰属に関わる事実の証明責任を負うかについて，米国著作権法上明らかではなく，また，Google社のような代表的なISPにおいても明記していないようである。

そして，著作権登録による効果が明文化されていないため，申立人・被申立人のいずれの側にとっても，権利帰属の証明に時間がかかる事態も考えられる。著作権登録がされている著作物については，申立人が登録証を提示すれば，訴訟手続におけるのと同様，著作権者としての推定が働くであろう。しかし，登録がされていない著作物については，そうした手段を採ることはできず，著作権の譲受人は，契約書の提示といった方策を採ることになる。他方，被申立人にとっては，申立人が著作権者でないことを証明するのは困難である。なぜなら，権利帰属を否定するためには，登録がされていないことを指摘するのみでは，証明を尽くしていないからである。かかる帰結は，無方式主義上はやむを得ない。すなわち，著作権登録が権利帰属の要件とはなり得ないため，登録を欠くことをもって無権利者であると帰結することはできない。

② 欧州・日本

欧州連合電子商取引指令[76]により，違法なコンテンツについてISPが「実際に知っている（actual knowledge）」とみなされる場合，ISPは「迅速に

---

(75) 例えば，Google Help Center, *How do I notify Google of alleged copyright infringement of my website？*, available at 〈http://www.google.com/support/bin/answer.py？answer=58＆query=infringing＆topic=0＆type=f〉（last visited on June 18, 2007）．

（expeditiously）」行動することが求められる。両概念について，明確な定義は存在しない。消費者団体（associations or organizations representing consumers）がその利益を守ることができるような手続を整備することが求められるのみである（16条2項）。そこで，制定法ではなく，慣行，指針，利害関係者間のコンセンサスによる合意をもとにした，ノーティス・アンド・テークダウン手続の整備が進められている。実際に，欧州連合の加盟国は制定法に詳細な規定を設けておらず[77]，利害関係者の意見を踏まえた，自発的に形成された手続の制定を促している。例えば，非公的機関であるRights Watchは，欧州連合の支援を受けて，ISP，申立人，ユーザーの3つの利益を代表する構成者により議論された結果を踏まえ，報告書を発表した。ユーザーに対する嫌がらせ的な根拠のない申立てを防止するため，権利帰属の証明を申立人に対して課するべきだと指摘された[78]。

　日本法[79]は，欧州型に近い。すなわち，ユーザーに関わる情報の開示について，当該ユーザーの意見を聴かなければならない（同法4条2項）が，その具体的な手続については制定法上の規定を欠く。また，ユーザーによる権利侵害行為についてISPが責任を負うのは，故意によるのでない限り，当該事情を知る「相当の理由があるとき」とされている（同法3条1項）。「相当の理由」の具体的内容について，条文上の規定はない。総務省のガイドラインによれば，「流通している情報が自己の著作物であると連絡があったが，当該主張について何の根拠も提示されないような場合」にはISPは責任を負わないとされる。すなわち，最終的には，個々のケースについて司法判断に委ねられている[80]。また，権利を侵害されたとする者が申出をす

---

(76) Directive 2000/31/EC of the European Parliament and of the Council of 8 June 2000 on certain legal aspects of information society services, in particular electronic commerce, in the Internal Market, OJ L 178, 17/07/2000, pp.1-16.

(77) オーストリア，ドイツ，アイルランド，イタリアおよび英国における国内法やISP責任のあり方に関する議論については，次の文献が詳しい。Luca Tiberi and Michele Zamboni, *Liability of Internet Service Providers*, C.T.L.R, Issue 2, 2003, pp.49-58.

(78) RightsWatch, *Final Project Report*, 2003, pp.31, 45 and 49, *available at* 〈http://www.rightswatch.com〉(last visited on June 18, 2007).

(79) 特定電気通信役務提供者の損害賠償責任の制限及び発信者情報の開示に関する法律，平成13年（2001年）法律第137号。

るにあたり，(a)権利を侵害したとする情報（侵害情報），(b)侵害されたとする権利，(c)権利が侵害されたとする理由を示さなければならない。(b)の「侵害されたとする権利」については，「それがどのようなものであるのかが具体的かつ適切に示される必要があるとともに，申出をする者が，その権利を正当に保有していることをも的確に示される必要がある」とされている[81]。同項は，発信者が一般的な不法行為の要件事実を立証した場合に適用される[82]。

(4) ISP による権利帰属の認定

　米国型と欧州・日本型のいずれの手続についても，権利帰属が不明な場合の帰結は，前述したように明らかでない。ユーザーのコンテンツが第三者の著作権を侵害しているか，あるいは当該著作権の帰属を認定するに際して，ISP が著作権登録に何らかの効果を認めることは，もちろん，無方式主義上妨げられない。私的機関における認定手続の問題であり，無方式主義と直接関係するものではないからである。しかし，登録を参照しても，多くの国においては ISP に対する明確な免責事由となっていないようである。すなわち，ISP による申立拒絶あるいは申立認容に関して紛争が後日生ずる場合には，ISP が侵害コンテンツの掲載を停止しなかったあるいは停止申立てを受容したことにつき，ISP に過失があったかが争点となる。そして，かかる過失の有無は，ノーティス・アンド・テークダウン手続を ISP が採ったかにより判断される。

　とりわけ，多くの国の裁判手続において外国登録が参照されないことは，前述したとおりである。したがって，海外の ISP を通じた権利行使においても，権利帰属に関する争いが生ずれば登録証が明確な証拠となるとは限らず，やはり迅速な手続は難しい場合が多いであろう。

---

(80)　総務省『特定電気通信役務提供者の損害賠償責任の制限及び発信者情報の開示に関する法律──逐条解説──』(2002 年) 12 - 13 頁。
(81)　総務省・前掲注 80, 16 頁。
(82)　総務省・前掲注 80, 18 頁。

第3章　無方式主義の動態的分析

II　権利帰属の公示

1　登録制度

　無方式主義の中心的な概念である「方式」の意義は，各国の立法政策者にとっても一義的ではない。英国のように，ベルヌ条約に加盟する際に著作権登録制度を全廃した国もあり，「方式」の範囲について広めに解して，無方式主義との衝突を回避しようとした国がある。他方において，米国は，「方式」の意義をある程度限定的に解している。各国における無方式主義への対応の違いは，著作権登録制度に対する立法政策の違いに起因している。登録制度は，著作権の国際保護と矛盾すると捉える見解がある一方で，権利者や他の公益にとって有意義だとの見方もある。

　著作権の登録について，各国法における取扱いを定めた国際的な規範はない。登録制度の存在は国際規範でなく，実際に登録制度が存在しない国も多数存在することに鑑みれば，当然である。前述した1993年WIPO調査において，著作権登録制度が存在しない国として65カ国が列挙されており，その他に，28カ国についても登録制度が存在しないと考えられている。登録制度が存在する国においても，各国における登録事項は不均一である。2003-4年WIPO調査によって示されたように，登録制度が権利移転の効力や対第三者との関係において一定の役割を果たす国においてさえも，登録が必要とされる場合やその効果は各国ごとに異なる。行政運営上のリソースの相違，あるいは当該国内において創作される著作物の種類や数の相違，著作権取引の活発さが各国立法政策の背景として挙げられる。

　以下では，登録行政庁における規則レベルまで掘り下げて，国内登録・寄託制度が存在する米国，日本，フランスにおける現状を鳥瞰する。とりわけ，登録・寄託によって公示される情報をサーベイする。

(1)　米　国

　登録される著作物は，文芸作品，視覚的芸術作品，実演芸術，聴覚的レコードおよび定期刊行物の5つのタイプである[83]。そして，著作権登録出願にあたり，著作物の複製の寄託が要求される。

---

(83)　米国著作権登録制度の詳細は，米国著作権局のウェブサイト〈http://www.copyright.gov/〉（最終参照日2008年8月18日）を参照。

第3節　各国法の現状・限界と動態的分析による可能性

　まず，文芸作品には，フィクション，ノン・フィクション，詩，本，参照書物，住所氏名録，カタログ，広告，情報編集物およびコンピューター・プログラムが含まれる。文芸作品は，出願様式 TX を用いて登録され，同様式には，タイトル，著作者の身元・国籍または居所，創作および発行年，現在の著作権者，以前の登録，二次的作品または編集物，そして連絡先情報が含まれている。コンピューター・プログラムは，著作物の一部のみ，すなわち，ソース・コードの最初と最後の各 25 頁ずつが，紙媒体またはマイクロ形式にて寄託される。出願人がソース・コードを寄託しない場合は，出願人は，オブジェクト・コードにて寄託された作品が著作権によって保護されることを，書面にて宣言する。著作物性は疑わしいとの前提の下で（under its rule of doubt）登録がなされる。そして，著作権局は，著作物性の存在は確認されていない旨を述べたレターを送る。視覚的芸術作品とは，絵画的，図形的または彫刻的作品であり，二次元および三次元の芸術，図形および応用芸術作品を含む。出願様式 VA の登録事項は，様式 TX とほぼ同様である。

　実演芸術作品には，音楽作品，演劇作品，無言劇および振り付け作品，映画や他の視覚的作品が含まれる。出願様式 PA では，映画の登録出願人は，映画の内容の概要および作品の複製物を添付することが求められる。

　聴覚的レコードは，聴覚的記録と，それを構成する作曲，演劇または文芸作品の 2 つの要素からなる。これら 2 つの要素を 1 つの登録に収録することを出願人が選択した場合に用いられる出願様式 SR の記載内容は，上記様式 TX と同様である。各構成作品は，他の作品から独立して，様式 PA によって登録出願することも可能である。

　最後に，定期刊行物の出願に用いられる出願様式 SE の記載事項は，上記様式 TX と同様である。

　米国著作権局は，オンラインによる著作物の寄託を認めている。ただし，出願人は，コンピューター・ディスク，または紙，オーディオ・カセットあるいはビデオ・カセットといった非電子媒体による複製物を提出しなければならない。そして，いずれについても権利帰属の確認にとって必要な情報が登録・寄託されるゆえに，前述したように，登録証明書は，著作権帰属の「一応の証明」となる（17 U.S.C. §410(c)）。しかし，現在の権利帰属を基礎づける事実の真正さを担保する仕組みはない。

(2) 日 本

　コンピューター・プログラムを除く著作物について，実名，第一発行年月日，創作年月日の登録，また著作権の移転や著作権を目的とする質権設定の登録は，文化庁が行う（著作権法78条1項）。また，出版権の設定・移転や出版権を目的とする質権設定の登録も同様である（同88条2項）。コンピューター・プログラムについては，同78条の2により，プログラムの著作物に係る登録の特例に関する法律[84]5条1項に基づき，文化庁長官が指定する「指定登録機関」が登録事務を行う。かかる機関として，同法施行規則[85]33条によって，財団法人ソフトウェア情報センター（Software Information Center, SOFTIC）が指定されている。

　登録申請のための様式は，文化庁によって指定されており[86]，「著作物の題号」「登録の原因及びその発生年月日」「登録の目的」「著作者の住所（居所），氏名（名称）」「前登録の年月日及び登録番号」「申請者の住所（居所），氏名（名称）」が，各登録手続に共通した記載内容とされている。そして，「著作物の明細書」を添付する必要があり，そこでは，「著作物の題号」「著作者の氏名（名称）」「著作者の国籍」「最初の公表の際に表示された著作者名」「最初の発行年月日」「最初に発行された国の国名」「著作物の種類」「著作物の内容又は体様」を記載することが求められている。また，権利を譲り受けた著作権者は，譲渡人による署名を付けた譲渡の事実の証明を添付しなければならない。著作権は1つの権利ではなく，様々な権利の束であるため，登録の対象物は複雑なものとなり得る。一部の権利が他から独立して第三者に譲渡された場合にも，登録事項となる[87]。そして，著作権登録原簿およびその附属書類に記載された事項は，公示対象となる（著作権法78条3項）。

　他方，コンピューター・プログラムの登録に係る，SOFTIC に対する申請

---

(84) 昭和61年（1986年）法律第65号。なお，同5条1項は，平成11年（1999年）法律第220号によって改正された条項である。

(85) 昭和61年（1986年）文部省令第35号。

(86) 文化庁『申請書等様式集』「著作権の登録制度について」〈http://www.bunka.go.jp/chosakuken/touroku_seido/index.html〉（最終参照日 2008年7月28日）。

(87) 文化庁『著作権等及び出版権の登録申請書ならびに必要な添付資料の注意事項と記載例』〈https://shinsei.mext.go.jp/guide/cyosakuken_cyosakuken/840000122t3.pdf〉（最終参照日 2008年9月9日）。

書においても，創作年月日・第一発行年月日・実名・著作権に関する権利変動の登録といった，著作権法上の手続ごとに各様式が用意されている。いずれも，おおむね上記文化庁における様式と同様である[88]。ただ，SOFTICが指定する分類表に基づいて，例えば，「汎用アプリケーションプログラム，人事・給与」に関わるプログラムは「20300」といったように，プログラムのコードを記入する必要がある。また，「著作物の内容」には，当該プログラムの機能の概略を記載する必要がある。さらに，プログラムの複製物をマイクロ・フィッシュにて提出する必要がある（プログラムの著作物に係る登録の特例に関する法律3条，同法施行令[89] 3条および同法施行規則3条）。また，SOFTICによる登録手続においては，権利の一部を目的とする譲渡は予定されていない。すなわち，複製権（同法21条），公衆送信権（同法23条），頒布権（同法26条）といった支分権は，文化庁における登録とは異なり，単独で登録できない。

コンピューター・プログラムの登録事項については，著作権法78条1項による創作年月日・第一発行年月日・実名の登録に関わる情報のほかは公示されない。「登録事項記載書類」に記載される譲渡人・譲受人や，質権設定者・質権被設定者は閲覧の対象となるが，譲渡，質権の設定や，譲渡証書，代表者資格証明書，委任状といった添付資料に含まれる情報は，一般公衆による閲覧の対象外である。

(3) フランス

寄託制度は，文化的創作活動の促進を趣旨とする。寄託制度は，文化的所産を収集・保存するとともに，図書館の所蔵物の収集・公開に資することを趣旨とする[90]。しかし，権利の帰属を明確化することによって，二次的創作活動を促す制度ではない。すなわち，著作権者を登録するものではない。寄託のための出願書類には，創作者の身元，寄託日そして創作日を記載することが必要であるが，著作権の帰属を寄託システムの中に反映させることはできない[91]。著作者，輸入者および出版者は寄託義務を有するが，権利の

---

(88) SOFTIC『プログラム登録の手引き』〈http://www.softic.or.jp/touroku/tebiki_top.html〉（最終参照日 2008年7月28日）。

(89) プログラムの著作物に係る登録の特例に関する法律施行令，昭和61年（1986年）政令第287号。

(90) Section 2, Loi relative au dépôt légal, n° 92-546 du 20 juin 1992.

譲受人はこうした義務を負わないことにも現れている。寄託に際しては，出版者の名称とコンタクト情報，著作者の名前・肩書，海外で出版された場合にはその国名，創作と出版の年月，版番号および国際標準図書番号（International Standard Book Number, ISBN）または国際標準逐次刊行物番号（International Standard Serial Number, ISSN）である[92]。著作権者でなく著作物の特定を行うことが趣旨である。

(4) 各国現行制度の公示方法としての限界と今後の課題

米国，日本，フランスにおける制度を検討して分かるように，非強制的な登録制度を有する国においては，すべての著作物を登録あるいは寄託の対象とするものではなく，一定の種類の著作物のみが対象となっている。登録実務の負担と，実社会において日々創作される膨大な数の著作物とのバランスを考えてのことである。

また，実際に運用されている登録制度は，権利発生後に生じた権利変動を正確に反映することが担保されているものではない。無方式主義の下では，登録を権利の享有・行使のための要件とすることができない以上，仮に権利変動だけを登録の対象としたとしても，現在の権利帰属関係を公示する手段としての登録制度には限界がある。さらに，権利帰属を確認するのに必要な情報をそもそも含まない，フランスのようなシステムもある。このように，各国における著作権登録制度は，権利公示方法として，不完全性を内包している。

2 権利者による自発的な登録以外の「方式」

(1) 契約書面作成の意義

（ⅰ）権利の発生に関わる契約書面の意義

著作権の発生のために契約書面が法律上の要件として課されることは，無

---

(91) Art. 6, Décret n° 93-1429 du 31 décembre 1993 relatif au dépôt legal.
(92) フランスの寄託制度に関する詳細は，次のウェブ・サイトに詳しい。La Bibliothèque nationale, Dépôt légal, *available at* 〈http://www.bnf.fr/pages/zNavigat/frame/infopro.htm〉, last visited on July 29, 2008. 次の条文も参照。Articles 1 and 2 of Arrêté du 12 janvier 1995 fixant les mentions obligatoires figurant sur les déclarations accompagnant le dépôt légal des documents imprimés, graphiques et photographiques, J.O n° 17 du 20 janvier 1995.

方式主義に抵触する。他方、法律上の要件としてではなく、当事者間において自発的に契約書面が作成され、権利発生が明確にされる場合がある。例えば、請負契約において、発注者と受注者との間で、予め著作権の帰属について合意しておく場合である。また、映画製作のように、脚本著作者といった数多くの製作関係者がいる場合には、映画著作権の帰属について、予め当事者間において契約書が作成されることが実務上多い。

そして、当事者間の契約内容が権利の原始的帰属の主体に及ぼす具体的な意義について国際規範はなく、各国法によって規律される。例えば、ベルヌ条約14条の2第2項により、「映画の著作物について著作権を有する者を決定すること」について、各国法に委ねている。映画製作に関与するすべての創作者に著作権を認めたのでは、権利関係が錯綜することから、著作権者の決定を各国の政策に委ねたものである。各国法は多様であり、例えば日本においては、契約書面の作成がなくとも映画製作者への原始的権利帰属が認められ得るのに対して、米国においては、明確な文書による著作権帰属の定めが必要である。

すなわち日本では、著作権の帰属について契約上の定めがなくとも、映画を構成する各著作者が映画製作者に対して映画製作への参加を約束していた場合には、当該映画製作者に著作権が帰属する[93]。米国においても、映画その他の視聴覚著作物の一部を含む「職務著作物」については、その著作物を実際に創作した従業者ではなく、使用者が著作権を構成するすべての権利を有する。ただ、米国においても、すべての映画について、使用者に原始的権利の帰属が認められるのではない。当事者が署名した書面において、当該著作物を職務著作物とする旨の明示的な合意がなされている場合に限って、「職務著作物」とみなされる[94]。

(ii) 権利の移転に関わる契約書面の意義

権利譲渡に書面化を求める国内法は、無方式主義上の「方式」には該当せず、許容される。なぜなら、権利の「享受および行使」そのものの可否を直接に規律するのでなく、誰かが享受・行使することを前提としてその帰属の

---

(93) 例えば、日本著作権法29条1項参照。映画の著作権が帰属する「映画製作者」とは、「映画の著作物の製作に発意と責任を有する者」をいう。同法2条1項10号。

(94) 17 U.S.C. §101 and §201(b).

主体を決する，別の次元の問題だからである。また，権利者に対して，権利移転のみならず権利発生の局面においても書面作成を必要とすることに事実上も結びつくものでないため，無方式主義との緊張関係を生じにくい。この点，権利譲渡のための登録要件とは異なる。すなわち前述したように，権利移転における登録要件は，無方式主義と抵触を生じる可能性がある。よって，権利譲渡に書面を要するかは，各国法に委ねられる。前述したように，著作権には著作財産権と著作者人格権とがある。ドイツを含む一部の国を除いた，第三者に対して財産権の譲渡を認める多くの国では，権利が著作者に帰属するとは限らない。財産権譲渡に一定の要式が課されるか否かで後者に属する国を分類すると，日本では譲渡契約は当事者の意思の合致のみによって成立し，登録はもとより，契約書の作成は契約成立の要件ではない。他方，譲渡の有無を明確化するため，著作権法上書面作成を要求する立法例が多い[95]。契約書面要件は，契約当事者の意思を明確にする，契約締結時に当事者に慎重な判断を促す，さらに第三者に対して権利を公示する意義があるとも指摘されている[96]。例えば，著作権の譲渡について，米国 17 U.S.C. §204 (a)，英国著作権法 90 条 3 項，フランス CPI 131 条の 2 は，書面の作成を要求している。著作権の譲渡を認めない，ドイツにおいても，排他的許諾の付与によって，譲渡と同様の目的を達することができる。すなわち，被排他的許諾者は，第三者に対して非排他的許諾権を付与することができる[97]。著作権の利用権も「無形財産」であり，ドイツ民法 413 条により，無形財産のすべての権利は，任意の形式により，口頭でまたは黙示により，譲渡または許諾することができる[98]。他方，著作者人格権は，前述したように，財産的権利が譲渡された後も，著作者に帰属する。いかなる法的構成をとるにせよ，著作者人格権の放棄を認める国にあっては，かかる契約の受益者は，契約を

---

(95) 詳しくは，文化審議会著作権分科会法制問題小委員会（第 6 回）『資料 3 　著作権の譲渡契約の書面化について』（2005 年）を参照。
(96) 文化審議会著作権分科会法制問題小委員会契約・利用ワーキングチーム『検討結果報告』（2005 年）資料 3 。
(97) Article 31(1)(3), German Law Dealing with Copyright and Related Rights, Text of September 9, 1965, as last amended by the Law of July 22, 1997.
(98) 情報処理振興事業協会『第三者対抗要件に関する調査研究報告書』（2002 年）96 頁。

書面化することによって，自己の権利を証明しやすくする実益がある。

著作権の譲渡あるいは排他的許諾[99]の設定がなされた場合には，譲渡や許諾により権利が帰属することを，被譲渡人・被許諾者である権利者は証明する必要がある。かかる証明のあり方は，各国ごとに異なる。日本の民事訴訟では，著作権の譲渡につき争いがある場合には，著作権の譲渡を主張する者が譲渡について主張・立証責任を負う。契約書面がない場合には，それ以外の証拠方法によって譲渡契約が認定されない限り，著作権の譲渡はなかったと判断される[100]。したがって，契約書面は，権利帰属の認定を容易・迅速にする実際上の意義を有するものの，契約成立の要件ではない。他方，契約書面が実体法上の譲渡の要件とされる，米国，英国，フランスのような国においては，契約書面の提出によって，譲受人は主張・証明責任を果たしたことになる。

(iii) 公示方法としての契約書面の限界

第一に，当事者の契約書面は公示されるとは限らない。したがって，権利の発生・移転が公示されない場合もある。また，公示されたとしても，契約書面は過去の一時点における権利移転を示すに過ぎず，現在に至るまでの権利移転関係を示すものではない。

第二に，著作財産権および著作者人格権のいずれについても，書面の作成が，権利帰属の証明にとって何らの意義を有しない国もある。契約書面の実体法上の，または証拠法上の効力を認めるかは各国法によるのであって，国際規範による規律はない。契約による規律になじみ易い著作財産権の移転についてすら，書面の作成だけでは著作権の譲渡を証明するのに不十分な立法例もある。例えば，日本や米国においては，競合する権利主張者の間の優劣関係は，登録によって決する。著作権が譲渡された場合に，従前の利用許諾を利用者が譲受人に主張することができるかは，正当な利害関係人の優劣関係を決する実体法上の問題である。譲受人に対して利用者の保護を図るのに，対抗要件による保護と対抗要件によらない保護（利用許諾契約の承継）の2

---

(99) 17 U.S.C. § 101 は，排他的許諾（exclusive license）の供与を，譲渡（assignment）と同様に，著作権の移転（transfer of copyright ownership）の概念の中に含めているが，非排他的許諾（nonexclusive license）の供与は含めない。

(100) 文化審議会著作権分科会『文化審議会著作権分科会報告書』(2006年) 111頁。

つの立法手法がある。前者は，公示による制度と公示によらない制度がある。公示による制度は，さらに，登録による公示と事業化の事実による公示とに，細分化される[101]。日本の著作権法77条，88条および104条は，登録による公示を用いた対抗要件による保護を採っている。米国も同様に，排他的許諾の実施権者が許諾後の著作権譲受人に対して自己の権利を主張するためには，当該許諾を登録しなければならない（17 U.S.C. §205(d)）。他方，同条e項により，非排他的許諾の実施権者は，登録をしなくとも，譲受人に対して対抗できる。したがって，非排他的許諾の存在を知らずに，著作権を譲り受けてしまう者も生じ得る。また，ドイツにおいては，許諾の譲受人は，譲受前に付与された許諾によって法的に拘束される[102]。

(2) 著作物上への公示
(i) 有体的媒体における公示と限界

非著作者たる権利者が著作物上に自己の名を表示しても，権利者であるとの推定は生じない。しかし，権利帰属を認定するにあたり，権利者表示を裁判所が斟酌することは期待できる。よって，著作権者が，自発的に採り得る公示手段となる。実務においても，著作権者が実施許諾者にあることを示すため，ソフトウェアを含む著作権ライセンス契約において，著作権の表示を製品上に付けることが，被許諾者の契約上の義務とされることが多いようである[103]。ただ，契約内容の詳細をスペースの限られた著作物上に表示することは，物理的に難しい。

また，著作権者にとって，真正品の包装といった外見が第三者に真似できなくし，消費者や裁判所が真正品と海賊版との区別を行い易くする方法もある。すなわち，模倣しにくいシールを商品に添付することにより，複製物に対する権利帰属を主張するとともに，海賊版による著作権侵害を容易に証明することができる。例えば，マイクロソフト社は，特殊なインク，ホノグラムや極小文字を用いた「権限証明」（Certificate of Authenticity）を貼った包装を用いている。権限を得ない偽物品の作成や流通を，困難にするためであ

---

(101) 各システムの長所・短所は，文化審議会著作権分科会『文化審議会著作権分科会報告書（案）』(2004年) 26 - 33頁に詳しい。
(102) 情報処理振興事業協会・前掲注98，96頁。
(103) 吉川達夫・森下賢樹・飯田浩司編『ライセンス契約のすべて―ビジネスリスクの法的マネジメント』(2006年，レクシスネクシスジャパン) 61・89頁。

る(104)。こうした手段には，技術力や資金力が必要で，零細権利者が利用することは難しい。また，いかなる技術といえども偽のシールが作られるので，添付された「権限証明」についても無権限者による偽造があり得る。さらに，当該物品の製造後に権利が譲渡されたような場合には，本方法による公示をアップデートして権利帰属を公示することは容易ではない。

(ii) 電子媒体における権利管理情報保護とその限界

WCTの加盟国は，電子的な権利管理情報を保護するための立法義務を負う。「権利管理情報」とは，著作物，著作物の著作者，著作権者または著作物の利用の条件に係る情報を特定する情報である(105)。例えば，技術的な監視手段として，デジタル透かし（digital watermark)(106)が開発されており，同技術を用いデジタル化されたコンテンツへ権利者情報が埋め込まれれば，インターネット上で違法利用されているコンテンツの発見と侵害物特定が可能となる(107)。

権利管理情報の保護の目的は，権利者のみならず一般公益を保護することにある(108)。権利管理情報の保護に際して，公的登録制度の義務づけや無方式主義の変更を，WCTは予定していない。すなわち，権利管理情報システムを国内法化するにあたり，無方式主義に抵触する方式が認められるのでは

---

(104) Patrick De Smedt (Chairman, Microsoft Europe, Middle East and Africa), *Promoting the implementation of effective strategies and good practices by governments and business*, speech at Second Global Congress on Combating Counterfeiting and Piracy (14-15 November 2005, Lyon, France) held by Interpol and WCO.

(105) WCT12条2項のCRICによる和訳。

(106) 「デジタル透かし」とは，電子化された図，音楽，映像ファイルに埋め込まれた電子的情報で，当該ファイルの著作権情報（著作者や権利関係等）を識別する。Webopedia, *Digital Watermark*, date of creation is unknown, *available at* 〈http://www.webopedia.com/TERM/D/Digital_watermark.html〉 (last visited on August 25, 2008)。

(107) 例えば，(社)日本音楽著作権協会（JASRAC)・(社)日本レコード協会（RIAJ)「音楽著作権管理団体とレコード協会が電子透かし技術の有効性を世界で初めて共同実証」プレスリリース2003年1月22日。また，画像にデジタル透かしが埋め込まれている場合，閲覧者はその画像の作成者の連絡先についての情報を入手することができるとされる。Adobe「画像の著作権を守る「デジタル透かし」とはどのような機能ですか」(Adobe ServiceNote 文書番号1352・2008年)。

(108) WIPO, *Records of the Diplomatic Conference on Certain Copyright and Neighboring Rights Questions - Geneva 1996*, 1999, p.780.

ない[109]。WCT12条を根拠として，無方式主義に反する著作権登録制度を導入することはできないとの本合意宣言は，米国によって提案されコンセンサスを得た[110]。したがって，本宣言は，WCT加盟国に対して拘束力を有する。

ただ，電子的な権利管理情報は，次のような限界を有する。第一に，WCTの加盟国がベルヌ条約やTRIPS協定に比べて未だ限られているため，実効性が低い。電子的管理手段によって保護されたコンテンツが，権利管理情報の除去・改変の禁止規定が存在しない国に送信され，その国で電子的管理手段が破られ，その後元の国にインターネットを介して送信されれば，禁止規定が迂回される可能性がある。

第二に，権利管理情報保護制度は，大規模な権利者や権利者団体は，比較的容易に導入する技術的・資金的資源を有しているが，小規模な事業者や個人は，使用・維持することは困難な場合も多い。

第三に，著作権法による保護の対象物，保護期間や保護範囲は，条約による最低限度の定めはあるものの，各国ごとに調和していない。とりわけ，後述するように，著作権の制限・例外規定は，各国ごとに異なる。そして，判例法の蓄積もあって，複雑である。かかる相違を管理情報に組み込むことは，難しいのではないか。

第四に，著作権の保護期間は長いので，権利管理方法が文明社会全体から忘れ去られる可能性がある。

最後に，電子的管理手段の保護も，究極的には，各国法による権利行使手続を通じて，実効性が担保される。技術的手段も，他の同等あるいはより高度な技術によって破られることは，不可避である。除去・改変行為を予防・停止するのも，究極的には，各国の司法当局による差止命令や，各国法による民事・刑事責任を背景とせざるを得ず，即時性を欠く場合があるのは著作

---

(109) WCT12条に関する合意宣言 (agreed-upon statement concerning Article 12)。

(110) 米国の提案は，Committee of Experts on a Possible Protocol to the Berne Convention, WIPO, *Comparative Table of Proposals and Comments Received by the International Bureau*, WIPO BCP/CE/VI/12, 1996, p.42 を参照。本提案は，議論の基礎となり，外交会議において疑問に付されたことはなかった。Mihály Ficsor, *Collective Management of Copyright and Related Rights*, Geneva, WIPO Publication No.855 (E), 2002, pp.388-406.

権保護と同様である。

(3) 集中処理機関

(i) 私的登録機関としての機能

　集中処理機関の定義には，公的機関が行うような「登録」という言葉は入っていないのが一般的である(111)。しかし，権利の集中管理には，数多くの著作物をレパートリーとして用意する機能を含み，必然的に著作権に関する情報のデータベース管理を伴う。そして，権利者から提供された，著作物を保存するシステムも伴うことが多い。さらに，インターネット時代においては，集中処理機関は，著作物自体だけでなく，許諾や利用料の管理を行う，著作権電子管理システムを備えている。

　集中処理機関は，著作者の利便を図る目的で，200年以上前に，フランスにおいて誕生した(112)。権利者の多くは，多数の利用状況を常時監視する能力がないため，集中処理機関は，個々の権利者が権利行使するのを手助けする存在意義を有する。利用者にとっても，許諾を得るべき相手方の数が減ることで，取引費用が軽減され，著作物の使用・利用が容易になる。なぜなら，利用者にとって，権利の帰属を把握することは，集中処理機関の管理権限を確認するよりも，困難な場合が多いためである。

(ii) 対象物と国際的なネットワーク

　集中処理機関を規律するのは著作権法本体とは限らないものの，著作権の属地主義により，各国著作権が適用される領域内においてのみ，各国集中処理機関の地理的活動範囲が限定されてきた。したがって，国境を越えて著作物が流通するインターネット時代においても，集中処理機関が国際的な権利行使を直接行わないのが一般的である。そこで，例えば，欧州連合においては，集中処理機関の活動を複数の国に及ぼす勧告が出された(113)ものの拘束

---

(111)　*Ibid.*, p.17; European Commission, *Frequently Asked Questions（FAQs）on copyright clearance for online music services*, MEMO/05/369, 2005; and CISAC, *Statute of CISAC - after modifications adopted by the General Assembly in Santiago*, 2000.

(112)　集中処理機関の歴史については，次の文献を参照。Ficsor, *supra* note 110, pp.18-19.

(113)　Recital 8, Commission Recommendation of 18 May 2005 on collective cross-border management of copyright and related rights for legitimate online music services, 2005/737/EC, OJ L 276/54-57 on 21 October 2005.

力はなく，一般的でない。外国の集中処理機関が，なじみの薄い著作権法を行使することには，当該機関のみならず，権利者や利用者，あるいは一般公衆にとっても，抵抗感がある。

そこで，集中処理機関は，海外で直接に事業を行うのではなく，国際的な相互協力関係を築き，各国機関間で，国際的な許諾，利用料徴収，配分を行っている。かかる相互協力関係の例としては，著作権協会国際連合（Confédération Internationale des Sociétés d'Auteurs et Compositeurs, CISAC）によるサンチアゴ協定（2000年）がある。同協定では，各加盟機関が有するコンテンツおよびその権利者の住所や銀行口座情報といった個人情報に対して，加盟機関が相互にオンライン上でアクセスできる[114]。すなわち，同協定により，各国の集中処理機関は，他国の提携機関を媒介として，国際的な著作物管理を行う。

共通情報システム（Common Information System, CIS）[115]は，標準化された作品確認手段およびCISAC加盟機関相互間の情報ネットワークの連携に基づき，国際的なデジタル権利管理システムを構築している。CISの対象物は，音楽作品，映像作品，書物，視覚的・立体的作品である。加盟機関は，著作物，著作者と権利者に関するデータベースを国際的に享有する。CISは，権利者の確認を可能にする，利害関係人情報（Interested Parties Information, IPI）システムを含む。IPIシステムは，著作物に関する権利者情報とともに，付加的な基本情報，例えば，生年月日，国籍，変名，そして委託先集中処理機関を含む。

　(iii)　集中処理機関の限界

第一に，非公的登録制度によっては，公的機関による登録制度に見られる効果が生じない国が多い。登録による権利帰属の推定は，裁判所に委ねられた証拠法上の効果であるが，公的機関によって発行された登録証よりも，非公的機関による登録証に対して，海外の裁判所がより高い証拠力を付与する

---

　(114)　GEMA, Annual Report 2000, p.7, *available at* 〈http://www.gema.de/index.php ? eID=download_file&file=201〉 (last visited on September 8, 2008).

　(115)　Kurt Auer, *The Tools of CISAC's Common Information System（CIS Plan）: Theoretical and Practical Presentation of the Interested Parties Information Database（IPI）and the Musical Works Information Database（WID）*, WIPO OMPI/CCM/BKO/02/6, 2002.

とは考えにくい。とりわけ，CISのネットワークに基づく登録証の場合，海外における集中処理機関によって管理された情報に基づくため，たとえ国内集中処理機関が登録証を発行する場合であっても，海外において作成された書面と同等の証拠力しか有しないであろう。また，集中処理機関は非公的機関である以上，その発行する文書は，後述するアポスティーユ条約の対象とならない。

　確かに，前述したように，北欧諸国では，実際には授権されていない著作物についても，一定の規模を有する集中処理機関が管理権限の推定を受ける。しかし，こうした擬制を認める国は世界的にみて少数である。また，かかる擬制は他の国に及ばない。そして，集中処理機関を通じた権利行使を事実上強制する可能性があるとして，無方式主義に反するおそれもある。

　第二に，私的登録制度の地理的範囲は，限られている。CISACの加盟機関は，115カ国における219団体である(116)。WIPO全加盟国184カ国(117)に比べると，数多くの国々がCISACのネットワークによってカバーされていないことを意味する。

　第三に，私的登録制度は，一般公衆が著作物に対してアクセスをするために存在しているわけではない。CISACと協力関係を有する機関だけが，CISシステムを利用することができる。このため，CISに登録された情報については，一般公衆が知っているとの前提に立つことはできない。すなわち，情報の正確性を一般公衆がチェックする仕組みになっていない。したがって，CISに登録された情報について，裁判所が権利帰属の推定を働かせることは，理論的にも困難である。

　第四に，集中処理機関は，各国内のみならず，国際的な相互協力の側面についても，反競争的であるとの批判を受けている。とりわけ，CISACの加盟機関は，各国で独占的なシェアを有する機関が多いため，競争法からの制約を受けやすい。そして，市場における独占的地位に着目した集中処理機関に対する規制は，加盟国の有する警察権の行使として，ベルヌ条約17条に

---

(116) CISAC, *Membership*, date of creation or update is unknown, *available at* ⟨http://www.cisac.org/CisacPortal/afficherArticles.do？menu=main＆item=tab2＆store=true⟩, last visited on August 8, 2008.

(117) WIPO, *General Information, available at* ⟨http://www.wipo.int/members/en/⟩, last visited on September 5, 2008.

より認められる[118]。そこで，欧州連合は，サンチアゴ協定が各国における集中処理機関に対して独占的な地位を与え，利用者の利益を害すると警告を出した[119]。欧州連合による「権利集中処理に関する勧告」もこの考え方を敷衍し，欧州連合域内におけるオンライン音楽サービスを運営する集中処理機関の間で，権利者による自由な選択が強調されている[120]。同勧告を受け，サンチアゴ協定システムから，欧州各国の集中処理機関は脱退したため，アジア・太平洋，米国，中南米の集中処理機関の間でのみ，同契約は効力を有している[121]。したがって，19世紀において著作権者が権利保護を求める外国において登録をしたのと同様の状況，すなわち，権利行使をしようとする国における集中処理機関の求める様式を遵守した契約を，個別に行う必要が生じる。

第五に，インターネット上では，集中処理機関を頼らずに，個々の権利者がデジタル著作権管理を用いて直接に，利用者に許諾をすることが可能である。とりわけ，新しい権利共同管理システムにおいては，権利を集中して管理するのではなく，利用者は個々の著作物について許諾を得て，支払われた利用料の計算は，各著作物の実際の利用に応じて，各著作権者に個別に行われる（権利クリアランス，rights clearance）[122]。集中処理機関の存在意義が揺らいでいるともいえる[123]。

最後に，公的関与による独占の弊害と管理権限の不確実性は，トレード・

---

(118) Sam Ricketson, *WIPO Study on Limitations and Exceptions of Copyright and Related Rights in the Digital Environment*, SCCR/9/7, 2003, pp.40-42.

(119) Commission of the European Communities, *The Management of Copyright and Related Rights in the Internal Market*, COM（2004）261 final, 2004, pp.16-17. また，Press release of European Commission, *Commission opens proceedings into collective licensing of music copyrights for online use*, May 3, 2004, available at 〈http://europa.eu.int/rapid/pressReleasesAction.do？reference=IP/04/586＆format=HTML＆aged=1＆language=EN＆guiLanguage=en〉（last visited on August 8, 2008）も参照。

(120) Recital 9 and Article 3, *supra* note 113.

(121) 渡辺聡「EU競争法によるオンライン許諾への影響」コピライト538号（2006年）37頁。

(122) Ficsor, *supra* note 110, p.12.

(123) Jeffrey P. Cunard, Keith Hill and Chris Barlas, *Current Developments in the Field of Digital Rights Management*, WIPO SCCR/10/2 Rev., 2003, pp.96-97.

オフの関係にある。公的関与が強い場合，機関相互の競争を欠き，権利者および利用者双方にとって不利益である。例えば，日本においては，旧著作権に関する仲介業務に関する法律[124] 2 条によると，「著作権に関する仲介業務を為さんとする者は（中略）文化庁長官の許可を受くべし」とされており，（社）日本音楽著作権協会（JASRAC）が独占的な地位を保障されていた。その後，非競争的であるとの批判が高まり，現行の著作権等管理事業法[125]が制定され，文化庁への登録を経れば参入できるようになった。ただ，独占的地位が解消され，多数の管理業者が現れると，弊害として，管理業者が当該著作物について管理権限を実際に有しているか必ずしも一義的でなくなる。

III 登録による効果

　登録による公示事項には前述したように限界があるとはいえ，権利帰属の推定によって，差止請求や損害賠償請求の手続を容易・迅速にする機能を，著作権登録に与える国がある。すなわち，著作権を譲り受けた現権利者による権利行使を，著作権登録が迅速化する。さらに，利用者・利用希望者に対して権利帰属に関する情報を提供する。他方，ベルヌ条約は著作権に特有の手段（copyright-specific measures）のみに係り，著作権に着目するのではない，司法一般手続に適用される証拠・手続的な各国法を規律しない[126]。したがって，民事手続における一般的な法制度を参照する必要があり得る。
　そこで，本項では，著作権の登録によって，民事訴訟手続において権利帰属に関して効果が生じるか，国内的効果と国際的効果とに分けて，主要国における制度を踏まえながら，検討する。

1 各国著作権登録による国内的な推定効
　本項における「登録」には，公的機関における登録に加え，集中処理機関における登録も視野に収める。各国制度と，権利の帰属について争いが生じたケースを鳥瞰した後，著作権登録と，差止請求および損害賠償請求におけ

---

(124) 昭和 14 年（1939 年）法律第 67 号，平成 13 年（2001 年）10 月 1 日廃止。
(125) 平成 12 年（2000 年）法律第 131 号。
(126) Ricketson et al, *supra* note 1, ch.1, pp.326-327.

る要件充足との関係を分析する。

(1) 公的登録による著作権の帰属の推定

前述したWIPO調査によると，アルゼンチン，カナダ，中国，コロンビア，インド，メキシコ，スペインおよび米国では，著作権局に登録された事項は「一応の証明（prima facie evidence）」になる[127]。しかし，登録によって，どのような効果が具体的に生じるかは一義的ではない。そして，世界各国の例を網羅的に把握するのは，困難である。そこで，本項では日本のほか，英国および米国の制度を鳥瞰する。知的財産権の行使手続全般にわたって前提条件となる，権利の帰属の認定にあたって，登録によって権利の帰属に関わる推定が生じるのが米国，登録によって一定の派生的な事実の推定が生じるのが日本，あるいは公的登録制度が存在しないため，一般の証明責任の原則によって処理されるのが英国である。なお，著作権登録制度の廃止以前は，英国は米国と同様の制度を有していた。

① 米　国

著作権の帰属は，差止請求の要件の中に組み込まれている。米国においては，権利帰属を含む権利行使に関わる要件に関する推定が国内登録によって生じる。すなわち，著作権登録証は，著作権の有効性および帰属について，著作権侵害請求訴訟において，原告にとって有利な形で一応の証明（prima facie evidence）となる[128]。一方的緊急差止命令についても，著作権登録証は，有効な著作権の帰属を証明する上で，有用な手段となる。一応の証明によって，権利が帰属するとの推定（presumption）を生じる。民事訴訟における推定は，提出された証拠や推定に対して反論する責任を有する当事者の不利益になる形で生じるが，陪審を含む事実判断者の心証形成に失敗した場合のリスクを当該当事者に移転させるのではない。かかるリスクは，審理中を通して，それを元々負っていた当事者が負うことに変わりがない[129]。本ルールは，「バブル破裂理論（bursting bubble theory）」，すなわち，推定された事実の不存在の根拠となる証拠が提出された時点において，推定が消滅すると

---

(127) WIPO, *supra* note 147, ch.2.

(128) Donald Frederick Evans. (1986), *supra* note 45 and Novelty Textile Mills, Inc. (1977), *supra* note 45.

(129) Rule 301, Federal Rules of Evidence.

の考え方を否定するものである。同時に，矛盾する証拠が提出されようとも，推定によって証明責任（burden of persuasion）が恒久的に転換される，という考え方をも否定する。現行法は，両立場の中間をとり，矛盾する証拠の提出が推定によって妨げられないと同時に，証明責任の転換を生じないとする。すなわち，推定は，推定された事実についての十分な証拠にすぎない[130]。

したがって，著作権の登録証を示すことによって，自己に権利が帰属することについて権利者は十分な証拠を提出したものとみなされる。そして，かかる推定は被告による反対証拠の提出によって消滅しない。同時に，陪審を含む事実認定者が，推定された事実とは別の判断をする可能性を否定しない。

なお，産業財産権においては，登録申請が認められた発明者に対して特許証が発行され，特許証が特許商標庁に登録される（35 U.S.C. §151 and 153. 意匠特許についても，特許に関する規定を適用する。35 U.S.C. §171）。特許証には，元の特許権者のほか，権利譲受人も記載される。権利譲渡は証書によることが求められるものの，登録は譲渡の要件ではない。契約日から3カ月以内に登録しない場合においても，善意の第三者に対する対抗要件を欠くに過ぎない（35 U.S.C. §261(2)(4)）。したがって，登録は権利帰属について一応の証明にはなるものの，方式主義を採る産業財産権でさえ，帰属関係を一義的に決しない。

② 日　　本

主張自体失当とされるような，例外的な場合を除き，権利帰属に関わる事実については，争いがあれば，証明手続において審理される。著作権については，登録によって特許権について生じるような，後述する法律上の推定規定が存在しない。また，明文規定によって証明責任の分配が定められている場合に該当しない。そこで，通常の証明責任のルールに従って，権利帰属が判断される。そして，請求権を根拠づける規範の法律要件要素に該当する事実の1つである権利の帰属が争われ，審理の結果，存否不明に終わった場合には，裁判所はこの法律要件要素が具備しなかったものと仮定して裁判しなければならない[131]。

---

(130)　Notes to Rule 301, Notes of Committee on the Judiciary, House Report No.93-650, current through changes received November 2006 by the U.S. Code Service.
(131)　松本博之・上野泰男『民事訴訟法』（2008年，第5版，弘文堂）397頁。

第 3 章　無方式主義の動態的分析

　すなわち，著作権が自己に帰属することについて，原告が主張立証責任を負う。このような実務の取扱いは，社会通念に即している。請求の被申立人において，その請求が「権利主張者において成立しなかったことについて証明責任を負うとすれば，その相手方は権利主張に理由がないことを立証できないという理由ですでに敗訴せざるをえなくなる。これは理由のない訴えを優遇し，全く不当な結果をもたらすものであり，社会の法秩序に反する」(132)からである。また，原告側の事情である私人間の権利関係について，裁判所や相手方当事者が第一義的に調査・確認することになれば，十分な証拠が集められず，著しい負担であるからである。

　一定事項については，著作権法上登録による推定規定がある。すなわち，実名の登録による，無名・変名著作物に関する著作者性の推定（75 条 3 項），第一発行年月日等の登録による第一発行日等の推定（76 条 2 項）および第一発行地の推定(133)，プログラムの創作年月日登録による創作年月日の推定（76 条の 2 第 2 項）である。

　なお，産業財産権においては，特許庁における設定登録あるいは移転登録を経なければ，権利者は権利行使をすることができない。特許権・意匠権等の産業財産権は設定登録によって発生する（特許法 66 条 1 項，意匠法 20 条 1 項）し，権利移転については，登録が効力要件である（特許法 98 条 1 項 1 号，意匠法 36 条による前号の準用）。ただ，相続，合併といった一般承継については，相続等が生じたときから移転登録がなされるまでの間に権利者が不存在となることを防ぐため，登録が効力要件ではない(134)。したがって，登録された者が権利者とされるのは，反証によってこれを覆す余地のある，法律上の推定である。ここで，「法律上の推定」とは，一定の事実が存在するときは，一定の権利または法律効果を定める他の法規の法律要件要素の存在が推定される旨を定める規定が存在する場合をいう(135)。

---

(132)　松本他・前掲注 131，397 頁。
(133)　加戸守行『著作権法逐条講義』（2006 年，5 訂新版，著作権情報センター）425 頁。
(134)　相澤英孝・西村あさひ法律事務所『知的財産法概説』（2008 年，第 3 版，弘文堂）371 頁。
(135)　松本他・前掲注 131，409 頁。

第 3 節　各国法の現状・限界と動態的分析による可能性

③　英　　国

1911 年著作権法によって登録制度を全廃する前までは，前述したように，英国は著作権登録制度を有していた。そして，印刷出版会館により発行されたコピーは，判例法により，著作権の「一応の証明（*prima facie* proof）」であるとされていた[136]。しかし，前述したように，上記改正以来今日に至るまで，英国は著作権登録制度を有しない。

著作権事件については，高等法院（High Court of Justice）の 1 つの流れに属する衡平法部（Chancery Division）か[137]，あるいは県裁判所（county courts）において審理される。いずれの判決に対しても，高等裁判所（Court of Appeals）が上訴事件を取り扱う。また，民事訴訟法（Civil Procedure Rules, CPR）が適用される。訴状は CPR Rule 7 により，また訴状の記載事項は同 Rule 16 による。そして，損害賠償あるいは差止めを請求する訴状には，請求の根拠を明示することが求められている（同 Rule 16.4）。原告への権利帰属は，著作権事件訴訟の手続開始要件となっていない。しかし，権利帰属が当事者間において争われれば，他の争点と同様に，証拠に基づいて審理される。著作権の帰属については，特許証のような決定的な書証がないので，宣誓陳述書（affidavit evidence）による（同 Rule 32.15）。事実に関する証明責任は，それを主張する当事者が負う。したがって，請求原因（cause of action）を支える重要な要素に関する証明責任は，原告が負う。著作者に始まって，その後の譲渡や担保権設定に至るまで，当該権利に関わる処分について，争いが生じた場合には原告が証明しなければならない[138]。

審理において，この証明に失敗すれば，被告は裁判所に対して，被告の側に反論する義務がないことを確認するよう求めることができる。証明の程度としては，蓋然性のバランス（balance of probability），すなわち当該事件が生じたことが，よりもっともらしい（more likely than not that an event oc-

---

(136)　Hole v. Bradbury, 12 Ch D 886, June 17, 1879. 同判例は次の文献にて参照。E. J. Macgillivray, *A Treatise upon the Law of Copyright in the United Kingdom and the Dominions of the Crown, and in the United States of America*, London, John Murray, 1902, pp.46-55. また，1842 年法の原文は，同書 317 - 329 頁にて入手可能。

(137)　Andrew Morritt（Chancellor of the High Court）, *Chancery Guide*, 2005, updated 16th in January 2006, Rule 18.1(9).

(138)　Columbia Picture Industries Inc.（1985）, *supra* note 58.

III

curred）ことである(139)。証拠の採否や認定については，裁判所が広範な裁量を有する（同 Rule 32.1）。

なお，特許裁判所に係属する事件では，独自のルールが定められている(140)。Patents Court Guide Annex によれば，CPR Rule 63 に準拠することが求められ，訴状は，著作権事件におけるのと同様，同 Rule 7 に準拠する。特許に関する公的書類の記載事項については，証拠調べを要しない(141)。

ただし，以上のルールは，英国のうちイングランドおよびウェールズにおいて適用されるが，スコットランドおよび北アイルランドは，それぞれ異なる制度を有している。両地域においては，知的財産権事件を扱う特別の裁判所が存在せず，通常の裁判所が事件を扱う(142)。

なお，産業財産権について，特許権は特許付与の告示の公告によって効力を生じ（特許法(143) 25 条 1 項），特許登録は譲渡がなされた場合において第三者に対する対抗要件となる（同 33 条 1 項）。他方，意匠権は登録によって発生し（意匠法(144) 7 条 1 項），意匠権の譲渡は登録による（同 19 条 1 項）。もっとも，意匠登録は譲渡の効力発生要件ではなく，証書によって譲渡がなされることを前提としているにすぎない（同条 2 項）。したがって，米国と同様，登録は権利帰属の一応の証明にはなるものの，帰属関係を一義的に決するものではない。

(2) 非公的機関における登録による著作権・管理権限の推定

集中処理機関の法的根拠は，国により異なる。フランス，ドイツ，イタリ

---

(139) Nicola Haye and Geoff Prevett, *England and Wales,* in *International Civil Procedure,* Kluwer Law International, 2003, p.191.

(140) Authority of the Chancellor of the High Court, *The Patents Court Guide issued – 12 November 2003, available at* ⟨http://www.hmcourts-service.gov.uk/infoabout/patents/crt_guide.htm⟩ (last visited on January 18, 2009). また，Chancery Guide, *supra* note 137, Rule 23.6 も同旨。

(141) *Proof of Documents,* in Authority of the Chancellor of the High Court, *supra* note 140. なお，特許または登録意匠の有効性を攻撃するためには，CPR Rule 63.9(1)により，特別の詳細を記載することが求められている。

(142) WIPO, *UK Background Paper Submission by the United Kingdom,* WIPO/ACE/2/11, 2004, p.5.

(143) Patents Act 1977 (amended up to and including 1 October 2006).

(144) The Registered Designs Act 1949 (as last amended by the Copyright, Designs and Patents Act 1988).

ア，日本，スペインやスイスを含む大陸法諸国においては，政府による関与が大きいが，他方，カナダ，英国や米国を含むコモン・ロー諸国においては，公的関与が少ない。後者の国々においては，集中処理機関について，著作権法は原則として規定せず(145)，市場メカニズムによる管理に委ねられている。域内諸国における法制度の多様性を反映して，欧州連合法ですら，例外はあるものの，集中処理機関のあり方を各国法に委ねている(146)。

　当該機関への国による管理の程度が強いほど，集中処理機関に対して与えられる，著作物に関する法的地位も強化される傾向にある。著作権は著作権者自身によって行使されるのが原則であり，集中処理機関は，権利者による授権によって，当該著作物の管理権限を付与されるのが本来的な姿である。しかし，集中処理機関が，実際に権限を有するか否かはともかく，作品について包括的な許諾権授与（blanket licenses）を行うことができれば，利用者にとっては，集中処理機関を取引の相手方とすることにより，後日予期せぬ損害賠償責任を追及されるおそれがなくなる。

　そこで，著作物の利用促進という観点から，集中処理機関の権利行使に対して，以下のような，一定の法的なサポートを与える国が存在する(147)。も

---

(145) 文化庁『逐条解説著作権等管理事業法』(2001年, 有斐閣) 255-256頁。

(146) 権利の集中処理は，有線再送信権（cable retransmission right）については強制的である。Article 9(1)(2), Council Directive 93/83/EEC of 27 September 1993 on the coordination of certain rules concerning copyright and rights related to copyright applicable to satellite broadcasting and cable retransmission (Cable and Satellite Directive), OJ L 248, 6/10/1993, pp. 15-21. 他方，貸与権（rental right）については，強制ではない。Article 4(3)(4), Council Directive 92/100/EEC of 19 November 1992 on rental right and lending right and on certain rights related to copyright in the field of intellectual property (Rental and Lending Right Directive), OJ L 346, 27/11/1992, pp. 61-66. また，追及権（resale right）についても，強制ではない。Article 6(2), Directive 2001/84/EC of the European Parliament and of the Council of 27 September 2001 on the resale right for the benefit of the author of an original work of art (Resale Right Directive), OJ L 272, 13/10/2001, pp.32-36.

(147) Henry Olsson, *The Importance of Collective Management of Copyright and Related Rights*, WIPO/CR/KRT/05/4, 2005, pp.3-4; C. Paul Spurgeon, *License or Limit? On-line Educational Uses: Alternatives for Preserving the Exclusive Rights of Copyright Owners*, Copyright Bulletin of UNESCO, 2003, pp.12-13; and Daniel J. Gervais, *Collective Management of Copyright and Neighbouring Rights in Canada: An International Perspective*, Department of Canadian Heritage, 2001, pp.35-40.

ちろん，かかる場合においても，利用者から権利者に対する経済的対価移転が規定されており，また，集中処理機関に対する政府の関与が強い国ほど，より大きな法的サポートが規定される傾向にある。

ただし，公的関与の強弱と，集中処理機関の著作物に対する法的地位とを，論理必然的に結び付けることはできない。英国のように，集中処理機関に対する公的関与が小さい国においても，権利者による授権を欠く事項について，当該機関が法的権利を持つ場合も存在する。逆に，とりわけJASRACに独占的地位を与えていた，改正前の日本法においてすら，委託を行っていない権利者に対して，JASRACは管理権限を有しなかった[148]。

また，いずれの立法によっても，集中処理機関における著作物の非公的登録によって，著作権ないしその管理権限の帰属に関する推定を生じない。登録によってではなく，それぞれ，一部授権，一定数以上の授権，特定の権利に関する列挙された特定の状況といった，法律に定められた状況が存在する場合に認められる，制定法上の効果である。

(i) 黙示的ライセンス（Implied license）

英国では，集中処理機関に授権された権利の内容に関して，実際には制限が加えられていたとしても，許諾の範囲内という外観が存在する場合には，通常の利用料を当該機関に支払うことにより，利用者は他の民事責任から免責される。すなわち，著作権法[149] 136条1項・2項によると，「発行された文芸，演劇，音楽若しくは美術の著作物又は発行された版の印刷配列の複写複製を許諾するための要綱」について，次のように規定する。「要綱に基づき許諾をされた者の許諾の明白な範囲内における状況において著作物の複写複製物を作成し，又はその作成を許諾することによりその者が著作権を侵害したことを理由としてその者が負ういずれの責任に対しても，次の約束が暗に含まれる。（中略）(b)許諾を得た者に補償するという許諾機関による約束」[150]。したがって，同規定によっても，権利者から何らの授権を得ていない集中処理機関については，黙示的ライセンスは生じない。

---

(148) 実際に，JASRACに委託せず，著作権を自己管理する権利者も存在した。著作権法令研究会編『逐条解説　著作権等管理事業法』（2001年，有斐閣）198頁を参照。

(149) Copyright, Designs and Patent Act 1988.

(ii) 法律的推定（Legal presumption）

特定の分野の著作物については，集中処理機関は，実際には授権を受けていない著作物についても，管理権限を有するとの推定を生じる国がある。かかる国においては，集中処理機関が管理権限を有しないことについて，利用者が主張・証明責任を負う。ドイツ著作権・隣接権管理法[151] 13 条 b は，本制度を採っている。

集中処理機関を通した権利行使は，義務的ではないので，当該著作物について集中処理機関が自らの管理権限を証明する必要があるはずである。そうなると，侵害行為の事前差止手続においては，集中処理機関は，例えば演奏会の主催者の協力を得て，実際に演奏される曲目のリストを事前に入手し，それが当該機関のレパートリーに属するかを確認し，当事者適格を有することを証明しなければならない。もし自主的な情報提供がなされないならば，事前差止めは不可能になってしまう。そこで，演奏される曲目について，集中処理機関の管理権限の推定が生じる制度である。そして，被申立人の側に反証責任を負わせている[152]。

(iii) 拡張的集中ライセンス（Extended collective licenses）

集中処理機関が，特定分野における著作物の管理について，ある一定数以上の多数の授権を得ている場合には，授権をしていない著作者や外国著作権者の著作物についても，自動的に許諾をすることができる制度である。集中処理機関に対して授権を与えたか否かを問わず，著作権者は利用料の配分を受ける。デンマーク[153]，アイスランド[154]，ノルウェー[155]，スウェーデ

---

(150) CRIC による和訳。なお，英国知的財産庁によると，同法の施行以後のいずれの著作権法改正も，2008 年改正法（No.211）に至るまで，上記条文に影響する改正は行われていない。Intellectual Property Office (UK), *Statutory Instruments*, available at 〈http://www.ipo.gov.uk/c-law-statutory.htm〉 (last visited on January 14, 2009).

(151) Law on the Administration of Copyright and Neighboring Rights of September 9, 1965, as last amended by Law of May 8, 1998.

(152) ドイツにおける差止請求手続について。Joachim Bornkamm, *Intellectual Property Litigation under the Civil Law Legal System; Experience in Germany*, WIPO/ACE/2/3, 2004, para.36.

(153) Sections 13, 14, 17(3) and 30, Act No. 395 of June 14, 1995 on Copyright.

(154) Article 15a, Copyright Act, No. 73 of May 29, 1972, as last amended by Act No. 82 of June 16, 1998.

ン[156]といった，北欧諸国で用いられている。

(iv) 義務的集中管理（Compulsory collective management）

本制度の下では，集中処理機関を介してのみ，権利者は著作権を行使することができる。本制度を全面的に採用している国はなく，列挙された特定の権利について，決められた状況について，特定の分野の著作物についてのみ導入されている。実例は，芸術家が有する追及権（resale right）（デンマーク，ドイツ），公衆貸出権（public lending）（デンマーク，ドイツ，オランダ，英国），私的複製（private copying）（デンマーク，ドイツ，イタリア，オランダ，スペイン。また，欧州連合著作権指令[157] 5 条），再送信（retransmission）（デンマーク，英国，米国）である[158]。米国においても，電子化された音楽著作物の私的複製に対する権利者への補償について，本手法が用いられている。すなわち，デジタル録音装置を製造頒布または輸入頒布する者は，著作権局に対して，使用料を納入しなければならない。徴収された使用料は，集中処理機関を通して分配される（17 U.S.C. § 1003-1007）。日本においても，実演家やレコード製作者の商業用レコードの放送等に対する二次使用料請求権や期間経過後の貸与に対する報酬請求権，あるいは私的録音録画補償金請求権について，義務的集中管理が定められている[159]。

(v) 権利帰属の認定との関係

以上検討した，集中処理機関の利用促進のうち，黙示的ライセンス，拡張的集中ライセンス，義務的集中管理については，無方式主義に反するおそれがある。確かに，集中処理機関によるいわば強制的な管理が「方式」に該当するかは，明確ではない。目的論的解釈による解釈手法によれば，無方式主義の制度趣旨に合致するかによって「方式」の意義を判断する。すなわち，

---

(155) Section 38a, Act No. 2 of 12 May 1961 relating to Copyright in Literary, Scientific and Artistic Works, etc., with subsequent amendments latest of 30 June 1995.

(156) Section 26i, Act on Copyright in Literary and Artistic Works, Act 1960: 729, of December 30, 1960, as amended up to April 1, 2000.

(157) Directive 2001/29/EC of the European Parliament and of the Council of 22 May 2001 on the harmonisation of certain aspects of copyright and related rights in the information society, OJ L 167, 22/06/2001, pp.1-19.

(158) 各国における実例については，Olsson, *supra* note 147 を参照。

(159) 著作権法 95 条 5 項，95 条の 3 第 4 項，97 条 3 項，97 条の 3 第 4 項，104 条の 2。なお，日本の制度は，Olsson 著に触れられていない。

集中処理機関の介在は権利者にとっては自己で権利管理をする手間が省けること，利用者にとっても利用許諾を得る手間が軽減されることは，無方式主義に反しないとの方向に働く。しかし，権利者にとっては，強制的に事務処理経費を差し引かれるため，必ずしも有利ではない。今日ではデジタル著作権管理の利用も権利者にとっては選択肢にあるので，集中処理機関に差し引かれる事務処理経費の合理性は減じつつある。利用者にとっても，かかる経費が許諾料に上乗せされることになり，必ずしも有利とはいえない。したがって，上記のような集中処理機関の強制的利用は，今日においては，禁止される「方式」に該当するのではないかと思われる。また，集中処理機関が独占的地位を有しないコモン・ロー系の国々や，規制緩和が進む日本のような国では，管理権限の法律的推定を生じさせることは，理論的にも実際上も困難である。

また，集中処理機関による非公的な登録によっては，それを前提とした場合の法的効果が不確かである。例えば，集中処理機関において登録されているものの，無権利者からテークダウン請求がなされ，ISPが権利者と信じた場合に免責されるのか。明文や判例法はもとより，前述した自主的なガイドラインもなく，事前の法的予測可能性に乏しい。

2 各国著作権登録による国際的な効果

各国登録制度は存在しない国もあるし，存在する国においても登録に伴う国際的な効果は多様である。また，登録制度を有しない国において，外国登録に対して一定の効力を認めるかも，各国によって異なる。

(1) 著作権法上の効果

著作権法の属地主義により，そして著作権登録は各国著作権法秩序の一部である以上，著作権登録によっては，登録国以外の国においては，著作権法上の法的効果は生じない。登録による著作権法上の効果は，当該国内登録についてのみ生じる。例えば，米国における法定損害賠償や弁護士報酬の回復は，米国著作権法による登録についてのみ認められ，非米国登録によっては生じない。

(2) 著作権法によらない効果

他方，著作権法上ではない法的効果については，属地主義の縛りを受けな

い。登録証によって一部の国において生じる，登録事項に関する一応の推定は，著作権法による効果ではない。そして，外国登録証にも，国内登録証と同様の効果を認めるか否かは，各国の立法政策や裁判所の判断に委ねられる。たとえ，登録証が外国政府機関によって発行された書面であっても，他の国において自動的に認証されるとは限らない。例えば，英国においては，外国政府機関によって発効された証明書によっては一応の推定を生じないとした判例がある(160)。他方，オーストラリアや日本においては，著作権者に関する外国公的機関における登録事項について，一応の推定としての証拠となるとした判例がある(161)。

なお，米国において，外国特許庁によって発行された特許関連書類については，米国特許商標庁によって発行された書類と同様に，その記載の内容および日付が正しいとの一応の証明（prima facie evidence, 28 U.S.C. §1745）となる。しかし，著作権関係書類についてはそうした規定が存在せず，その証拠力は，外国における公的文書として連邦民事訴訟法によって規律される（28 U.S.C. §1741）。外国で発行された公的書類については，(a)権限ある者による真正証明，または(b)署名および公的地位の真正性についての最終的な証明書（final certification）の，いずれかが付されている場合には，証拠力を有する。この最終的な証明書は，米国の外交・領事機関によってなされるか，あるいは米国によって委任あるいは認知された外国の外交・領事関係職員によって発行される必要がある。ただし，最終的な証明書は，米国が加盟する条約によって，不要とされることもある（Rule 44, FRCP）。

(3) アポスティーユ制度を介した証明力

外国機関によって発行された証明書の効力に対する取扱いが，各国によって異なることによる不都合を是正する制度が，アポスティーユ条約（Apostille Convention）(162)である。アポスティーユ条約は，例えば，米国における前述の「最終的な証明書」を不要にする根拠ともなる。同条約の目的

---

(160) 登録によって著作権の帰属に対する一応の証明が生じる，米国の制度を紹介した上で，かかる一応の推定は米国外に及ぶものではなく，また英国においてはかかる一応の証明の制度は存在しないとされた。Columbia Picture Industries Inc. (1985), *supra* note 58.

(161) The Attorney-General's Department, *Copyright Law in Australia, A Short Guide*, 2005, para.14. 東京地判昭56・4・20判時1007号91頁。

は，加盟国によって発行される公的文書の流通および他の加盟国における利用を促進することにある。そして，公的文書の認証（legalisation）に係る煩瑣で費用がかかる方式の代わりに，同条約は，当該文書が発行された領域が属する加盟国の権限ある当局によって発行されたアポスティーユさえあれば済むようにした[163]。相互に免除される認証とは，当該文書を利用する国に属する，外交権または領事権を有する機関が証明する方式をいい，署名の真正性，当該文書に署名した人が有する権限，そして，必要な場合には，シールやスタンプの同一性を証明するものである（同2条）。

同条約が適用されるのは，公的文書のみである（同1条）。ハーグ会議のガイドによると，かかる公的文書には，特許庁によって発行された特許等の登録も含まれる[164]。著作権登録が例示されていないのは，同登録制度を有しない加盟国が存在するためである。また，著作権登録の証明書は，同条約の対象外である「商業的あるいは税関管理に直接関わる行政文書」（同1条）に該当しない[165]。したがって，著作権登録証は，同条約の対象となる「公的文書」に含まれる。そして，同3条および4条により，文書の第一発行国における当局によって，アポスティーユという簡易化された様式が遵守されれば，認証に必要なすべての方式が充足されたものとして扱われる。

同条約は，外国政府によって発行された文書を，認証を経ずに尊重する日本のような国における利用者にとっては，あまりメリットはない。なぜなら，日本の判例法においては，当該文書が作成された国に駐在する外交・領事当局における認証手続を経なくとも，日本国内において当該外国文書を利用できるからである。他方，多くの国においては，日本の公的文書は，当該国の外交・領事機関が認証しない限り，当該国において効力を有しない。アポス

---

(162) Hague Convention of 5 October 1961 Abolishing the Requirement of Legalisation for Foreign Public Documents, Concluded October 5, 1961.

(163) Hague Conference on Private International Law, *Outline of the Convention*, 2005.

(164) Permanent Bureau of the Hague Conference on Private International Law, Hague Convention of 5 October 1961 Abolishing the Requirement of Legalisation for Foreign Public Documents, Succinct Explanations in Preparation of the Special Commission, 2003, p.8.

(165) Yvon Loussouarn, *Explanatory Report on the 1961 Hague Apostille Convention*, Hague Conference on Private International Law, 1961.

ティーユ条約は，こうした不均一な扱いを是正し，他の締約国における公的文書の利用を促進するものである。

　したがって，アポスティーユを得ることにより，国内登録証を有する権利者は，認証手続を経ることなく，他の加盟国において，容易に権利を証明することができる。すなわち，外国公文書の証明書の真正さを自動的に認めない国についても，外交・領事機関による認証なしに，より簡易な手続としてアポスティーユが取得されることにより，外国の登録証が証明力を有することができる。

　アポスティーユ条約の対象となるのは，「公的文書」であるため，公的機関による著作権登録制度を有しない国における著作権に関する登録事項については，同条約上の制度を利用することはできない。かかる国においては，「公的文書」である登録証が存在しないためである。登録証は，それが発行された国においてのみならず，他の国においても，権利帰属についての一応の推定をアポスティーユによって生じる。しかし，登録制度を有しない国においては，アポスティーユ制度によってももちろん，登録証を取得できない。アポスティーユ条約は，各国登録制度そのものの調和を図るものではない。したがって，アポスティーユ制度によっても，自国において国内登録制度を有しない著作権者が，海外において自己の有する権利を証明することは煩瑣である。また，アポスティーユには，法定翻訳といった手間がかかるため，権利行使をしようとする国すべての公用語に対応してかかる手続を採ることは，煩瑣であり現実的ではない場合も多い。

3　限定的な権利公示機能と無方式主義との関係

　無方式主義に抵触することなく，国内的な権利帰属公示の機能を，限定的ではあるが，各国登録制度は有している。確かに，権利帰属の公示を，権利の享受・行使のための条件とすることは，無方式主義により認められない。他方，権利帰属に関する推定は，権利の享有・行使の可否を最終的に決するものではない。権利帰属の推定といった，付随的利益を背景としたソフトなインセンティブ付与によって，権利者が公示をするよう誘導することは，無方式主義によって妨げられるものでない。したがって，国内権利帰属の公示機能強化を，非強制的に促すことは可能であるし，また権利者・利用者双方

にとって望ましい状況を生じ得る。

　しかし，以上見たように，著作権者にとっては，居住国や権利行使国によって，国際的な権利行使を行う上での権利帰属認定の迅速さが異なってしまうのが現状である。このため，せっかくの公示による効果は，とりわけ国際的な権利行使において弱い。したがって，国内登録による国際的な推定効を認めることは，権利者による国際的な行使の便宜を図る上で，意義を有する。

Ⅳ　権利行使が遅延する場面

　申立人への権利帰属について争われた場合，権利行使手続が長期化する。とりわけ，司法当局による差止手続と，ISP に対するノーティス・アンド・テークダウン手続の迅速性が失われる。

(1)　登録があり，かつ国際的な権利行使の場合

　著作権の国内登録による，登録国以外における権利帰属公示のための効果に関して，国際規範は存在しない。海外における登録に伴い，権利帰属の証明効を認める日本やオーストラリアのような国もあるが，認めない国が多いようである。また，前述したアポスティーユ制度によっては，自国において国内登録制度を有しない著作権者が，海外において自己の有する権利を証明する手間を軽減することはできない。また，アポスティーユには法定翻訳といった手続を経る必要があるため，前述したように，煩瑣な場合がある。

(2)　登録がない場合の権利行使

　著作物は，とりわけインターネット時代においては，様々な形態で創作され利用可能になるため，登録制度が存在する国においても，実際の登録著作物は全体の一部に過ぎず，むしろ未登録著作物が大半を占めると考えられる。後述する，権利の帰属が不明である孤児著作物は，いずれの国においても登録がなされていないことも一因となって，権利の帰属が不明になっている。

　無方式主義が著作権の登録制度一切の否定に直結するものでないものの，無方式主義を国内法化するにあたって登録制度を全廃したことによって，権利の帰属について簡易・迅速な証明方法が存在しない英国のような国もある。かかる国においては，権利者が自発的に登録制度を利用するか考慮する余地もなく，迅速な権利行使ができないおそれがある。

第3章　無方式主義の動態的分析

権利帰属を巡る争いによる権利行使手続の遅延を免れるため，前述したように，登録制度が存在する国において，何らかの権利帰属の推定を国内登録について認める国が多い。しかし，登録制度がない，あるいは登録制度があっても登録がされていない場合には，権利者はかかる効力を用いることができない。

V　動態的分析による可能性と限界

(1)　権利帰属の認定における意義

税関当局が水際措置を講ずるにあたり，登録された著作物については手続が迅速化する。登録が水際措置の要件となる米国のような立法を除き，登録は権利帰属を証明するための1つの手段に過ぎないものの，登録によって権利帰属に関する推定が生ずれば，水際措置が迅速化されるからである。

中国における行政上の強制手続に対しては，依然として中国における登録が要件となるので，実務の変更を生じない。しかし，行政当局が外国登録を権利帰属の証拠として受理すれば，動態的分析により手続が迅速化される可能性がある。

また，司法当局による差止めにおいては，登録による公示事項が権利帰属事項まで及ぼされ，登録によって権利帰属が推定されれば，手続が迅速化される。さらに，外国登録が権利帰属の証拠として受理されれば，国際的な権利行使にとって便宜であろう。ISPにおけるノーティス・アンド・テークダウン手続における扱いは，前述したように，司法当局における差止手続に準じた扱いになると考えられる。

(2)　権利帰属の公示における意義

前述したように，米国や日本では権利帰属に関する事項が登録事項になっているが，フランスではそうでない。この点，動態的分析を通して権利者にとっての登録インセンティブが高まることになれば，公示することができる事項が充実することになろう。すなわち，権利帰属に関する登録事項を，行政庁への要望を通じた間接的な形で増やす，あるいは実際上増やす効果が期待できる。権利者による選択を通して，非強制的に公示され得る事項があり得るかもしれない。

電子化された著作物については，本国以外の国における手続を含め，登録手続をオンラインで行うことができれば，書面手続に比べて便宜である。実際に，カナダ知的財産権庁は，一定の種類の著作物について，オンラインによる登録を受け付けている[166]。そして，オンラインによる登録は，地理的遠隔性による登録手続の煩雑性を解消あるいは軽減する。カナダ知的財産権庁に対して，カナダ国内から登録申請するのと，オーストラリアから申請するのとで，申請人にとって大きな事務負担の差はないであろう。言語的障壁についても，自動翻訳システムといった技術の進歩により，オンライン手続の煩雑さは低減していくであろう。よって，権利者と利用者双方にとって便宜な登録事項の構築が可能である。

(3) 公示による効果における意義

無方式主義の動態的分析は，集中処理機関における管理権限の推定を可能にするものでない。前述したように，かかる推定は無方式主義に反するおそれがある。また，英国のように，登録制度を有しない国においては，新たに登録制度を導入するのでない限り，国内登録による効果を観念することはできない。そして，動態的分析は国内登録制度を各国に義務付けるのでもない。

他方，ひとたび英国のような国において著作権登録制度が導入された場合，権利帰属の推定が可能である。また，外国の登録に対して国際的な推定効を認めることも，国内登録制度を有しない国においてさえ，各国の法政策や判例によって可能であることが動態的分析によって明確になる。そして，かかる効果によって，権利者に対して，登録をするインセンティブを高めることになる。

(4) 限　　界

権利帰属の認定，公示，あるいは公示による効果のいずれも，各国の国内法によって生じる。無方式主義の動態的分析は条約によって各国法化されることが義務づけられるハード・ローではなく，立法可能性の範囲を広げるに過ぎない。したがって，従来どおり国内登録制度を持たない立法政策も妨げ

---

(166) Canadian Intellectual Property Office, *Filing a Copyright Application*, date of creation is unknown, last updated on April 11, 2007, *available at* 〈https://strategis.ic.gc.ca/sc_mrksv/cipo/copyright-filing/application/engdoc/cp_filing_form-e.html〉.

られない。

また，登録による公示が，権利者に対するインセンティブ付与によって促進されるのであって，法的に登録が強制されるものではない。したがって，著作物の経済的価値やその国際的権利行使の必要性によっては，権利帰属が依然として不明な著作物も残るであろう。動態的分析は，それ自体によって万能の解決策を与えるのではない。

したがって，次章の孤児著作物問題において検討するように，他の手法による解決策とも併せて検討する必要があろう。

Ⅵ　権利帰属以外の諸要件との関係

無方式主義の動態的分析は，著作権登録に対して一定の法的意義を生じさせる。そこで，権利帰属のみならず，損害賠償手続における他の要件の推定も生じるのか，検討する。

(1) 損害賠償請求における侵害行為の推定

著作権の侵害行為は，著作物またはその複製物に対する何らかの利用者による行為を伴う。複製権や翻案権の侵害については，著作権法自体には必ずしも規定がないが，「依拠」が侵害行為の要件となる。依拠とは，他人の著作物に接し，それを自己の作品の中に用いることをいう[167]。依拠があったかは，証拠法に関する法的慣行に従って証明される必要がある。ただ，侵害者の心理状態に関わるものであるため，直接に立証することは困難な場合が多い。そこで，原告による立証の負担を軽減する各国実務が多いようである。

日本の実務は，類似性によって依拠を推定する[168]。多様性に富む文化の領域においては，類似の作品がまったく独立して創作されることは，ほとんどあり得ない[169]ので，類似作品の大部分は依拠によるものであろう。とり

---

(167) 中山・前掲2章注10，458-460頁。なお，日本法では「依拠」という要件は，著作権法・判例法のいずれにも用いられていないが，「再製」という語の中に含意されていると考えられている。

(168) 中山・前掲2章注10，463-464頁は，「多くの著作物の場合は，相当程度類似しているか否か，つまり依拠していない限りこれほど類似することは経験則上ありえない，ということで立証されることになろう」としている。東京地判昭53・6・21判タ366号343頁を参照。

わけ，機能的な著作物については，類似性による依拠の推定が働きやすい。プログラムの表現が類似すれば，それだけで依拠性が強く推認されるのが一般的であろうし，実際に日本の実務である[169]。かかる制度の下においては，依拠の認定にとってアクセスの有無が参照されず，著作権登録は重要ではない。

他方，米国では，当該作品との実質的な類似性（substantial similarity）[171]だけでなく，侵害行為以前に原著作物に対してアクセスする機会を有していたことによって，依拠が証明される[172]。かかる制度においては，著作権登録が，当該著作物に関する依拠の存在が認定されるための要素となる余地があろう。

なお，支分権の中には，その侵害行為の成立にあたり主観的要件が課されることもある。例えば，日本著作権法113条1項2号は，侵害物品を「情を知って」頒布・所持・輸出することを禁止する。かかる主観的要件の推定については，次に検討する，損害賠償請求の要件である故意・過失の推定と同様の考察が当てはまる。

(2) 損害賠償請求における故意または過失の推定

差止請求におけるのと異なり，損害賠償請求には故意または過失が必要とする国もあり，国ごとに異なる。例えば，フランスにおいては，損害賠償請求は CPI において規定されていない。むしろ，不法行為責任訴訟（action en responsabilité civile）に基礎を置くと考えられているため，帰責性が必要とされている。すなわち，知的財産権侵害はそれ自体が民事上の帰責性を構成するので，侵害行為があれば侵害者が善意であっても帰責性ありとされる[173]。また，米国や英国においては，著作権に対する直接侵害（英国においては一

---

(169) 田村善之『知的財産法』（2006年，第4版，有斐閣）409頁
(170) 中村彰吾「著作権侵害に対する損害賠償請求における依拠の要件と故意・過失の内容」パテント55巻9号（2002年，日本弁理士会）25‐29頁。
(171) Apple Barrel Productions, Inc. (1984), supra note 41 and Allied Marketing Group, Inc. (1989), supra note 43.
(172) Miller and Davis, supra note 55, ch.2, pp.348-352. See also Ferguson v. National Broadcasting Company, 584 F.2d 111; 1978 U.S. App. LEXIS 7653, November 17, 1978.
(173) 文化審議会著作権分科会法制問題小委員会司法救済ワーキングチーム・前掲注60，27頁。

次侵害）への損害賠償請求において，そもそも故意または過失が要件とされていない（17 U.S.C. §504(a)，英国著作権法16条2項）。ただ，両国においても，直接責任・一次的責任を前提とした，第三者による寄与責任・二次的責任については，直接侵害・一次的侵害行為に対する認識が必要である。他方，日本やドイツにおいては，故意または過失が損害賠償請求の要件である（日本民法709条，ドイツ著作権法97条1項）。

依拠が認められる場合においては，侵害についての故意が通常認められるであろう。したがって，依拠とは別に故意の推定を考察する意義は乏しい。ただ，依拠はしているが違法であることを知らなかった場合には，過失の存否が問題となり得る。例えば，過失で著作権が自己に帰属していると思い違いをした場合には，依拠はあるものの，過失の有無が問題となる[174]。

一般的には，著作権登録の不存在によっては，過失の不存在について推定効を生じない。米国のように，登録を欠く場合には，著作物性の有無を審理することなく請求が却下される[175]国においては，未登録と無過失との関係が裁判上争いになることは，少なくとも国内作品については論理的に存在しない。他方，大多数の国においては，登録を欠くことは，侵害者の側の過失を否定することも理論的には可能かも知れない。しかし，登録の欠如と利用者による過失の不存在とが結び付けられる国は，ほとんどないようである。例えば，日本の裁判例では，過失は，当該「行為が他者の著作権を侵害することを認識ないし予見することは可能であり，また，認識ないし予見すべきであるのにこれを怠った」場合に認められるとされるに止まり[176]，登録制度と結びつけられていない。そして，著作物の利用者は，当該利用が他者の著作権を侵害しないように注意する義務があり，かかる注意義務を懈怠すれば過失ありとされる[177]。そして，著作権登録を欠くからといって，許諾を得ない利用者の過失が否定されない。理論的に見ても，登録の不存在に伴い，利用者の過失を仮に否定すれば，権利者は著作権登録を余儀なくされる。したがって，無方式主義に抵触する恐れがあるといえよう。なお，孤児著作物問題に関する後述の米国報告書で述べられているように，未登録の作品を孤

---

(174) 中山・前掲2章注10, 491頁。
(175) Brown v. Ames, 201 F.3d 654, 2000 U.S. App. LEXIS 1597, February 7, 2000.
(176) 大阪地判平16・12・27（最高裁ウェブサイト）。

児著作物とみなし，自動的かつ恒久的にパブリック・ドメインとする条項は無方式主義に反する。

　逆に，著作権登録が存在すること自体によっては，過失の推定は生じない。すなわち，登録著作物について，登録を参照せずに未登録者から許諾を得た利用者について，過失が推定されるものではない。なぜなら，著作権登録制度は，作品の内容を公示するとは限らないし，著作物が登録・寄託される場合においても，公衆が閲覧可能な状態に置かれるとは限らないからである。保存されたファイルへ適法にアクセスするためには，権利者による許諾があるか，または著作権の制限・例外事由に該当することが必要である。かかる利用行為については，前述した諸外国の法制度および国際規範であるスリー・ステップ・テストに鑑みると，裁判手続といった限られた場合を除き，制限・例外事由に該当しないので，通常は閲覧可能な状態におかれない。したがって，公衆が登録作品の内容を知っているものとみなして，行為者の過失を推定することはできない。

　ただし，カナダにおいては，著作権登録の存在によって，善意（good faith）の抗弁ができなくなる。すなわち，著作権の存在について侵害者が認識していなかった場合には，権利者は差止請求以外の救済を得ることができないのが原則であるものの，侵害行為時において著作権登録がなされている場合には，かかる利用者免責は適用されない[178]。なお，米国においては，登録著作物についてのみ法定損害賠償責任を追求することができ，過失は要件となっていない[179]。

---

(177)　大阪地判平 12・10・17（最高裁ウェブサイト）。
　　　「過失の有無は，（中略）盗用を気付くことが物理的に可能か否かによって判断すれば足りるものではなく，前記被告（中略）の認識を前提として，日本のカレンダー業者が韓国からカレンダーを輸入するに当たって通常払うべき注意を怠ったか否か，右注意義務を尽くしていれば原告写真の盗用の事実を認識し得たか否かによって判断されなければならない」。また，同様の判決として，大阪地判平 14・4・18（最高裁ウェブサイト）。「被告は，20歳代のころからクラブ等でホステスとして稼働し，本件店舗の開店前に，自ら，ピアノ演奏を行うクラブを経営したこともあると認められるから，本件店舗の開店時に，クラブ等における音楽著作物の利用について音楽著作物利用許諾契約の締結及び著作物使用料の支払が必要であることを知っていたものと推認できる」。

(178)　Section 39 of Copyright Act, R.S., 1985, c. C-42, s.39; 1997, c.24, s.20.

第4節　国際社会における検討

　無方式主義の動態的分析は，国際社会において意識的になされているわけではない。条約法の解釈に関する一般的な理論が参照される機会は，あまり見られないことにも現れている。ただ，以下のような動きは，一定の効果を有する著作権の登録制度が，実体的または法的な意義を有するのではないかという根強い見方が存在することを意味する。動態的分析への無意識的な需要があることを示している。

　第一に，2005年の第13回WIPO著作権等常設委員会（Standing Committee on Copyright and Related Rights, SCCR）において，著作権および隣接権に関わる非強制的登録制度に関する，WIPO事務局による各国内法のサーベイが報告された。本サーベイは，2002年の第8回SCCR委員会において，メキシコを含む，一部の米大陸諸国の提案によるものである。非強制的な登録制度は，権利侵害への対処において，重要な役割を果たすのではないか，という問題意識である。同サーベイによる各国の意識調査によると，登録制度は，権利者にとって簡単で効果的な権利証明手段となりうると，一部のベルヌ条約の加盟国は捉えている。また，登録制度により，保護された作品へのアクセスや利用も容易になりうるといった公益的な観点，さらに，統計作成や，文化・歴史的遺産の保護といった，経済的な意義も指摘されている[180]。

　第二に，担保権に関するUNCITRAL第6ワーキング・グループ[181]は，担保法と既存の知的財産法との衝突を検討すべきとする[182]。提言（Recommendation）137号は，非有体財産の担保権の設定，第三者に対する効果およ

---

(179)　Marybeth Peters, Address at Subcommittee on Courts and Intellectual Property, H.R. 2652, 105th Congress, 1st Session, October 23, 1997, *available at* 〈http://judiciary.house.gov/legacy/41112.htm〉, last visited on January 17, 2007.

(180)　WIPO, *Survey of National Legislation on Voluntary Registration Systems for Copyright and Related Rights*, SCCR/13/1, 2005, pp.2-4.

(181)　UNCITRALの全参加国からなる。参加国は，国連総会により任期付で選出された，日本を含む（任期2013年まで）60カ国である。UNCITRAL, *Origin, Mandate and Composition of UNCITRAL*, 2006.

(182)　United Nations General Assembly, *Report of Working Group VI（Security Interests） on the work of its eighth session*, A/CN.9/588, 2005, pp.15 and 19.

第 4 節　国際社会における検討

び権利者相互間の優先付けについては，担保権設定者が存在する国の法律が適用されると規定している。しかし同時に，同号は，権利者の登録制度をもつ，著作権を含む知的財産については，異なる法律が適用され得るとも，規定している(183)。担保付取引についての立法ガイド（UNCITRAL Legislative Guide on Secured Transactions。以下「担保ガイド」）の形成過程において，知的財産法との関係について十分な検討がされなかったため，知的財産法と矛盾を生じる限りにおいて，担保ガイドは適用されないと規定された。担保法と知的財産法との関係，具体的には担保ガイドの知的財産法への適用のあり方は，現在もなお検討中で，決着を見ていない。見解の相違の存在は，参加国の間で，知的財産にかかる担保権に関わるルールが，現行知的財産法の適用と担保法のいずれの規範により規律されるべきであるかについて，合意がないことを意味する。これは，著作権に関する現行の国際規範が，担保権の設定・移転や第三者対抗要件について，登録制度のあり方を規律していないことの証左とも受け止められる。そして，こうした諸点についてUNCITRALにおける検討が続けられていることは，国際的なルール設定へのニーズが存在することを示唆している。担保権の設定・移転は，被担保財産である知的財産にとって非本質的なものにすぎないとの見方もあり得るものの，明確な理論的考察を欠く。とりわけ，担保権設定の中には，譲渡担保権のように権利の移転と構成される場合もあり，必ずしも非本質的とは限らないのではないか。

　上記の国際的な場における検討は，著作権法上の無方式主義への疑問を示すものではない。いずれも，無方式主義を見直していない。前者のSCCRについては，ベルヌ条約5条2項を含む無方式主義の検討を行うことなく，現在各国に存在する著作権登録制度をサーベイするのみである。後者のUNCITRALにおける検討に至っては，著作権に関する無方式主義が念頭にすら置かれていない。しかし，いずれの検討も，権利帰属の不明確さという，無方式主義によって生じた負の側面への対応を行おうとしている。したがって，無方式主義の規範の範囲内で，権利帰属の明確化に取り組む国際的な動きは，

---

(183)　United Nations General Assembly, *Security Interests, Recommendations of the draft Legislative Guide on Secured Transactions, Note by the Secretariat*, A/CN.9/WG.IV/WP.24, 2005, p.3.

第3章　無方式主義の動態的分析

根強く存在すると言ってよい。

第4章　孤児著作物問題と国際規範

第1節　孤児著作物問題について

　著作権登録がない場合には，利用者が多大な努力を払って権利者を探索しても，なお権利者を知り得ぬ著作物も多い。あたかも親の行方が判明しない子供，いわゆる孤児のような状況であるとして，「孤児著作物（Orphan works）」と呼称されている。孤児著作物にも著作権が存在する以上，その利用には権利者の許諾を得る必要がある。しかし，そもそも権利者とコンタクトが取れないのであるから，許諾を得ることは容易ではないことが多く，創作物の利用を妨げているとの認識が各国において強まっている。

　本節は，「孤児著作物」を巡る議論の状況を鳥瞰し，利用者の権利を保護するためにいかなる検討が行われているか考察する。「孤児著作物」とは何か，その実態はどうなっているか，発生の原因は何か，既存の制度で対応できないのか，という基礎的な論点を踏まえ，各国における議論の状況をサーベイする。具体的な法案まで提出された米国における議論を中心に，欧州や日本における状況を概観する。とりわけ，無方式主義の動態的分析によって問題の解決が図られるのか，他の解決手段との関係はどうなのか検討する。

I　意義と現状

　欧州理事会によれば，「孤児著作物」とは「権利者の身元または所在の確認が，困難であるか不可能な，著作権によって保護された作品」であると定義されている[1]。米国著作権局による定義も，ほぼ同様である[2]。したがって，利用者が許諾を求めて権利者にコンタクトしたにも関わらず，許諾あるいは返答を得ることができなかった場合は，「孤児著作物」が扱う問題ではない。権利者の身元および所在が，把握可能だからである[3]。

　理論的には，「孤児著作物」にフォークロア（folklore）も含めて考えるこ

131

とが可能である。ベルヌ条約によると、「著作者が明らかでないが、著作者がいずれか一の同盟国の国民であると推定する十分な理由がある発行されていない著作物について、著作者を代表し並びに著作者の権利を各同盟国において保全し及び行使することを認められる権限のある機関を指定する権能は、当該一の同盟国の立法に留保される」[4]。「フォークロア」の文言を明示的には含まないものの、1967年のストックホルム外交会議において導入された同条項は「フォークロア」の保護を目的とするものである[5]。しかし、「孤児著作物」には、こうした共同体に属する創作物は含まれないのが通常である。権利が私人に帰属することが前提となっている。そして、真の著作権者による許諾を得ることなく当該著作物が利用された場合に、真の権利者が後日現れて、利用者の責任を追及する状況が念頭におかれている。

もっとも、「孤児著作物」という用語は、適切な表現ではないかも知れない。「孤児」には、親の身元や所在が不明の場合だけでなく、死別した場合も含まれる。原著作者が死亡したものの、現在の権利関係が明らかなケースについては、本問題に含めて考えないのが一般的だからである。ただ、「孤児著作物」との表現は、国際的に一般的に使用されている。そこで、以下では、括弧を付けずに、孤児著作物と表現する。

なお、米国においては、連邦法が適用されない範囲については、孤児著作物の範囲から除外されている[6]。すなわち、1972年2月15日以前に固定された録音物に関しては、2067年2月15日まではコモン・ローまたは州の制定法が優先的に適用され、連邦著作権法が適用されない（17 U.S.C. §301

---

(1)　Commission of the European Communities, *i2010: Digital Libraries,* Communication Staff Working Document, Annex to the Communication from the Commission Sec（2005）1194, 2005, p.12. See also Recital 10, Commission Recommendation of 24 August 2006 on the digitisation and online accessibility of cultural material and digital preservation, 2006/585/EC, OJ L 236, 31/08/2006, pp.28-30.
(2)　Marybeth Peters, US Copyright Office, Library of Congress, *Orphan Works*（*Notice of Inquiry*）, Federal Register Vol.70, No.16, 2005, p.3739. また、US Copyright Office, Library of Congress, *Report on Orphan Works*, 2006, p.15 も同様。
(3)　*Ibid.*, p.22.
(4)　CRICによるベルヌ条約15条4項の和訳。
(5)　詳しくは、Mihály Ficsor, *supra* note 9, ch.2, pp.92-95.
(6)　US Copyright Office, Library of Congress, *supra* note 2, pp.35-36.

(c))。同条項は，連邦制を有する米国に特有の事情によるものであり，録音物一般を孤児著作物問題から除外するものでない。

　また，コンテンツの製作過程において，意図せずに収録されてしまうもの，いわゆる「写りこみ」については，本稿の考察から除外する。「写りこみ」について著作権が発生するとした場合には，コンテンツ製作者がそもそも被写体に関する情報を有していないため，権利者情報の入手は困難である。しかし，「写りこみ」については，日本をはじめ多くの国において，著作物性や著作権侵害が否定されている[7]。

　孤児著作物に関わる現状については，全貌を把握できるようなデータが存在しない。米国における古い書物について，著作権者や発行者へのコンタクトが困難な実態については，実証的データが示されている[8]。しかし，著作物の種類の多様性もあって，網羅的な統計は存在しないようである。まして，国際的な動態となれば，なおさら実態把握は困難である。

　なお，米国における著作権の登録件数に対する更新件数の比率から，著作権の経済的価値の歴史的な経年償却を分析した研究がある。古くなった著作物の多くは，更新料支払いに見合う経済的価値を失ったと結論づけている[9]。確かに，かつて更新が権利の存在要件とされていた時代にあっては，権利管理をしない権利者数と，権利者の所在不明数とは，相関性が高かったと推察されるが，孤児著作物のデータを直接的に示すものではない。また，日本の国立国会図書館のホームページは，明治時代の本を，「近代デジタルライブラリー」として提供している。同館は，ホームページ上で「著作者情報公開調査」を実施し，著作権者に関する情報提供を募っている。提供された情報により，収録可能となった資料数は，平成16年度（2004年）は1件（6冊），平成15年度（2003年）は976件（1,193冊）である[10]。近代デジタ

（7）　文化審議会著作権分科会過去の著作物等の保護と利用に関する小委員会『中間整理』（2008年）20-26頁，31-32頁。

（8）　Denise Troll Covey, University Libraries, Carnegie Mellon University, *Re: Response to Notice of Inquiry about Orphan Works*, Federal Register, Vol.70, No.16, pp.3739-3743, 2005, *available at* 〈http://www.copyright.gov/orphan/comments/OW0537-CarnegieMellon.pdf〉（last visited on September 8, 2008）．

（9）　William M. Landes and Richard A. Posner, "Indefinitely Renewable Copyright", *U Chicago Law & Economics Olin Working Paper*, No. 154, 2002.

ルライブラリー全体の収録件数(11)に比べれば，極めてわずかな数字に止まっている。ただし，公開調査によって権利者が判明しないからといって，直ちに上記の定義に該当するかは，一義的ではない。

このように網羅的あるいは正確な統計は存在しないものの，米国，欧州をはじめ日本においても，近年になって孤児著作物問題の解決の必要性が強く認識され，後述するように解決に向けた動きが出ている。したがって，権利者の身元や所在の確認が，困難であるか不可能な著作物が相当数存在することは，想像に難くない。

Ⅱ　発生の背景

権利者の身元または所在の確認を困難にしている事情と，それに関連する法制度(12)，そして外在的な原因がある。

(1) 権利者の身元または所在の確認を困難にしている事情

第一に，特定のタイプの著作物について，権利者の身元確認が困難なこと。無方式主義の下では，著作者の表示が存在しないことも多い。例えば，写真著作物について，誰が当該写真を撮ったかすら，確認する術がないのが通常である。未発行あるいは匿名の原稿・手紙といった言語著作物，自家製ビデオや説明用映画といった視聴覚著作物，インターネット上に掲載された画像といった平面的美術・視覚芸術著作物，絵葉書・パンフレットを含む様々な一時的著作物（ephemera）についても，然りである。

第二に，権利帰属や権利者に関わる状況の変化による，権利帰属関係の情報の入手が困難なこと。著作権の帰属の変化や，住所変更・死亡・解散・事業終了といった権利者側の状況の変化が生じた場合が挙げられる。権利帰属の変化は，著作権の単独譲渡の他，企業合併，企業全体の資産承継によっても生じる。企業の解散や倒産においては，現在の権利関係が分かりにくい場

---

(10) 国立国会図書館『著作者情報　公開調査』〈https://kokaityosa.ndl.go.jp/〉（最終参照日 2008 年 9 月 8 日。公表年は不明）。

(11) 平成 19 年（2007 年 7 月現在，約 14 万 3,000 冊を収録。国立国会図書館『電子図書館の蔵書』〈http://www.ndl.go.jp/jp/data/endl.html〉（最終参照日 2008 年 9 月 8 日。公表年は不明）。

(12) US Copyright Office, Library of Congress, *supra* note 2, Chapters III and IV.

合も多い。また，二重譲渡がなされれば，当事者間においてすら権利関係を確定することが困難である。さらに，権利者が死亡すると，遺言の存在や複数相続人への権利の分割承継といった事情により，権利関係が複雑になる。外部の利用者にとっては，なおさら権利帰属を確認しにくい。

　第三に，権利帰属に関する，既存の情報源に制限があること。利用者が用いる一般的な情報源としては，インターネット上の検索，古い電話帳や死亡証明書・相続財産記録の調査などがある。米国においては，著作権局における記録が主な情報源である。1891年から1982年までは，著作権局は期間内におけるすべての登録を収録したCatalog of Copyright Entries（CCE）を発行していた。1978年以降の登録については，著作権局のホームページ上[13]において検索が可能である。また，権利帰属の変動に関わる情報についても，著作権局における閲覧が可能である（17 U.S.C. §205）。著作権局以外にも，権利者調査を行うサービスがあるほか[14]，集中処理機関が有する情報も，すべての種類の著作物を網羅的にカバーしていないものの，権利帰属を確認する上で有用である。

　ただ，著作物の種類によっては，上記のような情報が入手しにくい，データベースの情報の正確性を担保する手段が確保されていない，著作権局が有する情報の一部はオンライン上で入手できない，相続財産記録は管轄する地域によって情報入手可能性や正確性において差が大きいといった難点が指摘されている。登録制度や上記のようなインフラが存在しない国においては，情報源の制約は，より大きい。また，古い作品や外国作品については，権利者調査が事実上不可能な場合も多い。

(2)　関連する法制度

　米国1976年法[15]以前に適用されていた1909年法[16]によれば，著作権の更新なき場合は，保護期間は第一発行時から28年間のみであった。なお，更新によって，さらに28年間の保護が与えられていた。1976年法は，1978

---

(13)　〈http://www.copyright.gov/records/〉（last visited on February 20, 2008）.

(14)　米国著作権局のウェブサイトは，こうした機関を例示列挙している。US Copyright Office, *Copyright Internet Resources*, date of creation is unknown, *available at* 〈http://www.copyright.gov/resces.html〉（last visited on September 8, 2008）.

(15)　なお，前述したように，1976年法は人格的権利を取り込んでいない。

(16)　Copyright Act of 1909, Act of March 4, 1909, ch. 320, 35 Stat. 1075.

年以後に創作された著作物について，更新制度を廃止した。その後，1992年には，すべての著作物について更新制度が廃止されるとともに，保護期間は著作者の死後50年間となった[17]。更新制度廃止に伴い，著作権局における更新登録の記録がなくなったため，利用者にとって，当該作品がパブリック・ドメインに属するか確認できなくなった。1998年法[18]によって，保護期間は70年間へと延長されたため，以前にもまして古い著作物が保護されることになった。そして，米国以外の多くの国においても，著作権の保護期間は延長されてきた[19]。そして，保護期間が延長された場合には，転居のような事情によって権利者情報が管理しきれなくなる割合が増える，代々相続が行われるうちに，権利を管理する自覚のない遺族が増えるといった要因により，権利者不明の問題が生じやすくなる[20]。

さらに，ウルグアイ・ラウンド合意法（Uruguay Round Agreement Act）[21]により，米国旧法に基づく方式を遵守せずにパブリック・ドメインとなっていた外国作品に，著作権が付与された。かかる作品は，権利者による権利行使の意思が薄く，権利者の身元や所在が不明である場合が多いと考えられる。したがって，同法によって，数多くの孤児著作物が発生した。そして，多くの国において，すでに方式が撤廃あるいは軽減されていることは，前述したとおりである。

(3) 外在的な原因

上記のような構造的な原因（structural causes）に加えて，外在的な原因（extrinsic causes）がある[22]。すなわち，情報技術の進歩により創作活動が容易になり，著作物として保護される対象物の数が増大していること，他方，公表，複製，校正やコメント付与といった行為が一般人にも可能・容易にな

---

(17) Copyright Renewal Act of 1992, title I of the Copyright Amendments Act of 1992, Pub. L. No. 102-307, 106 Stat. 264, June 26, 1992.

(18) Sonny Bono Copyright Term Extension Act, title I of Pub. L. No. 105-298, 112 Stat. 2827, October 27, 1998.

(19) 文化審議会著作権分科会・前掲注7，参考資料3に詳しい。

(20) 文化審議会著作権分科会・前掲注7，19頁。

(21) Pub. L. No. 103-465, 108 Stat. 4809, Sec.101(d)(15)。

(22) Olive Huang, "Intellectual Property: Copyright: Note: U.S. Copyright Office Orphan Works Inquiry: Finding Homes for the Orphans", 21 Berkeley Tech. L.J. 265, 2006, pp.268-277.

っている[23]。インターネットの普及は，孤児著作物の数と，その潜在的利用行為の双方を増加させている。

　なお，同書は，制度的な原因，すなわち，とりわけ映画産業における，侵害行為とされるリスクに対する制度的な安全装置（institutional safeguards）の限界についても，外在的な原因の1つとなっていると指摘する。映画監督は，二次的作品の創作者に対して，侵害責任保険の加入を要求することがある。このような保険は，孤児著作物の著作者による権利行使をカバーしないことも多い。また，映画監督は，映画の配給前に，すべての権利について許諾を得ることを要求するのが一般的な実務である[24]。しかし，かかる業界の慣行は，孤児著作物が生じる原因というよりは，権利帰属が不明ゆえに映画製作が躊躇されるという意味で，利用阻害をより深刻にしている現状を叙述するものといえよう。

Ⅲ　孤児著作物を放置することに伴う問題点

　未登録であっても私的公示手段の探索といった手がかりがある場合，あるいは登録著作物については，権利者へコンタクトし，利用者はその許諾を求めることが可能である。利用者による許諾申出に対して，権利の制限・例外事由に該当しない限り，権利者は受諾することも拒絶することも，あるいは無視することもできる。

　他方，権利者を知る手がかりがない場合には，利用者にとって許諾を求めることができない。インターネット時代においては，創作・頒布される著作物の数・種類が増えるとともに，著作物へのアクセスが可能な範囲が世界全体に拡大したため，権利者の探索が困難な場合も多い。権利者の身元や所在が不明であるがゆえに，当該作品が事実上利用されないとなれば，公共の利

---

(23) Center for the Study of the Public Domain, Duke Law School, *Orphan Works Analysis and Proposal, submission to the Copyright Office*, 2005, *available at* ⟨http://www.copyright.gov/orphan/comments/OW0597-CPD2.pdf⟩（last visited on January 15, 2009）.

(24) Patricia Aufderheide and Peter Jaszi, *Untold Stories: Creative Consequences of the Rights Clearance Culture for Documentary Filmmakers*, Center for Social Media, 2004, pp.7-29.

益に反する。すなわち，たとえ利用されたとしても，権利の帰属が不明確であることによって，リスク相当分の割増料が消費者に転化されるとともに，二次的作品の創作活動の過少供給(25)，あるいは後述するように，公共の図書館が文化的創造物を収集したり所蔵物を電子化することが妨げられる。

第2節　諸外国における検討

I　既存の解決方法

(1) 米　　国

著作権保護期間の延長や更新制度廃止の際に，孤児著作物に関する問題が認識され，立法的な対応が行われてきた。本節では，米国著作権局報告書に紹介された制度を紹介する(26)。ただし，同報告書が認めているように(27)，既存の制度は一部の利用者にとって限られた状況における解決策を提供するものの，孤児著作物問題に直面する一般の利用者にとっては処方箋とならない。また，後述するパブリック・コメントにおいては，孤児著作物として認識されている問題のうち，一定の局面については既存の制度によって対処できることを強調する意見もあった(28)。しかし，孤児著作物問題の現行法の下での包括的な解決には限界があると，一般に認識されている(29)。

---

(25) Jerry Brito and Bridget Dooling, "An Orphan Works Affirmative Defense to Copyright Infringement Actions", 12 Mich. Telecomm. Tech. L. Rev. 75, 2005, pp.84-85.

(26) US Copyright Office, Library of Congress, *supra* note 2, pp.44-59.

(27) *Ibid.*, p.52.

(28) 「深刻な orphan works 問題があることは，われわれにとって明白ではない」RIAA（全米レコード協会）, Comments of the Recording Industry Association of America (RIAA) in response to Copyright Office Notice of Inquiry 70 Fed. Reg. 3739, 2005, fn 3.「既存の法律は，すでに作品の利用者を保護している（中略）エクイティ上の放棄（abandonment），消滅時効（laches）および禁反言（estoppel）は，孤児著作物の利用者は抗弁となり得る」ASCAP（米国作曲家・作家・出版者協会）, Reply Comments of the American Society of Composers, Authors and Publishers Regarding Orphan Works, 2005, pp.5-6.

(29) US Copyright Office, Library of Congress, *supra* note 2, p.70.

(i) 17 U.S.C. §108(h)

同項は Orphan works 条項と呼称され，著作権の保護期間を 20 年間延長した 1998 年法において導入された。著作権保護期間の最後の 20 年間に，図書館または文書資料館は，相当な調査に基づいて一定の条件に該当しないと判断した場合には，保存，学問または研究のために，かかる著作物またはその一部のコピーまたはレコードを複製，頒布，展示または実演することができる（同条 1 項）[30]。「相当な調査」について，上記報告書によると，これまでに裁判例は存在しない。また，同条 2 項(c)は，同報告書によると，一度も利用された実績がない。したがって，図書館または文書資料館という，限られた利用者にとってですら，孤児著作物の利用に伴う法的不安定性が解決されていない。

(ii) 17 U.S.C. §115

非演劇的音楽著作物のレコードが，著作権者の許可に基づいて米国内で公衆に頒布された場合には，一定の要件の下に，強制使用許諾を受ける意思の通知を権利者に送達することによって，当該著作物のレコードを作成し頒布する強制使用許諾が付与され得る。ただし，レコードを作成する主たる目的が，それらを私的使用のために公衆に頒布する（デジタルレコード配信による場合も含む）場合に限る[31]。

同項は，孤児著作物問題を直接的に解決するものではない。利用を希望する者が，実際に権利者の身元や所在を知っていたか否か，合理的な調査を行ったか否かは，強制使用許諾の付与や，あるいは使用料支払いとは無関係で

---

(30) 山本隆司・増田雅子共訳『外国著作権法令集―アメリカ編―』（CRIC，2000 年）による和訳を参照。一定の条件とは，次のとおりである（同条 2 項）。
　(A) 著作物が通常の商業的利用の対象である場合。
　(B) 著作物のコピーまたはレコードが相当な金額で入手できる場合。
　(C) 著作権者またはその代理人が，著作権局長が定める規則に従って，第(A)号または第(B)号に定める条件が適用される旨の通知を行う場合。
(31) 同条 a(1)項。上記の要件とは，著作物のレコードの作成前またはレコードの作成後 30 日以内でその頒布の前に，強制使用許諾を受けようとする意思の通知を著作権者に送達することである。著作権局の登録その他の公の記録が著作権者を明らかにせず，かつ，通知を送付することができる住所を記載していない場合には，意思の通知を著作権局に提出すれば足りる（同条 b(1)項）。また，強制使用許諾による使用料を受けるためには，著作権者は，著作権局の登録その他の公の記録において特定されなければならない（同条 c(1)項）。山本他・前掲注 30 による和訳。

ある。当該利用希望者は，著作権局における登録を実際に調査する必要がある（37 C.F.R. §201.18(d)(1)(vi)）ものの，その他の合理的な調査をすることは求められない。ただ，同項は，非演劇的音楽著作物のレコードという限られた種類の著作物について，権利者に対して登録への動機付けを与えることにより，孤児著作物の発生を減らす間接的な効果を有する。

(iii)　17 U.S.C. §504(c)(2)

同条項は，1976年法によって導入された。著作権の侵害にあたることを，侵害者たる利用者が知らず，かつ侵害行為と信じる理由を欠いた場合には，200米ドルを下限として法定損害賠償の額が減額され得る。そして，著作物の利用がフェア・ユースであるとして，利用者＝侵害者が信じ，かつ信じることにつき合理的な根拠があった場合には，「一定の利用者」について，法定損害賠償額の支払いが減免される。「一定の利用者」とは，非営利的教育機関，図書館もしくは文書資料館や，非営利的活動を行う公共放送事業者である。

本制度は賠償責任の免除を認めている点で，孤児著作物を利用したい図書館にとって有益である。確かに，孤児著作物問題が提起する状況は，フェア・ユースに該当する場合に限らず，権利者が不明の場合に広く著作物の利用を図るものであるため，同条項の射程範囲よりも広い。しかし，本制度をヒントにして，著作権局は責任制限制度の創設を着想したようである。

(2)　日本およびカナダ

日本著作権法67条1項は，公表された著作物に対する文化庁長官による裁定制度を定めている。著作権者と「連絡をすることができないとき」に限定され，具体的には，(1)著作者不詳，(2)著作権者不明，(3)著作権者は判明しているがその所在が不明，(4)その所在は判明しているが，連絡をすることができないときをいう[32]。「相当な努力」にも関わらず，著作権者が見つからない場合に，文化庁長官への裁定の申請，同長官による利用の可否の決定，補償金額の決定，補償金供託を経て，申請者が当該著作物を利用することができる。

同項は，利用者保護を中心とする公益促進を目的とする。すなわち，一般に利用されている著作物について，利用者が許諾を求める意思を有しながら，

---

(32)　斉藤・前掲2章注5，278-279頁。

著作権者不明等のために許諾を得る方途がない場合に，行政庁の裁定によってその利用を適法化する方が，利用者にとって便宜であり，著作権者の保護のためにも周到であるとの趣旨である[33]。なお，同項は，著作者人格権を制限しない。すなわち，著作者が出版その他の利用を廃絶しようとする意思を明確にしている場合には，裁定をすることができない（同法70条3項1号）。

　日本の裁定制度は，国際著作権関係条約の強制許諾に位置付けられる。「強制許諾」とは，特定の場合に，事前に権限ある機関または著作者団体に申請し，当該機関・団体が許諾を与えることで，著作物等を利用することができる制度とされている[34]。強制許諾は，ベルヌ条約付属書および同書を準用するTRIPS協定9条1項を根拠としている。

　「相当な努力」は，限定的に解されている。すなわち，利用したい著作物の著作権者について社会的に見て常識的な方法により著作権者を捜すことをいい，単に時間や経費を要するからとか，捜すべき著作権者の人数が多いからというのは，捜す手間を軽減する理由にはならない[35]。単に著作権者が外国に居住していて連絡をとるのに時間や経費を要するのでは足りず，八方手を尽くしても連絡のしようがない場合に限られる[36]。

　日本においては，裁定制度はあまり利用されてこなかった。具体的には，昭和47年（1972年）から平成17年（2005年）に至るまで，合計30件しか裁定がされていない[37]。このため，「知的財産推進計画2004」[38]において，「知的財産の円滑・公正な利用を促進する」ために，手続の見直しが求められた。そこで，文化庁は手続の見直しや申請手引書の作成・公表を行った[39]。しかしそれでもなお，手数料が高い，「相当な努力」に多大な費用と時間がかかる，数多くの著作物が含まれている新聞・雑誌では調査が困難であると指摘されている[40]。

---

(33)　加戸・前掲3章注133，399-400頁。
(34)　文化審議会著作権分科会・前掲3章注100，160頁。
(35)　文化庁著作権課『著作権者不明等の場合の裁定制度』，〈http://www.bunka.go.jp/1tyosaku/c-l/index.html〉（最終参照日2008年8月26日，公表年は不明）。
(36)　加戸・前掲3章注133，401頁。
(37)　文化審議会著作権分科会契約・流通小委員会『過去の裁定の実績』資料2-2（2005年）。
(38)　知的財産戦略本部『知的財産推進計画2004』（2004年）。

なお，従前の運用実績はないものの，著作権者と協議不調の場合の放送の裁定制度（著作権法68条）およびかかる場合の商業レコードへの録音等の裁定制度（同69条）がある。いずれも権利者が判明している場合を予定しており，権利帰属が不明の場合に関する裁定制度ではない。

日本と同様に，カナダにおいても，政府の著作権委員会（Copyright Board）が，孤児著作物の利用について積極的に関与している。すなわち，利用者が「相当な努力」を払ったにも関わらず著作権者の所在が不明の場合に，当該利用者の申請に基づき，許諾がなされる[41]。「相当な努力」か否かは，同委員会が判断する。申請人は，当該委員会への申請の前に，集中処理機関へのコンタクト，インターネット上の検索，出版者・図書館・大学・美術館・地域の教育担当当局へのコンタクトをすることが前提となっている[42]。1990年以来，2008年10月末に至るまで，228件の許諾がなされている。利用に際しては，当該所在不明の著作物を扱う集中処理機関への許諾料の支払いが求められる。

当該許諾終了後5年間を経ても，なお権利者が現れない場合には，当該集中処理機関は，その会員の一般的な利益のために，当該許諾料を使用することが著作権委員会によって認められる。一般目的への使用は，創作活動に何ら寄与しない集中処理機関の会員に対して，望外の利益を与えるとの批判がある。また，発行された作品だけを扱うのは未発行作品との均衡を失する，そして政府機関による関与は非効率的との批判がある[43]。

---

(39) 具体的には，不明な著作権者を捜すための調査方法が5項目に整理された。①著作者の名前からの調査，②利用者（出版社など）への照会，③一般や関係者への協力要請，④専門家への照会，⑤著作権管理団体への照会。また，「一般や関係者への協力要請」については，従来，新聞・雑誌等への広告掲載を求めていたが，申請者の経済的負担を軽減する観点から，インターネットのホームページへの広告掲載でも可とされた。「著作権分科会　契約・流通小委員会（第3回）議事録」『著作権者不明の場合の裁定申請の手続き見直し等について』（2005年，文部科学省）資料2-1を参照。

(40) 文化審議会著作権分科会・前掲注7，23頁。

(41) Section 77, An Act to amend the Copyright Act, S.C. 1997, c. 24（Assented to 25 April 1997）.

(42) Copyright Board Canada, *Unlocatable Copyright Owners*, date of creation is unknown, available at 〈http://www.cb-cda.gc.ca/unlocatable/brochure-e.html〉（last visited on November 4, 2008）.

(3) 欧　　州
① 英　　国

孤児著作物対策として，網羅的な制度が存在するわけではない。しかし，権利者が不明の場合における，著作物の利用促進のための制度がある。

(1) 侵害行為の否定

著作権法[44] 57条1項により，合理的な探索によっても著作権者を探し出すことができない，あるいは著作権保護期間の徒過日時が不確かなものの著作権が消滅したと考えるのが合理的な場合は，文芸，演劇，音楽または美術の著作物に対する著作権侵害が生じない。なお，映画の著作権についても，同様の規定がある（同66条のA）。

(2) 許諾の範囲の拡張

複写複製許諾がなされた場合，許諾の範囲内であることが明白な場合には，黙示的な許諾（implied licences）も含まれる（著作権法136条）。また，教育機関による複写複製，合理的かつ権利者の利益を不当に害しない限り，所管大臣が命令により許諾の範囲を拡大できる（同137条2項）。

(3) 政府機関による強制許諾

実演の録音・録画物の利用希望者の申請を受けて，複製権を有する者の身元または所在を合理的な調査により確認できない場合には，著作権審判所（Copyright Tribunal）が同意を与えることができる（著作権法190条1項）。

また，一般的な制度である著作権の制限・例外が，限られた局面についてではあるものの，孤児著作物問題への対応策としても実務で用いられている[45]。

---

(43) Brito and Dooling, *supra* note 25, pp.105-107.
(44) Copyright, Designs and Patents Act 1988（c. 48）．大山幸房『外国著作権法令集—イギリス編—』（CRIC，2005年）による和訳。
(45) 批評または評論を目的とする著作物の公正利用（著作権法30条），著作権資料の付随的挿入（同31条），放送または有線番組を目的とする付随的録音・録画（同68条），記録保存を目的とする放送若しくは有線番組の録音・録画（同75条）。British Screen Advisory Council（BSAC），*Copyright and Orphan Works —A Paper Prepared for the Gowers Review by the British Screen Advisory Council*, 2006, p.7.

② フランス

著作物の権利承継者が不明の場合に，当該著作物の利用について，裁判所は「適当ないずれの措置（toute mesure appropriée）」を命ずることができる[46]。他方，著作隣接権について定めたCPI 211条の2では，かかる措置についての明文の規定がない。しかし，「特に（notamment）」という副詞をあえて条文中に使用していることを理由として，解釈論として，司法当局は同様の措置を採ることができる権限を与えられている[47]。ただし，「適当ないずれの措置」については，許諾に代わる措置を命ずることはできず，裁判官の権限の範囲は限定的であるとされている[48]。

③ 北欧諸国

孤児著作物に関する非商業的利用のため，前述した拡張的集中ライセンスが用いられている。代表的な集中処理機関から許諾を得ることによって，利用者による合法的な著作物の利用が可能である。例えば，デンマーク著作権法50条によれば，教育目的のための複製行為，あるいは図書館，美術館や放送事業者による複製行為といった，非商業目的のための著作物の利用行為について，上記のスキームが用いられている[49]。

本スキームは孤児著作物問題を解決するために作られた制度ではないものの，権利者の身元や所在が不明の場合に生じる著作物の利用にとって，効果がある。そして，権利者が所定の期間内（多くの場合は3年間）に現れた場合，補償を受けることができる[50]。なお，拡張的集中ライセンスの基本的な要素は，次のとおりである[51]。

---

(46) 「第122の9条（中略）大審裁判所は，適当ないずれの措置も命ずることができる。（中略）認められる権利承継人がいない場合，又は相続人の不存在の場合も，同様とする。」「第211の2条　訴訟を提起する利害関係を証明するいずれの者にも加えて，文化担当大臣は，認められる権利承継人がいない場合，又は相続人の不存在の場合には特に，司法当局に提訴することができる。」大山幸房訳『外国著作権法令集—フランス編—』（CRIC，2001年）。

(47) A. Lucas et al, *Traité de la Propriété Littéraire & Artistique*, Litec, 1994, p.649.

(48) *Ibid.*, p.389.「適切ないずれの措置」の具体的な内容については，同書において触れられておらず，また，判例検索システムLegifranceにおいても，該当する判例は見当たらなかった。

(49) Commission of the European Communities, *supra* note 1, p.12.

(50) European Digital Library Initiative, High Level Expert Group (HLG)-Copyright Subgroup, *Interim Report*, 2006, p.11.

(1) 自由交渉に基づいて，当該機関と利用者との間の合意が形成されること。
(2) 当該機関が，当該国において代表的であること。
(3) 当該機関が管理権を有しない権利者についても，合意が法的拘束力を有すること。
(4) 第三者による個々の請求や刑事的制裁に煩わされることなく，利用者が合法的にすべて著作物を利用できること。
(5) 管理権を付与していない権利者は，個別に補償を受ける権利を有すること。
(6) 管理権を付与していない権利者は，多くの場合，自己の作品が利用されることを禁止する権利を有すること。

(4) 普遍的な制度や非法律上の制度の活用

孤児著作物問題を直接的に解決することを目的とした制度ではないものの，著作権に関する一般的な制度，許諾不要作品の活用や情報提供機能の整備が，有効な解決策を提供する可能性がある。こうした制度は，一般論としては積極的に活用すべきで，新しい制度の創設と補完関係に立つと，米国では考えられている[52]。また，後述するように，欧州においても，新たな立法を検討する前に，一般的な制度を利用すべきとのコンセンサスがある。一般的な制度として，以下のものがある。

(i) アイデアと表現の区別

著作権が保護する対象は，表現であって，アイデアではない。米国法においても同様である（17 U.S.C. §102(b)）。したがって，既存の著作物からヒントを得て，創作活動を行うことは，その表現に依拠するのでない限り，著作権制度は妨げない。したがって，表現が異なるものの同等の機能を達する創作物を目指すことにより，利用者は許諾を得る必要がなくなる。ただし，アイデアの剽窃と表現の剽窃とが，明確に区別できるとは限らず，利用者にとって両者の区別に関する事前の予測は困難な場合もある。

---

(51) Jukka Liedes et al, *Extended Collective License*, leaflet issued by the Ministry of Education of Finland, 1991.

(52) US Copyright Office, Library of Congress, *supra* note 2, pp.58-59.

(ii) 著作権の制限・例外

後述するように，著作権の制限・例外は，孤児著作物問題への解決策となり得る。ただ，米国のような非限定列挙主義を採る国においては，フェア・ユースによる抗弁は，裁判所によって，ケース・バイ・ケースで是認される。かかる認定は個別の事情によるため不確実であり，事前予測が難しい。したがって，利用者にとって，フェア・ユースを根拠とした利用行為を躊躇するのが一般的である[53]。かかる理由から，著作権局は，孤児著作物に関わる条項は，フェア・ユースの代替物としての機能を有するべきではないとする。他方，限定列挙主義を採る国においては，事前予測の問題が生じない。いずれの制度が採られる国においても，孤児著作物問題を解決するために著作権の制限・例外を利用することは，後述するように，国際規範であるスリー・ステップ・テストに反するおそれがある。

(iii) 代替物の活用

パブリック・ドメインや市場が提供する作品といった代替物を利用することにより，利用者が創作目的を達することもあり得る。確かに，パブリック・ドメインに属するのか確認が困難な場合もある。しかし，米国著作権局によると，ほとんどの場合は，著作権によって保護されているのか短時間に確認できる[54]。また，Creative Commons による許諾の対象作品については，二次的利用が可能な場合が多い。

(iv) 情報提供機能の拡充

米国におけるパブリック・コメントにおいては，法改正を要しない方法を用いて，著作権局が情報提供機能を拡充すべきとの意見があった。例えば，1978年以前の登録情報の電子化，職務著作に関わる企業の合併やパブリック・ドメインに属する作品のリストを含むデータベースの構築，統一された著作物情報の提供である。しかし，いずれの提案も，孤児著作物問題を解決するために十分な解決策であると考えられていない[55]。

---

[53] Marybeth Peters, US Copyright Office, Library of Conpress, *supra* note 2, p.3740.

[54] US Copyright Office, Library of Conpress, *supra* note 2., p.57, citing U.S. Copyright Office, *Circular 22: How to Investigate the Copyright Status in a Work*, date of creation unknown, *available at* 〈http://www.copyright.gov/circs/circ22.html〉 (last visited on August 26, 2008)．もっとも，登録制度や非公的な情報提供サービスが整備されていない国においては，こうした事情は当てはまらないかも知れない。

欧州連合においても，政府機関あるいは集中処理団体による情報提供機能が，孤児著作物問題を軽減すると確認されている。しかし，新たな立法的手当てを経ずに，孤児著作物問題が解決されるのか，合意をみていない。とりわけ，著作物の本国が不明の場合，あるいは外国作品について，著作権局が情報収集を行う法的な根拠がない。仮に，組織法上の根拠が与えられても，日々膨大な数の著作物が創作される今日，すべての著作物について情報収集を行うことは現実的でない。

II　主な論点と各国における検討の状況

　米国，欧州や日本における検討を概観すると，問題解決方法は次の4つに分類される。(1)すでに存在する現行法・現行制度による解決，(2)新法によらない基盤整備，(3)権利行使を制限する法的手当て，(4)ラディカルな制度改正である[56]。

　このうち，第1の方法を活用すべきことについては，争いがない。また，第2の方途，すなわち，権利者に関する情報提供機能の拡充についても，一般論としては，概ねコンセンサスが得られている。ただ，これをもって十分と考えるかについては，欧州においては未だ一致していないが，他方，米国では不十分との認識が支配的である。欧州においては，前述したように，すでに国内法によって対応が図られている国もあるため，新たな域内統一規範の創設には抵抗があるようである。

　そして，米国において最も議論がされているのが，第3の権利行使の制限方法である。具体的には，著作権の制限，強制許諾，利用者による一定の調査活動を要件とした権利救済の制限が含まれる。米国においては最後の方法が支持を集めており，米国著作権局報告書においては，その具体的方法をめぐる議論が中心に行われていた。裁判所によるフェア・ユースの事後的判断は予測可能性に乏しいこと，また，強制許諾制度は行政機関による審査の非効率性を伴うことが理由である[57]。欧州においても，権利救済の制限が英国の実務で限られた局面について用いられるほか，提案されている。

---

(55)　US Copyright Office, Library of Congress, *supra* note 2, p.71.
(56)　*Ibid.*, p.69.

第4の方法については，上記米国報告書において簡単に紹介されている程度であるが，国際規範に明らかに抵触する内容を含むパブリック・コメントも出された。すなわち，孤児著作物はパブリック・ドメインとすべきである，著作権保護に登録・更新制度を導入すべきである，著作権保護期間を大きく短縮すべきである，著作権制度を廃止すべきである，米国はベルヌ条約から脱退すべきであるといった，急進的な意見である(58)。無方式主義を含む確立した国際規範の遵守については，パブリック・コメントに対する各国政府あるいは欧州連合の対応においても，概ねコンセンサスがある。法律論としては，無理な立論であろう。

また，極めて少数であるが，孤児著作物について許諾なき利用を防ぎたいのであれば，権利者は登録を必要とするとの立法論がある。権利の帰属を明確にする上で，確かに登録義務化は効果があろうが，無方式主義に明らかに

---

(57) *Ibid.*, pp.82-83. なお，米国においても，少数ながら強制許諾制度に対して好意的な意見がないわけではない。報告書に紹介された International Coalition for Copyright Protection (ICCP) や Future of Music によるコメントのほか，Pamela Brannon, "Note: Reforming Copyright to Foster Innovation: Providing Access to Orphaned Works", 14 J. Intell. Prop. L. 145, 2006, p.171. なお，田村教授は，「市場が失敗しているのであるから，利用の可否（中略）に第三者機関を介在させるべき」であると述べておられる。田村善之，前掲3章注169，18頁。行政機関に対する信頼が，国によって異なることに起因すると思われる。

(58) US Copyright Office, Library of Congress, *supra* note 2, pp.89-91. なお，Creative Commons による提案がなされている。すなわち，(1)すべての権利者に対して，公表から50年後に税金支払いを義務づける，Lessig 教授による提案，(2)非強制的な更新制度を設け，それに従わない場合には公定の許諾料による強制許諾が認められるとの，Sprigman 教授による提案，そして(3)公表から25年後に権利者に対して登録義務を課し，履行せぬ場合には強制許諾 (default licenses) にかかる，そして公表から50年後には更新登録を課すとする。詳細については，Brito and Dooling, *supra* note 25, pp.86-105 を参照。Sprigman 教授は無方式主義の修正を主張している。Christopher Sprigman, "Reform (aliz) ing Copyright", 57 Stan. L. Rev. 485, 2004, p.490. 他方，Lessig 教授によると，強制許諾は取引費用を軽減するものであるから権利の享有・行使をかえって容易にする，また権利者としては登録する自由もあったはずだから，同提案は無方式主義に反しないとする。Lawrence Lessig et al, *Comments of: Creative Commons and Save the Music*, 2005, available at ⟨http://www.copyright.gov/orphan/comments/OW0643-STM-CreativeCommons.pdf⟩ (last visited September 8, 2008), pp.19-21. この立論は困難であろう。一定の方式を得なければ，権利の享有・行使を制限することに変わりはなく，無方式主義に反すると考えられる。See Brito aand Dooling, *supra* note 25, pp.101-102.

反する。なお，繰り返しになるが，条約解釈の一般論により，無方式主義の規範を明確にし，その範囲内で採り得る手段を模索するのが本稿の趣旨である。

1 米　国
(1) 議論の始まり

前述したように，著作権保護期間の延長を含む立法にあたり，権利者の身元・所在が不明の場合の問題を解決するための議論がなされた。しかし，孤児著作物問題として，著作物全般にわたり利用者を限定することなく幅広い検討がなされたのは，最近のことである。すなわち，権利者の許諾を得る途がないことは，孤児著作物の利用者にとって，過大な不便を強いているとの問題意識を背景として，上院法務委員会（Judiciary Committee）の Hatch と Leahy 両氏の依頼[59]により，2005 年著作権局が調査を開始した。また，下院法務委員会（Committee on the Judiciary）司法・インターネット・知的財産小委員会（Subcommittee on Courts, the Internet and Intellectual Property）の Smith（議長）と Berman 両氏も，利害関係者の意見を幅広く聴取することによる，本問題への調査を推奨した[60]。こうした状況を踏まえ，2005 年 1 月付の官報（Federal Register）によって，著作権局がパブリック・コメントを募集した[61]。

著作権局は，約 850 通のコメントに対する反応を踏まえ，主な問題点について討議すべく，米国ワシントン DC（2006 年 7 月）および加州バークレー（同年 8 月）にて，円卓会合を開催した[62]。著作権局から 2006 年に報告書[63]

---

(59) Orrin G. Hatch and Patrick Leahy (US Senators), letter of the U.S. Senate, addressed to Marybeth Peters (Register of Copyrights), January 5, 2005.
(60) Lamar Smith, letter of Congress of the U.S., House of Representatives, addressed to Marybeth Peters (Register of Copyrights), January 7, 2005, and Howard L. Berman, same nature of letter addressed to Peters, January 10, 2005. なお，前者のレターにおいては，「孤児著作物」という言葉が用いられず，代わりに，「権利者の所在を確認することができない，古い著作物の利用」という表現で，問題提起がされている。
(61) パブリック・コメントを求める際に，著作権局によって議論の枠組みとして提示された諸問題については，Marybeth Peters, US Copyright Office, Library of Congress, *supra* note 2, pp.3741-3743 を参照。

第4章　孤児著作物問題と国際規範

が提出され，上記コメントおよび円卓会合の内容が分析されている。そして，著作権局は，コメントや円卓会合において提起された論点について，より具体的な分析を行うべく，非公式・個別に各種団体から意見聴取し，その結果も報告書に反映したとしている[64]。したがって，立法に向けた問題提起や分析の結果は，立法作業への影響という意味においても，同報告書に集約されていると言ってよい[65]。

(62) 著作権局によって提示された議論の枠組みは，次のとおり。
　(1) 「孤児著作物」の定義
　　　（ケース・バイ・ケース方式またはフォーマル方法か。年数や発行状況によって機械的に排除するか。真摯な・合理的な調査の基準。著作権の帰属および「孤児著作物」の利用に関する登録機関の役割。未発行作品の扱い。年数，作品の形態，利用者の形態，利用の形態。
　(2) 「孤児著作物」とされることに伴う効果
　　　（次の諸案についてのさらなる分析。①救済手段の制限アプローチ，②著作権免除（exemption）とパブリック・ドメイン化アプローチ，③利用者による許諾料支払いまたは供託（escrow），④利用者に対する他の条件・義務。例えば，期間制限，通知，登録など，⑤従前の調査の結果を爾後の利用者が信用すること（piggybacking）。
　(3) 「孤児著作物」の権利者の出現
　　　権利者の出現による，準備中の，あるいはすでに行われている利用行為に対する効果。利用者による調査の合理性といった問題についての，訴訟における証明責任の分配。弁護士報酬の回復および法定損害賠償。「孤児著作物」を元にした二次的作品に対する権利。
　(4) 国際的問題
　　　ベルヌ条約上の無方式主義への適合性。TRIPS 協定やベルヌ条約上の，例外・制限に関するスリー・ステップ・テストへの適合性。外国作品を除外するか。「孤児著作物」に関する海外における知見について，情報収集するか。
　Marybeth Peters, US Copyright Office, Library of Congress, *Orphan Works*（*Notice of Public Roundtables*）, Federal Register Vol. 70, No. 129, 2005, p.39342.
(63) US Copyright Office, Library of Congress, *supra* note 2.
(64) *Ibid.*, p.20.
(65) *Ibid.*, pp.2 and 21. 同報告書によれば，約40％のコメントは，孤児著作物として一般に捉えられている問題，すなわち著作権者の身元または所在が不明な場合であることについて，認識していなかった。また，約10％のコメントは，孤児著作物とは関係のない問題について提起していた。しかし，約50％のコメントは問題をきちんと認識していた。孤児著作物問題が現実の問題であることについて，疑義を差し挟んだコメントはなかった。

(2) 主な論点についての検討および条文案

　同報告書は，孤児著作物を巡る状況を分析し，条約を含む既存の法的制度を鳥瞰した上で，次の結論に達した。第一に，孤児著作物は現実の問題であること，第二に，同問題を数値化する，あるいは包括的に説明するのは困難であること，第三に，既存の著作権法によって解決可能な問題もあるものの，多くの問題はそうでないこと，最後に，意義ある解決のために，新法が必要であること。

　上記著作権局の報告書は，パブリック・コメントの結果を踏まえた上で，米国著作権法のうち第5章「著作権侵害および救済」に関する改正案を示した。条文案をあえて簡潔に表現するなら，「利用者が，真摯な調査を合理的に行ったにも関わらず，著作権者を見つけることができなかった場合には，後日著作権者が現れ，侵害行為に対して訴訟を提起したとしても，当該利用者に対して採られる救済手段への制限を，当該利用者は享有することができる」[66]となる。主な検討のポイントは「真摯な調査を合理的に行った」ことの判断要素と，かかる調査を前提とした権利救済の制限にある。本節においては，付随した論点についての検討と，条文案の概要についても説明する[67]。

　(i)　「合理的に行った真摯な調査（Reasonably diligent search）」要件

　後日紛争が生じた場合に備えて体裁だけ調査を行った形を整え，他人の著作物を許諾なしに利用する口実にしようと図る利用者も存在し得る。そこで，本要件の趣旨は，孤児著作物条項の濫用を防止することにある[68]。以下，①から④において，具体的な諸問題を検討する。

---

(66)　*Ibid.*, p.95.

(67)　*Ibid.*, pp.93-95. 改正案の4大原則が提示されている。(1)権利者が自ら情報を開示することを促し，また，利用者が権利者を探すための努力をすることを促すことによって，利用者による権利者の発見，および許諾のための交渉が促進されること。それによって，著作物の利用が促進されること。(2)利用行為によって思わぬ法的責任を利用者が被ることを避けるという法的安定性と，権利者の利益保護との適切な調和を図ること。(3)「孤児著作物」条項は，既存の制限・例外に該当せず，侵害行為ありとされる場合にのみ適用されること。(4)権利者，利用者や政府機関といった，すべての利害関係者にとって，コストが最少となること。

(68)　*Ibid.*, p.98.

① 「合理的調査」の判断基準について

ケース・バイ・ケース説とフォーマル基準説のうち，前者が採られた。すなわち，判断基準が列挙されるのではなく，当該利用に即したあらゆる状況が考慮される。パブリック・コメントに寄せられた意見においても，大多数は同方式を支持していた。理由は，第一に，著作物の種類や利用形態には様々なものがあり，また，著作物に関する状況を調査するための方法や技術も変遷することから，画一的な基準は難しい。第二に，フォーマル基準説によれば，孤児著作物と取り扱われるのを避けるためには，権利者は自己へのコンタクト情報を事実上公表せざるを得なくなってしまう[69]。

フォーマル基準説は，権利者に対してコンタクト情報を提供させることによって，現状では人手に頼っている膨大な検索作業を簡略化できるとする[70]。しかし，この方式が無方式主義と整合的であるか，提唱者であるグーグル同社は言及していない。この点，未登録に伴い孤児著作物とされて，一定の許諾料のみが権利者に支払われる仕組みは，権利の剥奪（forfeiture of rights）ではなく，無方式主義に反しないとCCは主張する。すなわち，孤児著作物とされることは，取引費用がかさむ直接交渉に拠らずに許諾契約が締結されるため，権利の享有および行使にとって，かえって好ましいものであるとする[71]。しかし，そのような許諾料は僅少（nominal）であることも，CCは認めている。また，権利者から，許諾をするか否かの自由を奪うことは，権利の享有および行使を妨げるものであると考えられる。パブリック・コメントに対する反応において，無方式主義に反しないとした意見は，当のCCをおいてほかにはなかった。したがって，コンタクト情報提供を権利者に対して強制することは，無方式主義に反するであろう。

なお，権利者側の非強制的な登録については，多くの意見は賛成であったが，一部に抵抗もあった。なぜなら，第一に，写真著作物については，描写することも困難である，あるいは膨大な数の著作物が作成され登録は実際的でない。第二に，登録件数に比べた利用件数が少なく，社会的費用が大きい。

---

[69] *Ibid.*, pp.72-75.

[70] David Drummond et al, *Google's Response to Notice of Inquiry Regarding Orphan Works*, 2005, pp.5-6.

[71] Lawrence Lessig et al, *supra* note 58, pp.16-21.

第三に，登録に伴う手間が大きいことを理由としていた(72)。かかる懸念を踏まえて，登録内容は合理的調査か否かの判断のための，1つの要素に過ぎないと結論付けられた。

反対に，合理的調査の実施の事実，および孤児著作物を利用する意図についての利用者側の登録については，強制的にすべき，任意的にすべき，あるいは導入すべきでないとする3つの意見があり，一致を見ていない。ただ，制度設計のコストや複雑さ，あるいは利用者にとって過大な負担になるとの理由により，条文案に採られなかった(73)。

権利者側，利用者側のいずれの登録についても，登録事項，虚偽登録に対する制裁，登録業務の運営主体を含む実務的な問題について，意見の一致を見ていない(74)。ケース・バイ・ケース説が採られたこともあり，法案には登録に関する規定は設けられなかった。すなわち，公示機能の拡充を通じた孤児著作物問題の解決策は，採られなかった。

② 利用者の調査が「合理的」であったか否かの証明責任について

調査内容を説明した書面を利用者が提出すれば，調査が「合理的」であったとの推定を生じ，調査が「不合理」であったことについて権利者の側に証明責任を転換するとの意見もあった。しかし，利用者が常に証明責任を負うとの意見の方が多く，調査内容は利用者側の管理下にあることを理由に，著作権局も同調した(75)。

また，利用者各自が調査を行うにあたり，他の利用者による先行調査の結果を参照すること（piggybacking）をどのように扱うべきかが争われた。こうした情報を排除するのは非効率的だとする肯定説がある一方で，他人の行った調査結果を信用することはできない，あるいは従前の調査直後に権利者の変動があったかも知れないとして否定説もあった。円卓会議においては，1つの判断要素にはなるとの意見が多かった(76)。

③ 権利者の所在を把握した場合の扱いについて

「所在」とは，作品の使用許諾を求めるために送付する住所をいう。利用

---

(72) US Copyright Office, Library of Congress, *supra* note 2, p.75.
(73) *Ibid.*, pp.112-113.
(74) *Ibid.*, pp.76-77.
(75) *Ibid.*, pp.87 and 96.
(76) *Ibid.*, pp.78-79.

者が権利者の身元と所在を確認し，許諾を求めてコンタクトしたにも関わらず，権利者から反応がなかった場合の扱いが論点である。かかる場合も孤児著作物として取り扱うべきだとの意見もあった。しかし，許諾要求を無視する権利は著作権の根本的な原則であることを理由に，権利者の所在が判明した場合には，孤児著作物の条項は適用されないと，著作権局は結論付けている[77]。

④ 「合理的調査」をケース・バイ・ケースで判断する際の具体的な基準について

制定法や制定規則，あるいは著作権局による解釈指針の提示を行わず，非公的利害関係者によるガイドライン制定，およびそれに対する裁判所の判断に委ねている[78]。以下の判断要素が示された[79]。

第一に，権利者の身元を特定できる情報が作品上にない場合，利用者はより重い調査義務を負う。例えば，伝統的な非電子的写真作品，電子化された写真であっても権利者情報が消されている場合である。

第二に，既発行の作品におけるよりも，未発行作品にかかる方が，利用者はより重い調査義務を負う。プライバシー権を重視して，未発行作品を一律に除外する見解もあるが，発行の有無は1つの判断要素に過ぎない。孤児著作物条項は，プライバシー侵害にかかる責任には直接的な影響がないからである。ただ，未発行作品の著作者の存命中であると合理的に判断できる場合には，プライバシー保護を考慮して，利用者はより重い調査義務を負う。

第三に，作品の年齢は，それ自体では孤児著作物に該当するかを決定付けない。ただ，新しい作品ほど，利用者にとって調査可能な情報が多くなり，より多くの調査が求められる。したがって，作品の年齢は「合理的調査」であるか否かの，1つの要素になる。

第四に，「合理的調査」において調査すべきデータベースとしては，著作権局における登録事項があり，「合理的調査」には不可欠である。非公的機関ではあるが，特定の種類の著作物のほとんどを取り扱っている集中処理機関のデータベースを探索することも，「合理的調査」において求められる。

---

(77) *Ibid.*, p.96.
(78) *Ibid.*, pp.79 and 108-110.
(79) *Ibid.*, pp.99-108.

また，情報技術の進歩によって，調査を行うべき地理的範囲も拡大した。ただし，著作権局による情報の集中管理については，無方式主義との抵触の可能性や，業務費用の観点から，著作権局は反対している。

第五に，現行法の下では，権利の変動に登録を必要としないため，利用者が譲受人を特定するのは困難である。しかし，創作活動に携わったディレクター，脚本家，主演俳優といった関係者へのコンタクトを通じて，現在の権利者を把握しようとする努力は必要であると，著作権局は指摘している。

最後に，利用行為が商業目的，あるいは大規模な頒布の場合には，非商業的あるいは小規模な頒布に比べて，「合理的調査」であると判断されるための努力のレベルは高くなる。

(ii) 著作者および権利者の表示（attribution）要件

利用行為にあたり，著作者および著作権者の表示が可能であり，かつ，当該事情に照らして合理的に適切な（reasonably appropriate）場合には，利用者はかかる表示を行う必要がある。市場における取引を促進する，著作者・権利者の利益を保護する，利用者にとって不合理な負担とならない，そして利用者による濫用行為を防止するという，4つの目的のためである。また，他の利用者や一般公衆にとっても，かかる表示は重要な情報である[80]。

(iii) 権利者が出現した場合の救済方法に対する制限

権利者が出現した場合は，完全な権利（full rights）が将来に向かって回復し，その後の新しい利用行為に対しては，権利者は差止請求や損害賠償請求を行うことができるというのが，大多数の意見であった。他方，それ以前に行われた利用行為の継続については，条件や期間の限定を付けるべきだとの意見もあったものの，大多数の意見は，孤児著作物条項を信頼して二次的作品創作に投資した事情がある場合には，当該利用行為を妨げられるべきではないとする。具体的には，権利者による救済手段に対する制限が認められる。主に2つの制限態様がある[81]。

第一は，金銭救済を，当該利用に対する合理的な補償金（reasonable com-

---

(80) Statement of Jule L. Sigall（Associate Register for Policy & International Affairs before the Subcommittee on Courts）, *the Internet and Intellectual Property*, Committee on the Judiciary, US House of Representatives, 109th Congress, 2nd Session, March 8, 2006.

(81) US Copyright Office, Library of Congress, *supra* note 2, pp.83-88 and 115-121.

pensation) に限定するものである。パブリック・コメントの大多数や著作権局による見解である。「合理的な補償金」とは，当該侵害利用行為の開始前に交渉を行っていたとすれば，利用者が権利者に対して支払ったであろう金額をいう。具体的には，合理的で乗気な買い手である利用者と，合理的で乗気な売り手である権利者とが，比較可能な市場取引のみを参照した場合に，利用行為開始時において合意したであろう金額を意味する。そして，当該金額についての証明責任は，権利者の側が負う[82]。なお，利用者は，排他的許諾ではなく，非排他的許諾と同等の権利を有する[83]。また，弁護士報酬の回復および法定損害賠償は，否定される[84]。

ただし，商業的な目的を間接的にせよ有せず，かつ，権利侵害との通知を受けた後直ちに当該侵害行為を停止した場合には，一切の金銭賠償責任が生じないとされる。わずかな金銭補償であっても，利用希望件数が多数に上るため，利用を躊躇させてしまうとの，美術館，図書館や文書資料館関係者の主張を認めたものである。かかる文化的機関が希望する利用行為はインターネット上における掲載であり，権利者が出現すれば，ウェブページから削除すれば済む。

第二は，利用可能な孤児著作物であると信頼した利用者が，予期せぬ損害を被ることを防止するため，差止請求の一部または全部が否定される場合がある。孤児著作物を元に二次的作品を創作しようとする利用者にとっては，出版や封切の直前といった時期に差止めが行われるおそれがたとえ少しでもあると，多大な投資がフイになるとの威嚇効果を生じる。そこで，報告書は，孤児著作物の侵害行為に対する差止請求について，2つの角度から制限を推奨している。

---

(82) 上記報告書116頁は，Davis v. The GAP Inc., 246 F.3d 152; 2001 U.S. App. LEXIS 5532 を根拠としている。

(83) US Copyright Office, Library of Congress, *supra* note 2, p.86.

(84) 弁護士報酬の回復および法定損害賠償を，後に出現した権利者が行使することができるかについて，否定説は，利用者の側における予期せぬ負担が生じる不安定性を指摘する。他方，肯定説は，通常の損害賠償請求では，少額請求についても裁判費用がかさむ点を指摘する。そこで，合理的な許諾料を合理的な理由なく拒絶する場合にのみ肯定する見解や，少額裁判所の利用を制度化すべきとの見解といった，折衷的な見解もある。ただ，否定的な見解が一般的のようである。*Ibid.*, pp.87-88 and 115-119.

まず，二次的著作物の準備段階において，当該著作物が被侵害作品を改作（recast）し，変形（transform）しもしくは翻案する（adapt）にあたって，非常に大量の（significant amount）表現を用いている場合には，継続した準備行為や二次的著作物の利用を，裁判所は差し止めてはならない。「非常に大量の」表現を創作した場合に限定しているのは，当該二次的著作物が元の作品を単に収集するだけの，電子データベースのようなものを除く趣旨である。本条項が念頭においているのは，小説を映画化したり，原稿や写真を歴史書に使用したりする場合である。かかる場合には，利用者の信頼は大きく，また，新しい表現をもたらした点で公益に貢献している。ただし，侵害者が著作権者に対して，準備行為や継続利用について合理的な補償金を支払い，かつ，当該事情に照らして裁判所が合理的と考える方法によって著作者および著作権者の表示を行うことが条件である。

その他の場合，例えば，内容を何ら変えずに，単に利用者が孤児著作物をそのまま再発行するに過ぎない場合には，裁判所は差止救済を課し，侵害行為を全面的に防止・停止することができる。ただし，侵害行為を行うにあたり本条項を信頼した侵害者に与える損害を，現実的に考慮しなければならない。例えば，1万部の書物を印刷している場合には，未販売部分について小売人に送ることも許される。

(iv) 国際規範との関係

著作権局による提案は，外国作品を除外しない。したがって，本改正は米国が加盟する条約規範，とりわけ無方式主義，スリー・ステップ・テスト，そして権利行使手続と整合的でなければならない。この点，外国作品を除外する考え方もあり得るが，著作権局は次の理由により否定している[85]。第一に，権利者の所在を把握することが極めて困難な作品のほとんどについて，孤児著作物条項の範囲から除外することになる。第二に，米国内作品と外国作品とを区別することは，著作権法を複雑にするので，避けるべきである。第三に，米国の権利者やその作品にとって，不利な扱いになる。最後に，報告書による提案の内容自体が，条約上の義務と完全に整合的と考えられた。

報告書においては，無方式主義に反する例として，通知を有しない作品について，あるいは，創作あるいは発行後遅滞なくすべての作品について著作

(85) *Ibid.*, p.59.

権局への登録を義務づけ，未登録の作品を孤児著作物とみなし，自動的かつ恒久的にパブリック・ドメインとする条項が挙げられている[86]。他方，孤児著作物条項は，利用者に対して権利者に関する情報の合理的な調査義務を課するに過ぎず，著作者や権利者に対して何らの方式を課さないので，無方式主義に反しないとする。また，すべての利用者や特定の種類の利用者に対して適用されるのではないため，著作権の制限・例外を認めるものではなく，特定の場合において救済方法に変更を加えるに過ぎない，したがって，スリー・ステップ・テストに抵触しないとする。さらに，合理的な補償金や差止請求といった，「幅広い有意義な救済(a wide range of meaningful relief)」[87]が著作者に対して与えられており，条約上の権利行使手続を阻害しないとしている。

　(v) 運用条項

　第一に，孤児著作物条項は，権利，制限または，フェア・ユースを含む著作権侵害に対する防御方法に対して影響を与えないという，留保条項（savings clause）が加えられた。第二に，本法案は，制定後10年後に自動的に失効し，見直しのためのサンセット条項（sunset clause）を含んでいる。

　(vi) 未解決の問題

　第一に，著作者人格権との関係。ベルヌ条約により，著作者は氏名表示権と同一性保持権を有する。許諾なき利用行為に対して何らの制約がないとすれば，通常の権利者であれば反対するであろう利用行為も可能になってしまう。そこで，著作者人格権が侵害される可能性を指摘する意見もあった。有意義な解決策は示されなかった[88]。

　第二に，孤児著作物問題の制限。(1)孤児著作物の定義から，未発行の作品，外国作品，音楽作品といった著作物の種類に着目して除外するか，(2)孤児著作物条項の適用を，非営利機関，教育機関，図書館，文書資料館といった利用者に限定するか，(3)孤児著作物の利用行為を，文化，教育・研究あるいは非商業的目的の利用に限定するかについては，それぞれ賛否両論あり結論に至らなかった[89]。ただ，著作物の年齢を孤児著作物の要件として加えるこ

---

(86)　*Ibid.*, p.61.
(87)　*Ibid.*, p.121.
(88)　*Ibid.*, p.89.

とは，著作物の年齢と権利者の身元・所在不明とは必然的な繋がりがないとして，否定された。また，孤児著作物とされる期間に限定を設けるべきとの意見もあったが，今後の検討課題である[90]。

　第三に，補償金の支払時期と付随する問題。権利者が現れなくとも，利用行為前に利用者は供託金を支払うべきだとの意見もあり，供託金を預かる主体が必要となる。結果的に権利者が現れない場合が多いので，供託制度は非効率的であると判断された。ただ，供託金を支払っていない場合，利用行為時に補償金を支払っていないので，後に権利者から出訴される可能性がある。補償金額は制限されるとしても，莫大な訴訟費用を被る危険もあるものの，「少額訴訟（small claims）」制度や他の低廉な紛争解決手続の創設の方が，より重要であると考えられた[91]。詳細は今後の検討に委ねられている。

　第四に，スリー・ステップ・テストとの整合性。同テストの要件をすべて充たすかについて，見解の一致を見ていない。著作権局による報告書は，肯定説が多数であるとしているものの，本問題について得られたコメントの中での多数説と限定し，3つの出所を表示するのみである[92]。3つの見解とも，孤児著作物の権利者は権利を放棄しており，権利保護に値しないとしている。他方，Ginsburg教授は，利用者を限定しない一般的な強制許諾は，スリー・ステップ・テストを充足しないとする[93]。したがって，本問題は，今後も提起される可能性がある。

　最後に，古い写真に関する個人利用について，今後の解決に委ねられた。

---

(89) *Ibid.*, pp.79-82. なお，米国憲法修正11条に基づき，権利者が登場した場合の許諾料支払いから免責されるとして，州政府は，「孤児著作物」条項の利用者から除外すべきとの意見もある。議論の収斂を見ていない。しかし，米国に特有の議論であり，他国における議論には影響が少ないと考えられる。

(90) *Ibid.*, p.86.

(91) *Ibid.*, pp.113-114.

(92) *Ibid.*, p.88. See Glushko-Samuelson Intellectual Property Law Clinic, *Response to Notice of Inquiry on the Issue of "Orphan Works"*, 2005, pp.8-9 and Mike Godwin and Gigi B. Sohn, *Public Knowledge, Comments of Public Knowledge*, 2005, pp.8-9. なお，公表文献ではないが，次の資料も引用している。Jennifer M. Urban et al (representing five film industrial associations), mailto: orphanworks loc.gov, 2005, p.8.

(93) Paul Goldstein and Jane Ginsburg, *Comments on "Orphan Works"*, Inquiry (Federal Register, January 26, 2005), 2005, p.2.

第4章　孤児著作物問題と国際規範

著作権局は，4つの利用行為に分けて，孤児著作物法案の内容が，著作者，権利者および利用者間の利害を適切に調整しているか，検証している[94]。そして，最後の分類に属する行為は，未解決であると認めている。すなわち，家族の古い写真を複製したいが，写真を撮った者が分からない，あるいは行方不明の場合，また，オペレーティング・システムが古くなったために，新しいシステム上に，作者が不明になったソフトウェアを転送したいと考える個人利用者が，典型例である。当該個人利用者が，自力ではなく，写真加工業者（commercial photofinisher）の助力を得て古い写真を複製する場合には，個人利用者自らが著作権調査を行うことは非効率的である。むしろ，孤児著作物法案によるのでなく，写真家と写真加工業者の各団体が直接交渉した方が効率的であるため，報告書において未解決とされた。

そして，孤児著作物問題の解決について，写真，図画や視覚美術に関わる著作者は抵抗した[95]。利用者が支払う合理的な補償金を得るために，多大な費用がかかるためである。写真といった著作物については，作品上あるいは登録上，権利者情報を公示することが事実上困難なので，権利者の側においてなし得る公示方法に限界がある。ただ，上記報告書は，少額訴訟制度の活用によって当該権利行使上の問題を解決すべしとする。また，補償金の回収については，集中処理機関や技術的手段を含む仕組みを用いることを推奨している。

(vii) 議会に提出された法案およびその後の検討

米国著作権局による法案に概ね沿いつつ，いくつかの論点について，さらに踏み込んで規定した法案が提出された。すなわち，前述したSmith議長によって提出されたOrphan Works Act of 2006（H.R.5439）およびこれを受け継いだCopyright Modernization Act of 2006（H.R.6052）である。両法案は，一定の要件が満たされた場合において，権利者による救済を制限するという，前述した米国著作権局によって提唱された法案を基調としつつも，若干詳しい規定になっている。すなわち，「合理的に行った真摯な調査」とさ

---

(94) (1)大量頒布を目的としたアクセスのための利用者，(2)二次的著作物の創作者，(3)趣味的利用，(4)限られた人の範囲内でのみ利用する個人利用者。US Copyright Office, Library of Congress, *supra* note 2, pp.36-40. and 122-126.

(95) Sigall, *supra* note 80. なお，Sigall氏は，著作権局による報告書（前掲注2）の主な起草者であると，報告書冒頭において示されている。

第 2 節　諸外国における検討

れるための要件，利用者が調査を行うための情報基盤の整備に関する著作権局の責務，侵害者が補償金額について真摯に権利者と交渉しなかった場合における金銭賠償の制限の例外，「合理的な補償金」の算出基準が，米国著作権法 514 条の改正項目に加わっている。さらに，少額著作権請求制度に関して，立法化のための調査をすることも含んでいる[96]。なお，両法案に対しては，日本政府から米国政府に対して，「(中略)ベルヌ条約のスリー・ステップ・テストの基準を満たすことなど著作権に係る国際条約との整合性が確保されるよう配慮することを求めると共に，関連する今後の動向について説明を求める。(中略)」との要望が出された[97]。両法案は審議未了のまま，廃案となった。

　米国著作権局は，合理的な調査の判断基準を明確にするために，最良の慣行（Best Practices）を作成することを検討している。その後提出された法案（2008 年）においても，著作権局によるガイドラインの作成が規定されている[98]。また，利用者から支払われる補償金の受取人として，法律的権利者（legal owners）だけでなく許諾者といった経済的受益者（beneficial owners）も含まれるか，検討事項とされた[99]。

2　欧　州
(1)　経　緯
　孤児著作物問題は，それ自体が単独で検討されてきたのではない。電子図書館構想（digital library initiative）[100]の実現のための議論の過程で，孤児著

---

(96)　なお，著作権局による報告書（前掲注 2，11 頁）においても，少額請求制度は，今後も議会において検討することが重要であると指摘されている。

(97)　「米国の規制改革及び競争政策に関する日本国政府の要望事項」平成 18 年（2006 年）12 月 5 日，〈http://www.mofa.go.jp/mofaj/area/usa/keizai/pdfs/kisei06_yobo.pdf〉（最終参照日 2008 年 8 月 26 日）47 頁。

(98)　Orphan Works Act of 2008, 110th Congress 2d Session H.R.5889, §514(b)(2)(B) ; Shawn Bentley Orphan Works Act of 2008, 110th Congress 2d Session S.2913, §514(b)(2)(B). なお，後者においては "Recommended Practices" と表現されている。

(99)　Statement of Marybeth Peters, The Register of Copyrights before the Subcommittee on Courts, *The Internet and Intellectual Property*, Committee on the Judiciary, United States House of Representatives, 110th Congress, 2nd Session, March 13, 2008.

161

第4章 孤児著作物問題と国際規範

作物問題を解決することが不可欠であるとの認識から，浮上してきた。同構想は，電子図書館に向けた動きの集大成で，2005年9月30日に欧州理事会によって採択された。関連する問題点を分析した，たたき台ペーパー（Staff Working Paper）と，オンライン意見募集とによって，電子図書館構想についての具体的な問題点の整理がなされている。欧州の多文化・多言語の下において，進んだ技術と新しいビジネスモデルを有する，豊かな知的遺産を統合することを，同構想は目指す[101]。欧州理事会のレポートにおいては，電子化，電子化された収集物の陳列，電子化によるアナログ作品の保存，そして電子化作品の保存が，主な課題として認識された[102]。そして，「電子化された収集物の陳列」の中で，孤児著作物の問題が提起された。

電子図書館に関するパブリック・コメントを求めた質問の中には，「孤児著作物の問題は，経済的に重要で，実際的な問題となっていますか。そうだとすれば，技術的，組織的，法律的な仕組をどのようにすれば，利用者が孤児著作物をより広く利用することができるようになるでしょうか。」と，孤児著作物に関するものも含まれていた。225件の回答の中には，孤児著作物問題に対する解決策として，著作権法改正，権利者の所在確認のためのツー

---

(100) 電子図書館構想は，情報化時代におけるデジタル経済を発展させるための，欧州理事会の全体的な戦略である「i2010 strategy」の代表的なプロジェクトである。「i2010 strategy」については，Europe's Information Society, *i2010 -A European Information Society for growth and employment*, available at 〈http://ec.europa.eu/information_society/eeurope/i2010/index_en.htm〉(last visited August 26, 2008) を参照。2010年までに，欧州電子図書館により，少なくとも600万点の書物，書類や他の文化的所産が提供されることを目標としている。2005年の電子図書館構想をさらに遡ると，「欧州電子化2002年行動計画（eEurope 2002 Action Plan）」(2002年) さらには「ランド原則：専門家会合の結論（Lund Principles: Conclusions of Experts Meeting)」(2001年)に源流がある。詳しくは，Europe's Information Society, *Timeline of Development*, available at 〈http://ec.europa.eu/information_society/activities/digital_libraries/timeline/index_en.htm〉(last visited August 26, 2008) を参照。これらの段階では，孤児著作物の問題は，少なくとも明文上は認識されていなかった。

(101) Commission of the European Communities, *i2010: Digital Libraries*, Communication from the Commission to the European Parliament, the Council, the European Economic and Social Committee and the Committee of the Regions, COM (2005) 465 final, 2005, p.3.

(102) Commission of the European Communities, *supra* note 1.

ルの開発および共通欧州規格の作成，北欧式の拡張権利処理方式の適用，集中処理機関が介在しないカナダ方式の適用，権利者が判明した場合に備えての準備基金制度といった提案がされた。また，権利者が反対の意を唱えるまでは一般に利用可能とすること，孤児著作物の利用者に対する法的な避難所 (safe haven) を認めることといった，やや踏み込んだ提案もなされた。回答をまとめた欧州理事会によるレポートは，孤児著作物問題について論点を拡散しないように注意を促した。回答の中には，権利保護期間の短縮を含むパブリック・ドメインの拡張，権利者・著作物の確認のための技術的なシステムの利用まで，極めて幅広い提案が含まれていたためである[103]。

また，欧州理事会により「電子図書館に関する高度専門家会合（High Level Expert Group on Digital Libraries）」が開催された。同会合では，映像コンテンツに対するアクセスにおいて，孤児著作物の問題解決が重要であることが認識された。とりわけ，1950年代以前の作品については，映像作品の多くが孤児著作物であることが，参加者により確認された[104]。そこで，電子図書館に伴う著作権問題を検討するため，「著作権小委員会（copyright sub-group）」が設立された。

その後，欧州理事会は，加盟国に対して，文化的作品の電子化およびオンライン・アクセス性向上のため，孤児著作物について2つの勧告を提示した[105]。すなわち，「利害関係者による意見聴取を経て，孤児著作物の利用を促進するための仕組みを創設すること」および「判明している孤児著作物およびパブリック・ドメインに属する作品のリスト作成を促進すること」である。なお，上記の理事会勧告は，知的・文化的所産の活用，収集・保存を目的とした，従前からの欧州連合による政策との整合性を確認している。

検討の結果，「著作権小委員会」は上記専門家会合に対して，2006年10月に中間報告書を提出した。絶版作品（out of print works）および電子化保

---

(103) Europe's Information Society, *Results Online Consultation 'i2010: digital libraries', available at* ⟨http://ec.europa.eu/information_society/activities/digital_libraries/doc/consultations/i2010diglib/en.pdf⟩(last visited August 26, 2008), p.5.

(104) European Commission, Information Society and Media Directorate-General, Summary Minutes of the 1st meeting of the High Expert Group on Digital Libraries, 2006, p.3.

(105) Article 6(a) and (c), Commission Recommendation, *supra* note 1.

存と並んで，孤児著作物についての提案が主な柱である。さらにその後，著作権小委員会は，本中間報告書を踏まえて2007年4月に報告書を公表した[106]。

(2) 議論の現状

中間報告書の概要は次のとおりである[107]。問題意識は，「孤児著作物問題の存在は，作品の大規模な電子化およびその後のオンライン上のアクセスにとって，妨げとなっている」ことである。そして，孤児著作物の権利帰属不明確さに対処するための基準として，権利者の身元と所在を把握するために行われた調査が「真摯 (due diligence)」であったことと，利用行為が合理的なものであったこと，すなわち「明確に画された (in a clearly defined manner)」利用行為であることが必要である。すべての種類の著作物について，孤児著作物問題を解決する必要がある。とりわけ，視聴覚著作物については，様々な権利が絡み合い，その表示について，一般書物におけるISBNやISSNのような方式が確立していないため，より問題が深刻であるとされた。

同中間報告書においては，解決の必要性，解決のための基本的な方向性，域内諸国の制度との整合の必要性は固まっている。ただ，具体的な制度のあり方については，今後の方向性が抽象的に示されたに過ぎない。他方，非立法的なソフト・ローによる解決の必要性については，コンセンサスが得られた。すなわち，(1)すべての孤児著作物をカバーすること，(2)集中処理機関への相談を含む「真摯な」調査に関するガイドラインを作成すること，(3)権利者が現れた場合における利用行為中止を規定すること，(4)文化的非商業的な団体が文化的所産の普及目的を有する場合には，特別の措置を規定すること（ただし，利害関係者間におけるさらなる議論が必要），(5)商業的利用者に対しても孤児著作物を利用するための機会を与えること，(6)権利者が出現した場合の補償金に関する規定を設けること。また，将来的な孤児著作物の発生を防止するため，電子化された著作物について識別制度を改善する必要性も指摘されている。

---

(106) High Level Expert Group on European Digital Libraries ―Copyright Subgroup, *Report on Digital Preservation, Orphan Works, and Out-of-Print Works,* Selected Implementation Issues, 2007.

(107) HLG Copyright Subgroup, *supra* note 50, Annex I.

第 2 節　諸外国における検討

　さらに，立法的解決も視野に入った。権利者の身元または所在が不明の場合には，立法上の明確な枠組みがなければ，集中処理機関が許諾を与えることはできない。そして，立法的解決には，孤児著作物問題に着目した解決策と，文化的機関の活動に着目した解決策とがある。両者を混合した提案もされている。

　孤児著作物に着目して検討された立法策は，カナダの制度をモデルにしている。公的機関ないし委託を受けた集中処理機関が，権利者へのコンタクトを担う登録・媒介機関として機能する。そして，次の諸点を定めておく必要があるとされた。(1)孤児著作物と見なされる状況を定める基準，(2)孤児著作物に関する供託を委ねられる機関とその役割，(3)許諾の有効性と，権利者が登場した場合における帰結，(4)当該機関が補償金を保管する期間，(5)保管期間を徒過した場合における補償金の取扱い。

　他方，文化的機関のための一般的な立法においては，代理権の法的推定（legal presumption on representation）を含む許諾権限の拡張や，あるいは，文化的機関による非商業的利用について，通知受領後の侵害行為の停止を条件とした，権利救済の制限が提唱された。許諾の拡張においては，権利者が登場した場合における補償金の供託が考えられている。後者の権利救済の制限は，米国に倣った提案である。

　さらに，米国における検討も参照しながら，上記報告書（2007 年）は「真摯な調査」の明確化に踏み込んでいる。すなわち，(1)すべての種類の作品に適用できること，(2)利用行為前に善意（bona fide/good faith）利用者は適切な調査（thorough search/reasonable search）をすべきこと，(3)作品の種類ごとに最良の慣行あるいはガイドライン（best practices/guidelines）が利害関係者の声を踏まえて策定されることが望ましいが，立法化は望ましくないこと。さらに，前述した電子図書館構想が，欧州連合加盟国内で国境を越えて進められるよう，加盟国相互に受け入れられるような基準の推進を提唱している(108)。

　上記のような経緯を踏まえ，オンライン環境において調査・研究・教育のための知識の普及促進を目的として，欧州委員会は孤児著作物に関する解決策について，広く一般の意見を募集した(109)。その際，著作物は国境を越え

(108)　High Level Expert Group, *supra* note 106, pp.7-9.

て流通することに鑑み，加盟国間において調和した対策が採られることを提唱している。なお，同グリーン・ペーパーによると，過半の欧州連合加盟国は，孤児著作物問題について，立法的な解決策（regulatory approach）を志向していない。

3　日　本

欧米における議論にも刺激され，インターネット時代における権利者不明のコンテンツ利用の必要性が認識されるようになった。孤児著作物問題への対策について，「諸外国の動向も十分踏まえつつ（中略）今後ともよく研究してまいりたい」[110]とされ，検討が進みつつある。前述した文化審議会著作権分科会『中間整理』（2008年）においても，米国や欧州における検討を中心に，権利制限規定や裁定制度，あるいは裁定類似の提案が模索されている。ただ，実務上・理論上の問題の検討が始まったばかりであり，国際規範との関係の整理が今後の課題であると思われる[111]。

4　各対応策への評価

以上見たように，孤児著作物問題の解決策については，依然として混沌とした状況にある。米国著作権局による報告書の中でも，コンセンサスが未だ得られていない問題について，見切り発車をした論点もある。また，孤児著作物を生じる1つの大きな要因である，著作権の保護期間の長期化そのものを変えるべきだとの意見もあり，他の大きな問題とセットにされる可能性もある。また，米国においては，登録義務化や更新制度といった，方式主義への懐古も根強い。前述したように，米国において，法案が繰り返し議会に提出されているが，いずれも廃案になったのが現状である。

各国・地域における検討においては認識されていないが，インターネット上では著作物が国境を越えて流通するので，孤児著作物問題を解決するためには，国内法あるいは地域法では限界がある。とりわけ，英語やフランス語

---

(109) Comission of The European Communities, *Green Paper ―Copyright in the Knowledge Economy*, COM（2008）466 final, 2008.

(110) 川内博史衆議院議員の質問主意書（2006年10月31日提出）に対する内閣総理大臣の答弁書，内閣衆質165第127号（2006年11月10日送付）。

(111) 文化審議会著作権分科会・前掲注7，30-31頁。

のように，数多くの国々や地域で用いられている言語によって表現された著作物については，著作者を把握するにも，国家あるいは地域を越えた対応が必要である。日本語のように，一部の国・地域でのみ使用される言語を用いた著作物であって，仮に著作物上に著作者情報が表示されていても，権利者を把握するのが一義的ではない場合もあろう[112]。音楽や写真といった，言語を媒体としない著作物に至ってはなおさらである。そこで，一国にとどまらず，国際的な取組みが将来的には有用であろう。

　提案されている方策は，権利帰属が不明になる状況を事前に防止するための情報提供を充実するアプローチと，孤児著作物が生じてしまっている場合に事後的に権利行使・救済を制限するアプローチとに，大きく分けることができる。前者について，権利帰属を直接的に明確にさせるための強制的な方策，例えば，権利者に対して公示を要求することは，無方式主義との抵触が生じ得る。とりわけ，権利者に対して強制的な契機を賦課する制度は，無方式主義に抵触するおそれが強い。

　この点，権利者が自発的に公示する制度は，権利帰属の明確化に資するものではあるが，すべての著作物の公示が対象になるものではない。さらに，権利者が自発的に公示するには，インセンティブ付与が必要であるものの，前述したように，登録制度によって権利の帰属の推定が生じるといった法的効果は，極めて限定的な国においてのみ存在する。こうした推定は無方式主義に反するものではないものの，無方式主義はあらゆる登録制度の否定を帰結するとの漠然とした印象が，専門家の間においてすら強くもたれている国もある。また，権利帰属の推定が生じない国においては，権利者にとって登録がインセンティブとなりにくい。したがって，公示制度の活用や活性化は，孤児著作物問題の解決のための抜本的な解決策とは，一般的に考えられていないようである。この点，登録による権利帰属の推定が生じるようになれば，権利者にとっての登録をするインセンティブとなり，問題解決につながるであろう。

---

(112)　例えば，日本のテレビ局のコンテンツの不正利用に対する削除請求に対して，当該テレビ局の番組であるのか分からないので，直ちに削除要請に応じることはできないと，YouTubeは反論した。小池由子「フジテレビ　テレビ局に聞くYouTubeへの対応」ライトナウ21号（2006年・税務経理協会）47頁。

また，前述した，北欧諸国における「拡張された集中許諾スキーム」や欧州連合において一部提案されている「代理権の法的推定等の許諾権限の拡張」は，集中処理機関の利用を事実上強制するものであり，無方式主義に抵触する可能性がある。なお，集中処理機関による解決には，孤児著作物問題の解決という実際上の意味でも限界がある。集中処理機関の利用が義務的でない大部分の法制度においては，孤児著作物の発生を減じる効果を持つが，一掃することはできないからである。また，強制的か否かを問わず，集中処理機関に与えられる権能は，音楽著作物といった特定の種類の著作物に限定されるため，やはり孤児著作物の発生を広く著作物一般について防止する方策として万能ではない。さらに，集中処理機関が存在しない，あるいはその利用が一般的ではない国を本国とする著作物については，集中処理機関が果たし得る役割は限定的にならざるを得ない。

他方，日本やカナダのような裁定制度は，一部の著作物について利用を可能にしてきた。しかし，インターネット上に存在する膨大な数の著作物を考えると，やはり万能薬とはならない。

また権利行使・救済を制限するアプローチは，次節にて検討するように，国際規範との関係を分析する必要がある。

第3節　著作権の制限・例外との関係

I　体系的位置付けと国際規範

著作権の制限・例外は，「権利の享有および行使」の範囲を制限するものであり，したがって，無方式主義の射程範囲を画する働きを有する。著作権制度によって保護されない著作物や著作権者を，無方式主義は保護するものではないからである。また，前述したように，孤児著作物の利用を図るため，著作権の制限・例外を用いるべきだとの立法論が米国を中心に見られる。そして，著作権の制限・例外は，著作権利者の利益と，創作活動へのインセンティブ付与との調和を図る制度である。すなわち，制限・例外は，利用者の権利を直接的に保護するものではないものの，著作権が及ばないことに伴う反射的効果として，あるいは制限・例外が保護しようとする公益の一部とし

第 3 節　著作権の制限・例外との関係

て，利用者の利益を保護する効果を有する。

　著作権の制限・例外は，ベルヌ条約 9 条 2 項，TRIPS 協定 13 条や WCT 10 条によって定められている。WCT を制定した外交会議においては，デジタル環境の下でも複製権が保護されることが確認されると同時に，ベルヌ条約の下で認められた複製権に関する例外についても，「デジタル環境においても，すべて適用される」ことが確認された[113]。さらに，WCT の加盟国は，デジタル環境において必要となる新たな制限・例外を設けることができることが確認された[114]。かかる制限・例外は，複製権以外の他の支分権についても適用される[115]。

　著作権の制限・例外事由は，後述するスリー・ステップ・テストを充足する限り各国法に委ねられるものの，条約による例示列挙事由もある。「著作物からの引用」（ベルヌ条約 10 条 1 項）を保障することは，各国に義務付けられている。また，ベルヌ条約の下では，極めて限定的な場合について，「黙示的な例外（implied exceptions）」が存在する。これは，「継続した改正会議（successive conferences of revision）」による願望に基づく[116]。黙示的な例外は，2 つに分類される。第一は，上演・演奏権，朗読権，放送権，録音権そして映画化権に関する黙示的な例外である（「些細な留保（minor reservations）」）[117]。些細な留保の根拠は，条約締結時においてコンセンサスがあったことである[118]。第二は，明文は制定されなかったものの，一定の著作

---

(113)　Agreed Statement concerning the WCT, concerning Article 1(4).

(114)　Agreed Statement concerning the WCT, concerning Article 10.

(115)　Roger Knights, *Limitations and Exceptions under the 'The Three-step-test' and in National Legislation—Differences between the Analog and Digital Environments*, WIPO/CR/MOW/01/2, 2001, p.9.

(116)　外交会議の記録については，Ricketson, *supra* note 118, ch.3, pp.33-39 を参照。

(117)　WIPO による用語。WIPO, *The Berne Convention for the Protection of Literary and Artistic Works from 1886 to 1986*, 1986, p.204. 他方，WTO パネルは，"minor exceptions" という用語を用いており，"minor reservations" と呼称しない。TRIP 協定 72 条によって，他の加盟国の同意なく，協定に留保を付けることが禁止されているため，「例外」という言葉を用いることに抵抗があるためである。WTO, United States -Section 110(5) of the US Copyright Act, Report of the Panel, WT/DS160/R, 2000, p.19.

(118)　WTO パネルによっても，このようなウィーン条約に基づく例外が支持されている。*Ibid.*, p.20.

物や利用行為(119)について翻訳権が黙示的な例外として含まれるとのコンセンサスがあったことが，ストックホルム外交会議（1967年）の記録により示されている(120)。些細な理由あるいは黙示的な例外によって，孤児著作物の利用行為の一部がカバーされ得るものの，なお大多数の利用行為は上記事由に該当しない。そして，上記の例示列挙以外に各国法が複製権の例外を定める場合には，次項にて検討するスリー・ステップ・テストを充足する必要がある。

II スリー・ステップ・テスト

スリー・ステップ・テストとは，(1)特別の場合について，(2)複製が当該著作物の通常の利用を妨げず，かつ(3)その著作者の正当な利益を不当に害しないことを内容とする。TRIPS 協定 13 条および WCT10 条も，ベルヌ条約 9 条 2 項と同様にスリー・ステップ・テストを設けているものの，複製権の侵害については，ベルヌ条約による規範が優先される(121)。他方，ベルヌ条約に規定のない支分権，すなわち，TRIPS 協定上の貸与権，WCT 上の譲渡権（6条），貸与権（7条）および公衆伝達権（8条）については，ベルヌ条約に規定がないため，それぞれ TRIPS 協定，WCT によるスリー・ステップ・テストを充足する必要がある(122)。なお，スリー・ステップ・テストは，前述した例示列挙に該当する場合には，*lex specialis legi generali derogat*（特別法は一般法を破る）の法理により，適用されない(123)。

---

(119) 講演・演説等の著作物を公に伝達すること（ベルヌ条約2条の2第2項），複製権の例外に該当する場合（同9条2項），引用（同10条1項），授業用の利用（同条2項），時事問題の記事の複製等（同10条の2第1項）。

(120) Ricketson, *supra* note 118, ch.3, pp.33-39.

(121) ベルヌ条約9条2項と TRIPS 協定13条との関係については，*Ibid.*, pp.46-55 を参照。また，ベルヌ条約9条2項と WCT10 条との関係については，*Ibid.*, p.63 を参照。

(122) Agreed statement to Article 10 of WCT. この宣言は，1996年外交会議において全会一致で採択されたため，WCT の一部としてみなされる。ウィーン条約31条2(a)項。

(123) Ricketson, *supra* note 118, ch. 3, p.21.

第3節　著作権の制限・例外との関係

(1)　立 法 経 緯

　前述したスリー・ステップ・テストの内容は，文言上一義的に明確ではない。そこで，規範内容を分析するため，立法経緯を検証する。同テストを導入したストックホルム外交会議以前は，一定の報道目的といった事由に複製権への制限が限定されていた[124]。他方，複製権については，各国法にも一般的に見られたものの，ベルヌ条約自体に明確には規定されていなかった。ストックホルム会議は，複製権を9条1項中に明示することに主眼が置かれ，著作権の一般的な例外条項を設けることは，当初の提案に含まれていなかった。しかし，例外条項を設けることなしには，複製権を新たに規定する合意に至ることは困難であると認識されるに至った[125]。

　ただ，例外の範囲をどこまで認めるかについて，西欧諸国と発展途上国・社会主義諸国との間で，意見の対立があった。西欧諸国は，例外の範囲を狭くしようとした[126]。例えば，フランスは，私的利用制限を個人・家庭利用に制限しようとし，オランダは「司法・行政目的」のための制限について「強度の」との形容詞による限定を付けることを主張し，ドイツは複製権に対する制限が合理的補償を受ける権利と抵触しないことを明確にすべきとした。他方，インドとルーマニアは，複製権に対する一般的な許諾条項を入れることを主張した。英国が，両者の間の妥協的な提案を行い[127]，現在の9条2項が形成されるとともに，複製権が同条1項に規定された。すなわち，英国代表であったWallace氏が，複製権に対する一般的な制限規定の創設を支持し[128]，9条2項が承認された[129]。その後微修正を受けたものの，英国提案が最終的に受け容れられた[130]。

(124)　ストックホルム改正以前のブラッセル・テキスト9条（1948年）。WIPO, *Records of the Intellectual Property Conference of Stockholm (1967)*, 1971, Vol. I, pp.113-116.
(125)　Knights, *supra* note 115, p.2.
(126)　WIPO, *supra* note 124, Vol. I, pp.690-692 and Vol. II, pp.1144-1145.
(127)　英国の提案は，次の文献を参照。*Ibid.*, Vol. I, p.687.
(128)　1967年6月15日の第5回会合における発言。*Ibid.*, Vol. II, p.851.
(129)　1967年7月8日の第24回会合において承認された。*Ibid.*, p.928.
(130)　*Ibid.*, p.1145. また，次の文献も同旨。"[L] a Commission n.I a retenu la substance de cette formule, inspirée par la proposition britannique...". Henri Desbois, André Françon and André Kerever, *Les Conventions Internationales du Droit d'Auteur et des Droits Voisins*, Dalloz, 1976, pp.204-205.

以上のような経緯に鑑みると，ベルヌ条約9条1・2項は，新しい国際規範を創設するというよりは，既存の各国規範の，いわば最大公約数を確認的に条文化するものであった。複製権とそれに対する一般的な制限とを，共に条文化することにより，同条は，著作権保護と制限・例外との調和を図ることを意図していた。したがって，ストックホルム会議は新たな規範を創設する意義に乏しく，その会議記録からは，制限・例外の範囲について，必ずしも明確な答えを導くことはできない。また，利用者の権利を直接に創設したものでないことも導かれる。なお，本ベルヌ条項の後に成立したTRIPS協定やWCTにおけるスリー・ステップ・テストも，ベルヌ条約の規範を踏襲している。

(2) スリー・ステップ・テストの解釈

スリー・ステップ・テストの各内容，すなわち，「特別の場合」について，「複製が当該著作物の通常の利用を妨げず」，かつ，その「著作者の正当な利益を不当に害しないこと」の要件について，米国著作権法110条5項に関するWTOパネルの判断による枠組みにより検討する。確かに，同一の係争物であろうと，WTOパネルや上級委員会による判断には先例力がないとされる。しかし同時に，当事者による事前予測可能性確保の必要性も強調されており，矛盾した判断を避ける必要性も十分に考慮されるべきであると考えられている[131]。したがって，本パネルの判断は，スリー・ステップ・テストの解釈の先例としての意義を有するであろう。

(i) 特別の場合

「特別の場合」とは，明確に定義付けられ，かつ，その範囲が限定的であることを指す[132]。本要件がストックホルム会議において設けられたのは，

---

(131) WTO, India-Patent Protection for Pharmaceutical and Agricultural Chemical Products, Report of the Panel, WT/DS79/R, 1998, p.57, referring to WTO, Japan-Taxes on Alcoholic Beverages, Report of the Appellate Body, WT/DS8/AB/R; WT/DS10/AB/R; WT/DS11/AB/R, 1996, pp.14-15. 本上級委員会はパネル報告書，すなわちGATT締約国団・WTO紛争解決機関で採択された報告は「後に生じた慣行であって，条約の解釈についての当事国の合意を確立するもの」（ウィーン条約31条）であるとの判断を否定した。なお，WTO紛争解決機関による判断の効力について，小寺彰『WTO体制の法構造』（2000年，東京大学出版会）113-119頁を参照。

(132) WTO, *supra* note 117, p.33 and Ricketson, *supra* note 118, ch.3, p.22.

第 3 節　著作権の制限・例外との関係

複製権の例外に関する既存の各国制度をカバーするとともに，その範囲を明確に特定された目的に限定するためであった。しかし，公益上の理由によって正当化される必要があるかについて争いがあり，肯定説は，「特別な」とは，「特別な目的」あるいは例外を正当化する明確な公益に基づく理由が必要であるとする[133]。しかし，肯定説は根拠が乏しく，否定説が妥当である[134]。そこで，公益の有無は，次の第二要件において検討される。

(ii)　著作物の通常の利用に抵触しないこと

「利用」とは，著作権者が当該著作物に対する排他的な権利から経済的価値を得ることをいう[135]。「通常」の意味の解釈について，実証的方法と規範的方法とがある。実証的方法は，事実の考察に基づいて一般的・典型的な意味を追求するアプローチであり，認められる例外について，著作権者が補償を受けることが通常期待される活動の範囲内であるかを検討する。本方法においては，実際に問題になっている利用行為のみが検討され，将来的に生じ得る潜在的な利用行為は無視される。実証的方法による場合には，「通常の利用」は限定的に解されることになる[136]。

(133)　Ricketson, *supra* note 21, ch.2, p.482; and Ficsor, *supra* note 9, ch.2, p.57. 上記のWTO パネルの決定が，ベルヌ条約 9 条 2 項の解釈において判例法とはならないことを根拠とする。すなわち，パネルの決定は，複製権だけではなく，著作権者が有するあらゆる種類の排他的権利について検討したため，知的財産権に特化した条約でなく貿易協定について検討したものである。Ricketson 教授は，後に第二の見解に変更した。Sam Ricketson, *The three-step test, deemed quantities, libraries and closed exceptions*, Strawberry Hills（Australia）, Centre for Copyright Studies, 2002, p.31.

(134)　第一に，「特別の」という言葉の中に政策的考慮を読み込むことは，会議の記録に見当たらない，第二に，スリー・ステップ・テストの第二要件に関する会議の記録によれば，「特別の場合」には規範的側面は見当たらない。「通常の利用」という言葉は，当時すでに各国法に見られた例外規定をカバーするためのものであった。Jane C. Ginsburg, "Toward Supranational Copyright Law？ The WTO Panel Decision and the 'Three-Step Test' for Copyright Exceptions", *Revue Internationale du Droit d'Auteur*, January 2001, pp.37, 39, 41 and 43. ストックホルム会議における準備書類も，当時存在していた各国法上の例外規定を尊重していた。Government of Sweden with the Assistance of BIRPI, Proposals for Revising the Substantive Copyright Provisions（Articles 1 to 20）, 1971, in WIPO, *supra* note 124, Vol.Ⅰ, pp.141-142.

(135)　WTO, *supra* note 117, p.44; Ricketson, *supra* note 133, p.32; and Ficsor, *supra* note 9, ch.2, p.58.

第4章　孤児著作物問題と国際規範

　他方，規範的方法においては，単なる量的な評価ではなく，技術あるいは市場の発展可能性が考慮される[137]。すなわち，技術発展に伴い新たな複製方法・形態が出現するため，利用行為が「通常」であるかを判断することは困難である[138]。したがって，例外によって生じる，市場や技術環境に及ぼす効果について，潜在的な効果を含めて検討する[139]。新しい形態の複製行為が，本要件をクリアすることは，ストックホルム会議における立法経緯によって裏付けられる。同会議の準備書類を用意した勉強会（Study Group）によれば，「大きな経済的・実利的重要性を有する，あるいは有する見込みが強い形態の利用行為は，原則として，著作者の権能に属する」とされていた[140]。当該勉強会は，スウェーデン政府とBIRPI[141]の代表から構成され，その用意した条文案も，両機関による強い影響を受けていた。実際に，最終的な条文は，同勉強会による利用行為に着目した条件と同じ目的を有していた[142]。したがって，準備書類は，立法者の考え方を示したものとして，ストックホルム会議による条文の解釈の手段となる。

　WTOパネルは，規範的方法に沿って立法経緯を検証し，2つの結論を導いた。第一に，「通常の利用」とは，有形の収入を実際に生じる形態の利用行為だけではなく，相当な経済的・実利的な重要性をもたらす可能性がある

(136)　WTO, *supra* note 117, p.48.
(137)　Ricketson, *supra* note 133, p.32.
(138)　Ficsor, *supra* note 9, ch.2, p.59. See also Ricketson, *supra* note 133, p.33.
(139)　WTO, *supra* note 117, p.50.
(140)　WIPO, *supra* note 124, Vol.Ⅰ, p.111.
(141)　BIRPI（Bureaux Internationaux Réunis pour la Protection de la Propriété Intellectuelle）とは，世界知的所有権機関の前身である知的所有権保護合同国際事務局の略称である。
(142)　*Ibid.*, p.77; Ficsor, *supra* note 9, ch.2, p.59.
(143)　WTO, *supra* note 117, pp.47-48. 本パネルの結論は，準備書類にある次の箇所を根拠としている（原文）"it shall be a matter for legislation in the countries of the Union … to limit the recognition and the exercising of that right, for specified purposes and on the condition that these purposes should not enter into economic competition with these works. … The Study Group pointed out that this text limited … the right of national legislation to make exceptions … all forms of exploiting a work, which have, or are likely to acquire, considerable economic or practical importance, must be reserved to the authors." また，WIPO, *supra* note 124, Vol.Ⅰ, p.112を参照。

ものをいう(143)。許諾を拒否する，あるいは許諾料を得るといった，権利行使を行う可能性を著作権者が事実上有しない場合には，通常の利用を妨げないことになる(144)。第二に，著作権者による利用行為と競合しない範囲・程度に限定される場合には，制限・例外は通常の利用行為に抵触しない。他方，権利者による利用行為と競合する場合には，通常の利用行為に抵触する(145)。

　孤児著作物に対する制限・例外が，本要件をクリアするかは，後述するように議論のあるところである。

　(iii)　著作者の正当な利益を不当に害しないこと

　正当な利益を不当に害するか否かを判断するにあたっては，権利者と，制限・例外による受益者との，適切な利益調整が求められる(146)。WTOパネルの決定によると，「利益」とは経済的な利益に限られず，何らかの意義がある場合を広く含む(147)。さらに，「正当な」とは，法的な合法性のみならず，関連する社会規範および公共政策によって裏付けられた正当性も含む(148)。この点，「正当な利益」を法的利益に限定する見解もある(149)が失当である。すなわち，「非合理的ではない（not unreasonable）」という用語が，ストックホルム会議における第一委員会（Main Committee I）レポートにおいて，「害しない」という語の前に挿入されていた(150)。本要件はフランス語の "*ne cause pas un préjudice injustifié*" を翻訳したものであり，著作者の利益は法的な意味に限定されない。したがって，孤児著作物について言えば，権利者が身元・所在を伏せることが法的利益であるか吟味するまでもなく，「正当」であると判断されよう。

　また，「正当な」の具体的な判断要素を考察するにあたって，外交会議の記録が参考になる。すなわち，ストックホルム会議における上記第一委員会

---

(144)　Ginsburg, *supra* note 134, p.43. なお同書は，次の文献を参照している。Sam Ricketson, *The Boundaries of Copyright: Its Proper Limitations and Exceptions: International Conventions and Treaties*, Paper delivered at ALAI Study Days, Cambridge (UK), 1998.

(145)　WTO, *supra* note 117, p.48.

(146)　Ricketson, *supra* note 133, p.38; and Ginsburg, *supra* note 134, p.57.

(147)　WTO, *supra* note 117, p.58.

(148)　*Ibid*. Rickeston 教授も同旨。Ricketson, *supra* note 133, p.41.

(149)　Ficsor, *supra* note 9, ch.2 pp.59-60.

(150)　WIPO, *supra* note 124, Vol.II, p.1144.

の議長であった Eugen Ulmer 氏は，損害額，発行の目的および補償金額が，重要な要素であると指摘した[151]。本発言は，報告書の起草手続において争われず，出席国のコンセンサスがあった[152]。したがって，相応の補償金支払いによって利用行為が正当化される余地が出てこよう。

WTOパネルによると，阻害行為が「不当な」レベルに達するのは，権利者にとって不合理な収入損失が生じる，あるいはその可能性がある場合である。「不当」性の程度を判断するにあたり，WTOパネルは，市場の条件，すなわち，実際的・潜在的な効果を考慮する[153]。したがって，市場における著作物の二次的利用の可能性が高いほど，利用行為が「不当」と判断される可能性は高くなる。

Ⅲ　国内法化の形態

著作権の制限・例外の立法形式には，制定法による限定列挙主義と非限定列挙主義がある。本項においては，各国法における制限・例外を鳥瞰する。

①　限定列挙主義

フランス法やドイツ法の流れを汲む著作権制度を有する，大陸法諸国において見られる立法形式である。フランスでは，一般的な例外規定がなく，経済的権利に対する制限・例外が限定的に列挙されている[154]。ドイツ[155]や日本[156]も，限定列挙主義を採り，明文なき制限・例外は認められない。また，欧州連合著作権指令（5条2・3項）は，国内法によって定めることができる制限・例外事由を列挙している。そして，制限・例外は複製権および頒布権に限定され（同条4項），スリー・ステップ・テストが適用される（同条5項）。

---

(151)　WIPO, Thirteenth Meeting of Main Committee I, *Proposal of the Working Group on Right of Reproduction*（Article 9(2)）(S/109), in WIPO, *supra* note 124, Vol.Ⅱ, p.883.

(152)　*Ibid.*, pp.1144-1146.

(153)　WTO, *supra* note 117, pp.58-61.

(154)　Article L.122-5. ただし，フランスの裁判所は，制定法にない司法的な制限を著作権に課すこともある。Lucas and Kamina, *supra* note 89, ch.2, FRA 117-118.

(155)　Sections 45 to 63 of the 1965 Acts.

第 3 節 著作権の制限・例外との関係

② 非限定列挙主義

米国法は，非限定的な制限・例外事由を列挙する[157]のみならず，包括的な「フェア・ユース (fair use)」の規定を設けている (17 U.S.C. §107)。フェア・ユースの認定要素として条文に列挙されているのは，(1)利用の目的と性質が商業的か，(2)当該著作物の性質，(3)著作物全体との関係における利用される量と実質性，(4)利用による著作物市場への影響である。さらに，(5)被申立人の意図と動機，(6)著作権法と，憲法による言論の自由との調和[158]がある。

フェア・ユース規定に関する事例ではないものの，前述した WTO パネル報告書 (WT/DS160/R) によって，演劇用音楽著作物の家庭用免除を規定する列挙規定 (17 U.S.C. §105(5)) がスリー・ステップ・テストに抵触するとされた。その後，米国と欧州連合とは WTO 仲裁手続において「相互に満足のいく調整に達した」(2003 年)[159]ものの，当該規定は未だに改正されていない。非限定列挙主義の立法においては，フェア・ユースやスリー・ステップ・テストの適用のあり方は，共に裁判所の事後的な判断によって決せられる。

Ⅳ 対応策への考察

著作権の制限・例外を用いることにより，権利帰属が不明の場合に利用行為を認める立法例は，前述した英国における限られた局面を除けば，一般的ではないようである。米国においては，孤児著作物問題の解決策として主張する見解もある。著作権の例外・制限に該当する場合には，たとえ権利帰属が不明確で権利者から許諾を得ることができなくとも，後日の権利行使の可能性が否定または制限されれば，利用行為が阻害されにくい。したがって，

---

(156) 30 条，32 条，33 条，33 条の 2，34 条，35 条，36 条，37 条，41 条および 42 条。なお，解釈論としてのフェア・ユースの抗弁を否定した判例として，東京高判平 6・10・27 知裁集 26 巻 3 号 1151 頁，東京地判平成 7・12・18 知裁集 27 巻 4 号 787 頁がある。

(157) 17 U.S.C. §108 to 112.

(158) Miller and Davis, *supra* note 55, ch.2, p.361-363.

(159) WTO のウェブサイトによる。

第4章 孤児著作物問題と国際規範

　国際規範との関係を別にすれば，孤児著作物問題に対して，制限・例外が解決策となり得るようにも見える。具体的には，権利帰属の不明な状態が事後的に生じてしまった場合に，著作権の制限・例外と構成して著作物の利用を認めることも，立法政策に基づく列挙事由，あるいはフェア・ユースとして観念され得る。その際，限定列挙制度の方が非限定列挙制度よりも，利用者にとっては明確な事前指針となる。なぜなら，フェア・ユースに該当するかは，裁判所による事後的な判断によらざるを得ないため，利用者にとって事前判断が難しいからである。利用者にとっては，利用行為の前に明確な行為規範がない限り，結果的に侵害行為と判断されるリスクを負う。したがって，制限・例外によって利用者が躊躇なく著作物を利用できるのは，明確な根拠条文が存在する場合である。そこで，非限定列挙主義を採る米国においても，前述したように，フェア・ユースとしてではなく特別の制定法によって，権利帰属不明の場合における権利制限規定を設けようとしている。

　また，限定列挙か否かを問わず，スリー・ステップ・テストが充足される必要がある。前述したように，利用者を限定しない一般的な強制許諾は，スリー・ステップ・テストを充足しないおそれがある。以下検討する。

　まず，「特別の場合」という第一要件については，クリアされよう。しかし，「著作物の通常の利用に抵触しないこと」という第二要件は，経済的価値を有する著作物の利用行為についてはクリアされないであろう。なぜなら，前述したように，第二要件が充足されるのは，著作権者が自ら権利を行使できない場合，あるいは著作権者による利用行為と競合しない場合に限定される。そして，権利者の経済的利益を阻害する場合は，通常の利用に抵触すると考えられるからである。

　「著作者の正当な利益を不当に害しない」という第三要件は，前述したように，規範的観点からみた正当性も広く含まれるので，利用行為一般を否定するものではない。しかし，権利者が身元を明らかにしないことも，著作者の正当な利益と言える。権利者と利用者とが著作物の創作に共同して関わった場合にすら，権利者による不許諾が合理的とみなされる場合が多い[160]ことから，無関係の第三者による孤児著作物の利用が「正当な利益を不当に害しない」といえるためには，権利者を探索するための「合理的な調査」がより厳格に吟味されるであろう。

第 3 節 著作権の制限・例外との関係

　ただ，前述した，米国において提案されている，権利救済を制限する手法は，いったん認められた著作権の権利行使を制限することになり，権利行使を国際規範化した TRIPS 協定 45 条にも反するおそれがある。権利行使への制限が認められるには条約に根拠が必要であり，それはスリー・ステップ・テストにほかならない。そして，スリー・ステップ・テストのうち，第二要件をクリアすることは，前述したように容易でない。同テストは，いずれも権利者にとっての影響を考察するものであり，立法経緯からみても利用保護を直接の制度趣旨にしていなかったことからも，孤児著作物問題の解決のために制限・例外を用いることは難しい。

　著作権の制限・例外に関しては，無方式主義に比べて，動態的分析の余地が少ない。スリー・ステップ・テストが形成されたのが比較的最近であるため，立法経緯に関する資料が比較的多いこと，また WTO の紛争処理手続において検討がなされたことが原因である。権利の制限・例外，あるいは権利救済を制限するアプローチについて，今後新たな立法技術が開発される可能性がないとは言えないものの，スリー・ステップ・テストをクリアすることは容易ではないだろう。なお，権利行使や救済を制限するアプローチのうち裁定制度の活用は，スリー・ステップ・テスト上は問題が少ないであろうが，前述したように，事務処理能力の上で限界があると思われる。したがって，本アプローチによる解決策は，それぞれ単独では実効性が乏しい。情報提供を充実するアプローチとの併用を目指していく必要がある。

（160）　文化審議会著作権分科会過去の著作物等の保護と利用に関する小委員会『第 2 回　資料 2　多数権利者が関わる実演の利用円滑化方策について（共有 WT）』(2008 年)。同 WT によると，「デジタルコンテンツの特質に基づく目的外への流出が不安だから」，「相手方事業者の実情がよく分からないから」，「イメージ戦略等の観点からプロダクションの計画に沿った露出をしたいから」，「実演のできが悪いから」，「許諾に伴う対価に満足できないから」，「引退した実演家が，過去の番組の二次利用により話題となることを嫌い，平穏な生活を希望しているから」といった，ビジネス上あるいは個人主観的な事情についても，合理性が認められる。

第4節　無方式主義の動態的分析による解決

I　孤児著作物問題以外の課題解決への意義

　孤児著作物問題の解決のために，あえて一般概念である無方式主義の検証を行う必要性は乏しいとの懸念も予想される。しかし，無方式主義の動態的分析は，孤児著作物問題の解決だけでなく，他の現代的問題の解決に資する。とりわけ，権利帰属の国際的な推定が生ずるツールがあれば，権利者による迅速な権利行使にも資する。もちろん，動態的分析によって，孤児著作物問題を含む現代的課題が一挙に解決されるのではない。また，強制的な公示制度に結びつくものではなく，未登録著作物が実際に創作される著作物の内の大多数を依然として占めるであろう。しかし，権利者による権利の自発的な公示の選択肢が増えることによって，権利帰属が不明な著作物の割合が減少するだけでなく，自ら国際的な権利行使の迅速化を図り得る。
　「権利の享有及び行使」や「方式」の意義に関して，新たな国際規範を定立して各国法化せずとも，既存の確立した国際規範たる無方式主義を前提として，その規範範囲を明確化し，グレーゾーンが狭まる状況を本稿は念頭においている。かかるグレーゾーンの存在によって，「方式」の意義について過度に萎縮的な効果が，各国法に与えられてきた。実際に，英国をはじめ，ベルヌ条約への加盟時に登録制度を全廃した国も多い。かかる国々においては，外国登録による権利帰属の推定を認めにくいであろう。したがって，各国法に委ねられる領域が明確となれば，無方式主義の範囲内において，権利者と利用者の双方にとって有益な，各国が採り得る立法あるいは司法政策の幅も広くなろう。

II　無方式主義との関係

　日本や米国のように，著作権の登録制度が存在する国では，登録著作物の権利帰属に関する推定を，前述したように，少なくとも各国内で生じる場合が多い。外国登録による推定も，無方式主義に反しない。かかる解釈は，客

観的解釈や主観的解釈から導くことはできないものの，権利者と利用者の双方の利益にかなう場合には，無方式主義に関する目的論的解釈上許容され得る。

　すなわち，登録による権利帰属の推定が生じることは，推定のための条件が課されるとしても，推定が生じない状態に比べれば，選択の余地が増える意味で権利者にとって有利である。そして，権利帰属に関する推定は，権利の「享受および行使」に必要不可欠なものではない。よって，未登録権利者が推定による便益を享受できないことは，登録をしないことによって権利の享受や行使の途が閉ざされるのでない限り，すなわち，他の方法により権利帰属を証明できる限り，無方式主義に反しない。また，利用者にとっても，本来ならば許諾を得る必要があるから，誰が権利者と推定されようと，権利者を知る手がかりが増えるのであれば，利用行為を行うことができる著作物の数が増えるであろう。

　もちろん，本効果はあくまで推定に過ぎず，権利帰属について疑義が生ずれば，事実証明に関する一般的理論・実務によって，権利者は自己への権利帰属を証明する必要がある。

　他方，著作権登録がないことをもって，権利帰属が生じないとの推定が生じることは，前述したように，無方式主義に反する。かかる推定を認めることは，権利者に対して事実上登録を義務づけるのと同様の効果を生じるおそれがあるからである。権利者と利用者の双方の便益を促進するのでなければ，目的論的解釈は許容されない。

Ⅲ　立法上の手法

　権利帰属の推定が国際規範上許容され，かつ望ましいとされた場合，その規範上の形式を検討する。国際規範を定立するには，各国法の統一化・調和の程度の差，あるいは各国法への拘束力の違いによって，条約（convention），モデル法（model law），立法ガイド（legislative guide），モデル条項（model provision）が主に用いられる[161]。このうち条約は，法的拘束力を有する規

　（161）　United Nations, *The UNCITRAL Guide —Basic facts about the United Nations Commission on International Trade Law*, 2007, pp.13-17.

範を定立することにより，各国法を統一せんとするものである。条約の手法が用いられるのは，加盟国法を調和する必要性が高い場合である。各国による柔軟な対応が望まれる場合には，条約は用いられない。第二のモデル法は，各国法に取り込まれることが勧奨される立法テキストである。各国法を近代化・調和するにあたり，各国ごとに異なる事情を調整する必要がある，あるいは厳格な統一化が不要・不適切な場合に，モデル法の手法が用いられる。条約に比べて柔軟な扱いが可能であるものの，モデル法からの乖離は，可能な限り避けることが推奨される。第三の立法ガイドは，それに準拠する国内法の採択を目標とせず，主な原則の提示や立法的勧奨のみにとどまる。各国法の形態や解決方法が大きく異なり，特定の解決法を目指すことが困難である，あるいは解決策についてコンセンサスを欠く場合に，立法ガイドの手法が用いられる。

　前述したように，著作権の登録制度が存在する国と存在しない国とが併存する，そして登録制度が存在する国でもそのあり方が多様であるため，権利帰属に関する推定について，条約による画一的な規範化になじまない。したがって，モデル法や立法ガイドの手法が適切である。なお，上記第四の手法であるモデル条項は，特定の問題について複数の条約が規律する場合に用いられるため，既存の条約条項を欠く状況である，権利帰属推定には妥当しない。なお，孤児著作物問題について立法的な解決策を望まない，前述した欧州連合の加盟国の意向とも，ソフト・ロー的なアプローチは整合的である。あるいは，明文上のソフト・ローを定立するのでなくとも，例えばWIPOによる公式の条文解釈が示されるならば，条約解釈の補助となる。各国の立法あるいは司法担当者にとって，明確な指針となろう。

　なお，国際的に集中管理された登録制度を設けるべきだとの立論も，少数ではあるが存在する[162]。かかる制度が設けられれば，登録による付随的効果が広く国際的に生じることになるであろう。しかし，国際的な集中管理登録制度の創設・運営には，運営組織に対する条約上の根拠が不可欠である。日本を含む各国法が単独で創設できるものではない。前述したように，国内

---

(162) 例えば，International Insolvency Institute, "Submission to UNCITRAL Working Group VI", Colloquium on Financing of Intellectual Property, EBL 1-2-7, 2007, p.1.

第4節　無方式主義の動態的分析による解決

登録制度すら存在しない国が多数あるので，近い将来のあり得る立法上の手法としては除外されるであろうが，中長期的には検討に値する。

第5章　日本法への示唆

第1節　孤児著作物問題への解決

I　利用者への示唆

　日本では，前述したように，権利移転の経緯あるいは現在の帰属関係は任意的にせよ，登録事項である。利用者にとって，登録による著作権の帰属情報によって，許諾を求めるべき相手を知る手がかりになる。もちろん，登録を信じたからといって，真の権利者による許諾なき利用に対しては，権利者による差止請求が妨げられない。また，前述したように，損害賠償責任の要件である侵害行為や過失とは，登録が直接結びつくものではないため，利用者にとって真実の権利者から許諾を得る必要があることに変わりはない。ただ，登録は，権利者探索のためのツールとなる。
　未登録著作物については，登録しないことも，権利者にとって許された選択肢である。未登録をもって権利者不在との推定が生じるものではなく，許諾なき利用行為が無過失と帰結されるのでない。
　したがって，登録の有無を問わず，裁定や制限・例外事由に該当しない限り，当該著作物を利用することはできない。登録制度の活性化による意義は，利用者にとって権利帰属が不明な著作物の発生を撲滅するのではなく，減らすことにある。

II　裁定制度との関係

　登録制度の活用策に対しては，現行の裁定制度の拡充を図るのが先決だとの懸念が予想される。確かに，日本法は，裁定制度によって権利帰属不明の場合に対処する建前になっている。しかし，前述したように，インターネット上の膨大な数の著作物の数，行政庁の事務処理能力の限界を考えると，裁

定制度による対応には限界があろう。CRICのウェブサイト上に，不明な権利者を捜すための窓口ホームページが設置され，広く一般への協力要請が行われるといった，裁定制度の運用改善が図られたところであるものの，未だ裁定制度の利用は低調である。前述したように，国立国会図書館が所蔵資料のデータベース化を進めており，多数の著作者の多数の作品のCD-R，DVDの作成やネット配信に係る申請が増えているとは指摘されるものの，極めて少数にとどまっている[1]。日本と同様に裁定制度を採るカナダにおいても，裁定制度の利用は膨大な著作物全体からみれば極めて限られている。したがって，無方式主義の動態的分析や権利の制限・例外といった手段を代替するのではなく，相互に補完的な解決策となる。

Ⅲ 権利の制限・例外との関係

限定列挙によっては，非列挙事由をカバーできない。この点，日本の著作権法はフェア・ユースの抗弁を認めていないため，黙示的ライセンスや権利濫用といった一般的な法理を発展させる必要性が大きいとの見解もある[2]。また，日本法の下においても「複製等の既存概念を柔軟にあるいは規範的に解釈することにより具体的妥当性を確保する必要がある」[3]と考えられており，一般的な制限・例外があるのと同様な帰結を解釈上導く見解もある。さらに，近年では立法論として，フェア・ユース導入論もある[4]。しかし，著作権の制限・例外事由が，利用開始前に明確でなければ，侵害行為に対する責任が発生する可能性への懸念を免れず，利用行為は躊躇されてしまう。

また，日本では裁定許諾制度が用意されていることに鑑みると，単に著作者不明であるというだけで，権利濫用と断じることはできない[5]。前述し

（1） 運用改善は，文化審議会著作権分科会・前掲3章注100，160-172頁において提唱された。国会図書館関係の申請は5件にとどまっていると指摘されている。
（2） 田村善之「検索サイトをめぐる著作権法の諸問題(1)―寄与侵害，間接侵害，フェア・ユース，引用等―」知的財産法政策学研究16号（2007年）118-119頁。
（3） 中山・前掲2章注10，212頁。
（4） 斉藤教授は，「著作物の個々の具体的な利用形態に合わせて個別的な規定を設ける手法は，著作物の利用形態が多様化してきた今の時代，現実的とはいえまい。」として，包括的な規定の模索を提唱される。斉藤博「著作権の制限又は例外に関する一考察（その2・完）」知財管理55巻10号（2005年）1360-1361頁。

たように，権利者と利用者とが著作物作成に共同して関わった場合にすら，権利者による許諾の拒否について権利濫用を否定する見方が一般的である。利用者が無関係の第三者であれば，なおさら権利者に応答義務を見出し難い。

したがって，孤児著作物問題を制限・例外制度によって解決するためには，一般的な法理あるいは解釈論的な手法ではなく，利用者が合理的な調査をした場合における権利の制限・例外を著作権法上で明文化する必要が生じる。また，国際規範との抵触を避けるため，スリー・ステップ・テストとの関係について厳密な分析が必要であろう。

IV 登録制度の改善のあり方

日本では著作権登録が一般に利用されておらず，登録制度に対する立法論的な批判がある[6]。現行制度の運用改善によって，登録制度が広く利用されれば，無方式主義の動態的分析を補完する意義を有する。

(1) 公示事項制限

無方式主義の動態的分析とは，権利者・利用者双方にとって便宜ならば，目的論的に解釈するものである。権利者が自発的に登録する際の公示事項の内容やその多少は無方式主義とは無関係であり，日本法の立法政策あるいは行政レベルでの運用改善策として調整し得る。

元来，著作権は産業財産権と異なり，出願・審査請求といった手続を経ないため，権利者が非公開を選択することができる。非公開は，コンピュータ・プログラムを含む営業上の秘密を守るのに適した制度である。すべての登録情報が開示されるとすれば，登録制度が権利者によって敬遠され，利用されないであろう。

ところが日本では，著作権登録原簿やその附属書類に記載される事項について，何人も登録事項の閲覧を請求することができる（著作権法78条3項）。著作権に限らず，日本の登録・登記制度においては，公示制度として，登録・

---

(5) 中山・前掲2章注10, 311頁も，「権利濫用法理は，基本的には権利者の行為態様を問題とし，フェアユースは主として利用者の側の事情を考慮するものであり，濫用法理でフェアユースの規定に全面的に代替できるものではない」と指摘する。

(6) 半田正夫『著作権法概説』(2009年, 第14版, 法学書院) 236-237頁。

第 1 節　孤児著作物問題への解決

登記された情報はすべて一般に公開される。特許原簿，商標原簿をはじめ，不動産登記や商業登記も然りである[7]。しかし，登録・登記内容を秘密にする当事者の必要性に鑑み，近年では，登記情報の開示について情報内容によって異なる開示方法を設け，一部の情報を一般に開示せず，利害関係人にのみ開示する，段階的な開示制度が導入された[8]。また，前述したSOFTICにおけるコンピューター・プログラムの登録事項について，譲渡証書，代表者資格証明書，委任状といった添付資料に含まれる情報は，公示の対象とならない。かかる他の登録制度の先例に鑑みれば，著作権登録について，登録内容の一部非公開を定めることも，類似制度との整合性という観点から立法政策として不自然ではなくなっている。

一部非公開が可能な場合，著作物に関する情報のみが登録され，権利帰属に関する情報が非公開とされることがあり得るものの，登録はなお，一種の公示機能を有する。すなわち，権利者によるコンタクト情報の非公開の選択は，公示された著作物について利用許諾をしませんという黙示の意思表示を公示したともいえる。

(2) 権利移転面における登録

(i) 当事者間の関係

日本では，所有権その他の物権の移転と同様，著作権の譲渡は当事者の意思表示のみによって効力を生じる。すなわち，著作権の譲渡は，著作権者と譲受人との間の契約によって行われる。この契約の性質は準物権行為であり，原因行為としての著作権の売買・贈与・交換といった債権契約の履行を目的とする法律行為である[9]。諸外国の法制度との比較を根拠に，書面を要求すべきとの立法論が強い[10]ものの，契約書面は前述したように公示方法として限界がある。

前述したように，米国のみならず日本においても，ひとたび登録された著

---

(7) 不動産登記法（明治 32 年〔1899 年〕法律第 24 号，最終改正平成 19 年〔2007 年〕法律第 23 号）120 条 2 項および 121 条 2 項，商業登記法（昭和 38 年〔1963 年〕法律 125 号，最終改正平成 17 年〔2005 年〕法律 87 号）11 条および 11 条の 2。

(8) 産業活力再生特別措置法（平成 11 年〔1999 年〕法律第 131 号）の一部を改正する法律（平成 19 年〔2007 年〕法律第 36 号）64 条 2 項，および動産及び債権の譲渡の対抗要件に関する民法の特例等に関する法律（平成 10 年〔1998 年〕法律第 104 号）11 条 2 項参照。

作物の権利移転は登録事項となる。したがって，権利帰属を明確にする上で，登録制度は存在意義を有する。公示は法律上要求されないものの，権利帰属の推定や対抗力を得ようとする，権利者に対する登録へのインセンティブ機能を介して，権利帰属の明確化が図られる。

(ii) 対 抗 関 係

著作権の対抗関係を登録によって決する立法例は，比較法的にみて少数である。他方，日本では，著作権の移転は登録しなければ第三者に対抗できない（著作権法77条）。ここで，「対抗」とは，権利の取得ないし権利の変動を第三者に主張できることをいう（対抗力）[11]。対抗関係を規律するための登録制度は，権利の「享有及び行使」に直接関わるものではないため，無方式主義上の「方式」に該当しない。この点，無方式主義への抵触を指摘する見解もある[12]。確かに，登録を経ずに権利が第三者に二重譲渡された場合，未登録権利者による権利行使が妨げられるから，いわば間接的な形で，登録が権利の享受・行使の要件になっている。しかし，前述したように，権利移転は無方式主義の射程外であるから，現行法は無方式主義に抵触しない。

(3) 非公的登録制度

集中処理機関による「黙示的ライセンス」「拡張的集中ライセンス」あるいは「義務的集中管理」は，公的登録による公示機能を，限定的にせよ補完する側面を有する。しかし，前述したように，今日では無方式主義に抵触するおそれが強い。とりわけ，集中処理機関による独占的業務に対して批判の

---

(9) 半田・前掲注6，181頁。なお，日本法には，例外がある。すなわち，譲渡契約において，翻案権または二次的著作物の利用に関する権利が譲渡の目的として特掲されていないときは，これらの権利は譲渡者に留保されたものと推定される（著作権法61条2項）。中山教授は「民法の一般原則とは別に，なぜ著作権法だけにこのような特別措置が必要であるのか，という点には疑問がある」とし，「著作権の譲渡は，他の財と比較して殊更異なった法規制が必要とは思えない」として，本推定規定を立法論としては削除すべきとする。中山・前掲2章注10，322頁。

(10) 米国および英国では，著作権の譲渡といった契約は文書によらない限り無効である（U.S.C. §204 (a)，英国著作権法90条3項および92条1項。ドイツにおいては，著作権の譲渡がない代わりに，排他的許諾が譲渡と同様の機能を果たす。ドイツ著作権法40条1項は，著作者が将来の著作物の内容を詳細に定めずにその利用を許諾する契約について，文書によることを義務付けている。

(11) 半田・前掲注6，230頁。

(12) 半田・前掲注6，236頁。

強い日本では，管理手数料が権利者・利用者の双方にとって負担である，規制緩和の流れに逆行する，競争を阻害するものと認識される。集中処理機関に対する立法上の関与は，日本法においても低減してきたことも考えると，立法政策上の選択肢とならないであろう。

(4) 海外における登録の利用

海外における権利帰属推定は，日本法の及ぶところではない。しかし，海外における日本登録による効果を高めるように促すことは，可能である。前述したように，実名登録といった付随的事項のみならず，権利帰属に関する広範な事項が，任意的にせよ，ひとたび著作物が登録された場合に日本では登録内容となっている。また，外国登録についても，権利帰属の推定が判例法上認められている。したがって，無方式主義の動態的分析によって日本における認定プロセスは変らないため，国内・外国作品を問わず，日本における孤児著作物問題の解決が現在以上に促進されるわけではない。他方，目を海外に転ずると，外国登録に対して権利帰属の推定を生じさせない国が多いことも一因となって，外国からの許諾料収入が多い著作物についても，日本において登録されない日本作品も多い。そこで，日本の国内登録に伴う権利帰属推定が外国法によって海外でも生ずることになれば，日本での登録へのインセンティブが権利者にとって増すため，日本のみならず海外においても孤児著作物が減る効果を生むであろう。

権利帰属推定に関する，上記の日本判例法の扱いを相互主義的なものに変更すれば，日本登録に対する外国法・判例の扱いを変更させる誘因・契機となり得よう。登録による権利帰属の推定は，国際規範として義務付けられるのでない。したがって，日本登録に対する扱いは外国法に委ねられる。しかし，相互に平等な主権国家間の長期的な安定的関係を設定するためには，互酬的（reciprocal）な関係を築く必要がある[13]。したがって，たとえ公定翻訳を条件とされても，日本の登録書類に権利帰属の推定を認める国を本国とする著作物に対してのみ，かかる推定による恩恵を日本国内で与えることも，立法政策としてあり得るであろう。

---

(13) 小寺他・前掲2章注19, 10－11頁。

第2節　登録制度に伴う問題との関係

I　事務負担

　インターネット上に創出されるすべての著作物を登録制度が網羅することは，登録機関の事務処理を考えると現実的でない。インターネット上では，一般個人も著作物を創作しており，著作物の数は膨大である。インターネット時代においては，「いわゆる《素人》によるマーケット指向ではない著作物，すなわち自己満足的なもの，あるいはビジネスにはならないが社会に貢献するためのもの等が多数出現し，それがインターネットを通じて流通するようになってきた」(14)。したがって，権利公示制度の整備を図るとしても，その対象は，国際的保護に値するような著作物が念頭に置かれることになろう。無方式主義の規範範囲の明確化が，著作権の国際的な権利行使迅速化を目的としていることに鑑みれば，国際的な保護を必要としない著作物についてまで，公示制度の整備を図る必要性は乏しい。実務的には，登録料の賦課を通じたフィルタリング，すなわち，登録料の負担に見合う便益を得られる著作物に限定されよう。もちろん，国際的保護に値するような作品であれば，零細事業者・個人創作者の保護や文化政策上，登録料負担軽減策が講じられてもよい。

　また，著作物の確認や寄託に要する費用，他方において迅速な権利行使が求められるインターネット上の著作権保護を考えると，電子化された著作物に限定するのが合理的であろう。インターネット上に創作される著作物すべての公示を行うことは，その膨大な数・量に鑑みると，事務処理上現実的ではなく，社会的コストも膨大だからである。

II　不実登録

　著作権は創作時に無審査で権利が発生すること，また前述のように権利移転が公示されないことが多いため，行政庁が実体関係を調査して権利帰属を

---

(14)　中山・前掲2章注10，はしがきii頁。

確認することは極めて困難である。したがって，日本においても，著作権登録は産業財産権とは異なり，著作権登録は実体審査なしに受理されている。無権利者による登録を防ぐ仕組みがないため，登録に伴うインセンティブを与えると，不実登録が増えるとの指摘があろう。

　不実の登録を故意に申請する行為は，公正証書原本不実記載罪（刑法157条）を構成する。刑事制裁が抑止となって，不実の登録申請を防ぐ機能がある。しかし，実体法上は無権利者であるにも関わらず，自己を真の権利者と合理的に信じた場合には，刑事制裁の対象となりにくいであろう。また，申請人が海外在住の外国人である場合には，刑事制裁による威嚇は実効性が乏しい。

　そこで，登録内容の真正さを担保するためのシステムの構築が必要になる。著作権者であるか否かは，真の権利者だけが有する情報に基づくことなしには，判断が困難な場合が多い。したがって，権利者による登録内容の検索・監視システムを構築する必要がある。非電子的な作品については，かかる検索が困難であろうから，登録制度の拡充は電子作品に限定することは，事務負担のみならず不実登録防止の上でも理由がある。

　もちろん，真の権利者による監視体制によっても，不実の登録を完全には防ぐことはできない。不実登録のリスクを権利者と利用者のいずれに負わせるかが，問題の核心である。登録制度，著作権の制限・例外，あるいは裁定制度は，前述したように，各々長所・短所がある。したがって，各制度が相互に補完的な働きをもって孤児著作物問題に対処する必要があろう。ただ，スリー・ステップ・テストの充足もその事前予測可能性も，現段階ではいずれの国においても難しい。制限・例外に関する限定列挙主義の下では，権利者不明の場合の権利制限を条文化する必要もある。また，裁定制度では膨大な数の著作物に対処することはできない。この点，登録制度については，今後の技術的な発展，具体的にはインターネット上の登録検索システムの精度向上を通じて，不実登録の克服が容易になってくる余地があるのではないか。

結　語

　無方式主義は，国際的にみて普遍的な規範である。今日では，国際慣習法としての地位を確立しているといっても，あながち過言ではない。そして，無方式主義の改正あるいは変更の可能性は，ベルヌ条約上の規定，条約法一般論および今日の外交情勢からみて，ほぼあり得ないであろう[1]。本稿も，無方式主義の修正を提唱するものではない。ただ，規範の範囲を法的に検証することなく，「無方式主義」という語感から受ける印象を神聖視・絶対視して，著作権保護に関する方式を過度に排斥する必要はない。確立した国際規範といえども，法規範として許容される範囲内での柔軟な解釈は許される。そして，無方式主義によっても，権利保護の程度，種類，範囲や期間を画するに過ぎないものは，「方式」に含まれない。また，条約解釈に関して客観的あるいは主観的な解釈手法によっては，無方式主義の規範の範囲が，必ずしも明確ではない場合には，条約解釈に関する目的論的解釈手法を用いて，国際規範を形成していくことが可能である。すなわち，権利の国際的保護が無方式主義の本来の制度趣旨であることに鑑みれば，「方式」がかえって国際的保護に資する場合，かつ利害関係者の利益にも合致するならば，客観的・主観的解釈によって明確にされ得なかった「方式」の範囲を，柔軟に解釈することも許される。その際，「権利の享受および行使」の範囲についても同様に，柔軟な解釈が可能であろう。

　この点，各国登録制度は，無方式主義に対する過度の萎縮反応もあって，権利公示のための機能が十分に働いていない。権利者に対して登録に伴うメリットを付与し，登録制度が活性化されれば，権利者および利用者双方にとって有用な状況があり得よう。

　とりわけ，インターネット時代においては，利用者の立場を重視するのが

---

(1)　知的財産権に関する各国の利害対立は複雑化しており，国際機構において全会一致に基づく意思決定がなされることは不可能に近くなった。山根裕子『知的財産権のグローバル化』(2008年，岩波書店) 7頁。

国際的な傾向である。権利者不明の場合における利用行為促進のため，無方式主義イコール一切の登録制度廃止という連想を改めて，新しい時代に合わせて，条約解釈の範囲内で，無方式主義の射程範囲を検討していくことも可能であろう。これは，無方式主義の内容を変更するものではなく，国際社会において定着した無方式主義のあり方について，国際法に基づく法的解釈論の中で可能かつwin-winな途を探ろうとするものである。確かに，方式主義が検閲制度と結びついていた歴史的経緯，あるいは，一部の国における現状に鑑みれば，無方式主義の検討自体を回避したい心情も理解できる。また，自然権的思想が，柔軟解釈に対する心理的抵抗感の根底にあるのかも知れない。しかし，国際社会に受け容れられる条約解釈的な検討とは，直接に結びつくものでないことを，本稿は検証したつもりである。

　もっとも，権利公示制度を拡充するだけでは，孤児著作物問題の解決は困難である。登録制度，著作権の制限・例外，あるいは裁定制度といった諸制度は，いずれも一長一短あり相互補完の関係に立つ。1つの制度だけでは，条約法や事務上の制約により，権利帰属が不明な著作物の利用を図りにくい。そして，法制度体系や行政庁の能力といった，各国の実情に合わせた対応が効果的であろう。ただ，権利者による不実登録への監視が技術的見地から容易になる余地があること，またオンラインによる登録が容易になっているため，登録制度の充実に将来的な発展の余地が大きい。したがって，情報技術の発展を権利者および利用者双方の利益に沿うように役立てる素地を用意するため，無方式主義の現代的状況に沿った動態的分析が不可欠である。動態的分析による意義と限界とを把握しつつ，情報技術の登録実務への利用可能性も視野に入れながら，そして，利用者が必ずしも特別の法的保護を必要とするような「弱者」とは限らないことにも留意し，今後も検討を進めていくことが望まれる。

事項索引

〈あ 行〉

ISSN → 「国際標準逐次刊行物番号」を参照
ISBN → 「国際標準図書番号」を参照
ISP → 「インターネット・サービス・プロバイダー」を参照
アイデア　145
ITC → 「米国国際貿易委員会」を参照
IPI → 「利害関係人情報」を参照
後からの実行　12,43,44
アポスティーユ条約　118,120
ALAI → 「国際著作権法学会」を参照
RIAA → 「全米レコード協会」を参照
UNCITRAL → 「国連国際商取引法委員会」を参照
Anton Piller Order　83
アン法　7,25,26
依拠　65,124,125,126,145
一応の証明　52,55,78,82,93,108,111,118
一元論　30
一般慣行　44
一方的緊急差止命令　40,79,108
移転登録　110
印刷出版会館　53,82,111
インターネット・サービス・プロバイダー　85,117
ウィーン条約 → 「条約法に関するウィーン条約」を参照
写りこみ　133
ウルグアイ・ラウンド合意法　136
ALI → 「米国法律協会」を参照
escrow → 「供託」を参照
SCCR → 「WIPO著作権等常設委員会」を参照

を参照
FRCP → 「連邦民事訴訟手続規則（米国）」を参照
EFTA → 「欧州自由貿易連合」を参照
エンフォースメント　33
欧州裁判所　37
欧州自由貿易連合　70
欧州連合権利行使指令　37,80
欧州連合著作権指令　116,176
欧州連合電子商取引指令　89
欧州連合理事会規則　37
orphan works → 「孤児著作物」を参照
orphan works 条項　139
オンラインによる登録　123,193

〈か 行〉

蓋然性のバランス（balance of probability）
　111
拡張的集中ライセンス　85,115,116,144
Catalog of Copyright Entries（CCE）　135
仮定性　40
仮差止命令　40,78
仮処分命令　79
関税法　38
間接侵害　86
寄託　7,13,20,47,51,54,56,69,92,93,95,96,190
規範的方法　174
基本的な本体　19
義務の集中管理　85,116
客観的解釈　57,59,181
旧著作権法　53
寄与責任　86,88,126
強制許諾　139,141,147,178
行政的救済　34,35

194

事項索引

行政上の強制手続　38,75,122
競争法　105
供託　150,159,165
共通情報システム　104
共通利益　58
享有　5,20,31,32,66
共有著作物　67
ギルド　24
近代デジタルライブラリー　133
Creative Commons　146,152
契約書面　21,96,97,99
ケース・バイ・ケース説　152
権限証明　100
限定列挙　60,146,176,185,191
権利管理情報　101,102
権利帰属　39,58,59,61,64,66,69,71,75,77,78, 80,84,89,90,91,93,99,100,104,105,108,109, 111,112,122,129,134,167,181,188,189,193
権利救済の制限　147,157
権利クリアランス　106
権利者の表示　155
権利集中処理に関する勧告　106
権利の束　22
権利濫用　185
故意または過失　61,125
行使　20,33
更新　135,136,138
公正証書原本不実記載罪　191
公定翻訳　52,189
衡平法裁判所　77
合理的な補償金　155-158,160,161
合理的に行った真摯な調査　151,160
国際慣習法　12,13,44
国際著作権法学会　15
国際的な集中管理登録制度　182
国際標準逐次刊行物番号　96,164
国際標準図書番号　96,164

国際礼譲　33
国立国会図書館　133,185
国連教育科学文化機関　48
国連国際商取引法委員会　20,128
孤児著作物　121,131,132,158,163
Copyright　25,26
後法は前法を廃する　43,44
コモン・ロー　25,27,77,113
コンセンサス　14,170,176
コンピューター・プログラム　32,94

〈さ　行〉

最終的な証明書　118
最少アプローチ　54
裁定　140,141,167,184,185,193
最良の慣行　161,165
些細な慣行　13
些細な留保　169
差止　34,39,41,76,83,108,111,122
subpoena　→「罰則付召喚令状」を参照
産業財産権　71,81,109,110,112,186
参事院令に定める条件　38
サンセット条項　158
サンチアゴ協定　104
暫定措置　34,40,80
暫定的救済　40,71
CISAC　→「著作権協会国際連合」を参照
CIS　→「共通情報システム」を参照
CFR　→「通関法（米国）」を参照
CPI　→「知的財産法（フランス）」を参照
CPR　→「民事訴訟法（英国）」を参照
自然権　7,10,25,193
事前予測可能性　191
視聴覚著作物の国際登録に関する協定　50

195

事項索引

実演及びレコードに関する世界知的所有権機関条約　6
実効性の規則　→「目的論的解釈」を参照
実質的な類似性　125
実証的方法　173
実体審査　191
指定登録機関　94
私法統一国際会議　77
氏名表示権　22
JASRAC　→「日本音楽著作権協会」を参照
集中処理機関　20,84,85,103,112,142,165,188
主観的解釈　57,59,181
主張立証責任　110
出願様式 PA　93
出願様式 SE　93
出願様式 SR　93
出願様式 TX　93
出願様式 VA　93
少額訴訟　159,160
商業登記　187
商業レコードへの録音等の裁定制度　142
商標原簿　187
証明責任　109,111
条約法に関するウィーン条約　11,43,57
職務著作　66,97
諸見解を包摂した学説　11,14
真摯　164,165
推定　22,108
Stationers' Company　24
Stationers Hall　→「印刷出版会館」を参照
ストックホルム外交会議　19,132,170,171,174,175
ストックホルム改正　19,53
スリー・ステップ・テスト　159,170,171,176,178

税関当局による差押え　73
請求原因　111
制限・例外　60,69,143,168,176,193
世界関税機構　36
世界人権宣言　60
世界知的所有権機関　6,12,14,49,52,105,108
世界貿易機関　6,11
世界貿易機関を設立するマラケシュ協定　6
設定登録　110
善意の抗弁　127
1909 年法（米国）　135
1911 年著作権法（英国）　26,53
1976 年法（米国）　27,54,135,140
1908 年ベルリン改正外交会議　17
宣言　7,16
宣誓陳述書　111
1790 年法（米国）　26,27
1791 年法（フランス）　28
1793 年法（フランス）　28,29
1842 年著作権法（英国）　26
1883 年ベルヌにおける ALAI 会議　15
全米レコード協会　87
相互主義　8,19,189
属地主義　33,69,103,117
ソフトウェア情報センター　94,187
SOFTIC　→「ソフトウェア情報センター」を参照
ソフト・ロー　34,77,164,182
疎明　80
損害賠償　34,83,84,111,124,125

〈た 行〉

代位責任　86,88
対抗　68,188
大陸法　7,8,25,28,113,176
多国間条約　9,31

事項索引

WIPO →「世界知的所有権機関」を参照
WIPO インターネット条約　6,45
WIPO 著作権条約　6,32,101,102,169,170
WIPO 著作権等常設委員会　128
WCO →「世界関税機構」を参照
WCO モデル法　36
WCO 勧告　73
WCT →「WIPO 著作権条約」を参照
WTO →「世界貿易機関」を参照
WTO 協定　→「世界貿易機関を設立するマラケシュ協定」を参照
WTO パネル　58,172,175
WPPT →「実演及びレコードに関する世界知的所有権機関条約」を参照
担保付取引についての立法ガイド　129
知的財産権庁（カナダ）　123
知的財産推進計画 2004　141
知的財産法（フランス）　29,82
知的所有権保護合同国際事務局　174
中間的差止請求　41,81
著作権委員会（カナダ）　142
著作権協会国際連合　104
著作権行政処罰実施弁法（中国）　39,75,76
著作権局（米国）　93,131,135,149,157,166
著作権審判所　143
著作権等管理事業法　107
著作権登録原簿　186
著作権法　53,94
著作権法（英国）　114
著作権・隣接権管理法（ドイツ）　115
著作財産権　22,98
著作者情報公開調査　133
著作者人格権　22,98,158
著作者性の推定　17,21,64,110
著作者の権利　7,28
著作者の権利に関する法律（フランス）　29

著作者の正当な利益を不当に害しない　175,178
著作者の表示　134,155
著作物の通常の利用に抵触しない　172,178
通関法（米国）　38,73
通常の方法による著作物上の表示　63
通知　13,27
データベース　32,103
適当ないずれの措置　144
デジタル透かし　101
手続上の問題　17
電子図書館構想　161,165
同一性保持権　22
登録　7,13,16,20,47,54,69,74,76,82,83,92,96,103,104,110,122,126,128,154,188,193
登録証　73,78,79,89,91,108,109,119
登録料　190
特別の合意　6
特別の場合　172,178
特別法は一般法を破る　44,170
特許原簿　187
TRIPS 協定　6,23,31,32,34,35,38,72,77,141,169,170
droit d'auteur →「著作者の権利」を参照

〈な 行〉

内国民待遇　8,9,15,18,19
二国間条約　8,9
二次的著作物　67
二次的利用　65
日本音楽著作権協会　107,114
認証　119
Nouveau Code de Procédure Civile →「民事訴訟法（フランス）」を参照

197

事項索引

ノーティス・アンド・テークダウン手続　88,122

〈は　行〉

ハーグ国際私法会議　70,84,119
排他的許諾　68,99,100
罰則付召喚令状　87,89
ハバナ条約　45,47
パブリック・コメント　146,148,149,162
パブリック・ドメイン　7,55,127,136,146,158
バブル破裂理論　108
パリ改正外交会議　17
万国著作権条約　5,45
反対通知　89
BIRPI　→「知的所有権保護合同国際事務局」を参照
piggybacking　153
非限定列挙　146,177
避難所　163
非排他的許諾　100,156
表現　145
フェア・ユース　60,140,146,147,177,185
ブエノスアイレス条約　45,47
フォークロア　131,132
フォーマル基準説　152
不実登録　190,191,193
不動産登記　187
不法行為責任訴訟（フランス）　125
ブラッセル会議　14,19
ブラッセル改正　53
ブラッセル規則　70
ブラッセル条約　70
文化庁　53,75,94,107,140,141
米国国際貿易委員会　74
米国法律協会　77
ベルヌ外交会議　16,17,20

ベルヌ条約　5,12,31,35,42,132,169,170
ベルヌ条約国内化法（米国）　27
ベルリン改正　53
ベルリン改正外交会議　17
弁護士報酬の回復　55,117,156
方式　1,5,10,11,13,16,20,92,97,180
方式主義　72,109,166
放送の裁定制度　142
法定損害賠償　55,117,127,140,156
法的確信　45,53
法律上の推定　110
法律的推定　85,115
補償金の供託　165
保全命令　40,79
補足的解釈　12-14

〈ま　行〉

©マーク　5,47,48
マレヴァ型差止命令　83
満足的仮処分　80
水際措置　34,36,38,72,73,122
民事訴訟法（英国）　111
民事訴訟法（フランス）　41
民事保全法　40,79
無方式主義　5,6,7,8,11,19,42,49,121,129,152,157,167,180,193
メキシコ・シティ条約　45,47
黙示的な例外　169
黙示的ライセンス　85,114,116,143,185
目的論的解釈　3,57,59,116,181,192
モデル条項　181
モデル法　181,182
モンテビデオ条約　45,46

〈や　行〉

UCC　→「万国著作権条約」を参照
UNIDROIT　→「私法統一国際会議」を

を参照
United States Code (USC) 23
輸入権 23
UNESCO →「国連教育科学文化機関」
　を参照

〈ら 行〉

Rights Watch 90
リオデジャネイロ条約 45,47
利害関係人情報 104
履行命令 41
立法ガイド 181,182

留保条項 158
略式手続 41
利用者 59,60,62,65,140,184
類似性 124
ルガノ条約 70
lex specialis legi generali derogat →「特
　別法は一般法を破る」を参照
連邦民事訴訟手続規則（米国） 39
連邦民事訴訟法（米国） 39

〈わ 行〉

ワシントン条約 46,47

著者紹介 ──

菱沼　剛（ひしぬま・たけし）

東京大学法学部卒。LL.M.（米国ハーバード大学・ニューヨーク大学），Certificat en relations internationales（スイス高等国際問題研究所，HEI）。

世界知的所有権機関（WIPO）勤務などを経て，現在，国連工業開発機関（UNIDO）知的財産権エキスパート，㈶知的財産研究所客員研究員。

この間，国連国際商取引法委員会（UNCITRAL）研究員（WG-6担当），スイス国際学術ネットワーク（GIAN）プロジェクト・コーディネーター，WIPO世界アカデミー講師（DL-101, -202担当）などを歴任。

著作として「事例に学ぶ企業の開発戦略と知的財産戦略」（日本知的財産協会）の英訳（IJFIP誌），"Efforts against Cybersquatting"（Infosym誌）などを執筆。

知的財産権保護の国際規範
──孤児著作物問題への視座──

〈知的財産研究叢書8〉

2009（平成21）年7月15日　初版第1刷発行

著　者	菱　沼　　　剛	
発行者	今　井　　　貴	
	渡　辺　左　近	
発行所	信山社出版株式会社	

〒113-0033　東京都文京区本郷6-2-9-102
　　　　　　電　話　03（3818）1019
　　　　　　FAX　03（3818）0344

印　刷	亜細亜印刷
製　本	大三製本

Printed in Japan.

©菱沼剛, 2009.　　　落丁・乱丁本はお取替えいたします。

ISBN978-4-7972-2494-8 C3332

知的財産研究叢書　刊行にあたって

　知的財産研究所は，平成元年6月に，内外の知的財産に関する諸問題の調査・研究・情報収集を目的として設立された，わが国で唯一の知的財産専門の研究機関である。設立以来，当研究所は，知的財産のあらゆる分野にわたり多くの研究を進め，その成果を報告書という形で公表するとともに，機関紙『知財研フォーラム』『知財研紀要』も発行してきた。そして，随時セミナー，シンポジウム等を開催し，知的財産制度の啓蒙にも務めてきた。また，各種の工業所有権関係の法改正にあたっては，当研究所に研究会を設置し，基礎的な調査・研究を行い，法改正を側面から援助してきた。

　しかし，民法や商法等の他の法分野と比較すると，知的財産に関するわが国の学問的研究の歴史は未だ浅く，研究者の数が少ないこともあり，基礎的研究が少ないことは否定できない状況にある。情報化時代を迎えるにあたって，知的財産の研究が必要であることは多くの人によって認められつつあるものの，学問的な成果は，未だ社会の要請を十分に満たしているとは言いがたく，特に優秀な単行論文の数は少ないと言わざるをえない。

　そこで当研究所においては，21世紀に向けてわが国の知的財産研究のレベルの向上を目指すべく，マックス・プランク研究所の研究叢書 (Schriftenreihe zum Gewerblichen Rechtsschutz) を模範とし，単行論文のシリーズとして研究叢書を世に問うこととした。当研究所としては，この叢書を今後継続的に出版してゆく予定であり，この研究成果が，わが国の知的財産分野における知的資産として末永く蓄積され，斯界に貢献してゆくことを期待するものである。

　　　平成8 (1996) 年9月
　　　　　　　　　知的財産研究叢書編集企画委員
　　　　　　　　　加藤一郎（知的財産研究所会長・理事長）
　　　　　　　　　中山信弘（知的財産研究所所長）